职业学校汽车车身修复专业系列教材

汽车车身涂层修复

主　编　张湘衡

副主编　丁常亮

参　编　邬玲玲

電子工業出版社

Publishing House of Electronics Industry

北京 • BEIJING

内容简介

本书结合汽车车身涂层修复实际，全面介绍了车身结构和防腐要求、涂料知识、修补工具和设备及修复方法，也介绍了相关理论和实践经验及操作技术和工艺，并对有关质量检测及标准做了详细阐述。

本书由现在从事汽车车身涂装的技术人员、技师集体编写，具有与其他同类教材相比更高的专业性、实践性、广泛性。

本书适合汽车相关专业中、高职学生、相关技术人员及操作人员参考和使用。

图书在版编目（CIP）数据

汽车车身涂层修复 / 张湘衡主编. —北京：电子工业出版社，2012.6
职业学校汽车车身修复专业系列教材
ISBN 978-7-121-17410-0

Ⅰ. ①汽… Ⅱ. ①张… Ⅲ. ①汽车－车体－涂漆－中等专业学校－教材 Ⅳ. ①U472.44

中国版本图书馆 CIP 数据核字（2012）第 135875 号

策划编辑：杨宏利　　yhl@phei.com.cn
责任编辑：杨宏利　　特约编辑：吕亚增
印　　刷：
装　　订：涿州市京南印刷厂
出版发行：电子工业出版社
　　　　　北京市海淀区万寿路 173 信箱　　邮编　100036
开　　本：787×1 092　1/16　印张：14.75　字数：377.6 千字
印　　次：2012 年 6 月第 1 次印刷
印　　数：3000 册　　定价：28.00 元

凡所购买电子工业出版社图书有缺损问题，请向购买书店调换。若书店售缺，请与本社发行部联系，联系及邮购电话：（010）88254888。

质量投诉请发邮件至 zlts@phei.com.cn，盗版侵权举报请发邮件至 dbqq@phei.com.cn。

服务热线：（010）88258888。

前 言

汽车涂层修复类型主要有不需要使用涂料（打磨和抛光）、更换零件的涂装、局部金属涂料涂层修复、局部素色涂料涂层修复、整车涂装等。

汽车涂层修复的主要工艺过程是涂装前表面处理、喷涂防锈底涂层、涂刮泥子、打磨、清洁、遮护、喷涂中间涂层、再打磨、再清洁、喷涂面涂层、喷涂清漆、抛光打蜡等。

国家标准对汽车涂层提出了明确的要求，对不同的车型、不同车身部位有不同的涂层要求。汽车的涂层修复所使用的材料、性能、涂料的成膜原理以及操作工艺都十分接近。本书紧贴当今汽车修理厂的汽车车身涂层修复实际，全面介绍了汽车车身结构和防腐要求、涂料的知识、汽车涂层修补工具和设备、汽车涂层损坏修复方法、调色理论与实践、汽车涂装质量检验等。

本书不仅介绍不同车型、不同部位涂层修复实际，也系统介绍了不同涂料所采用的有效的操作工艺和各种涂料施工注意事项，对汽车车身涂层修复有普遍指导意义。汽车车身涂层修复要求涂层修复人员应掌握的涂装修材料的选取、涂料的调配、涂装工艺、涂层修复的质量控制、涂层修复的设备和工具使用和维护、涂层鉴定、安全防护等知识，本书都进行了全面介绍。

本书是一本结合实践、全面地、具有理论指导意义的教科书。这本书紧密结合汽车车身涂装修复的实际，在进行车身涂层的损坏修复时，能采用正确的涂装工艺和操作方法，让中、高职的学生、相关技术人员和操作人员很快掌握相关知识和操作技能。

本书由现在从事汽车车身涂装的技术人员集体编写，参编人员有多年汽车车身修复的实际经验和理论基础，有的为涂装技师，具有丰富的涂装操作技能。与其他同类教材相比，本书更具有专业性、实践性、广泛性。

书中难免存在疏漏和不妥之处，敬请业内同行和使用者批评指正，以便教材再版时修改完善和提高。

编者

目　录

第1章 汽车结构和防腐要求

汽车从问世到至今经历了一个多世纪的时间，汽车的结构已经发生了很大的变化。当代汽车是集中机械、材料、电子等多种行业最新成果的产品。在汽车的设计和生产过程中，大量地应用了电子计算机、试验技术、电子技术、新型材料以及先进的生产工艺和装备，因此各种新型车辆不断涌现。汽车漂亮的车身外形不仅可以满足人们的心理需要，而且可以对环境起到很好的美化作用。要保证汽车良好的技术状况和美观的外形，除了汽车制造的先天因素外，在维修时保证汽车修复质量也是重要的环节。

汽车用途不同，其车身结构也就不同。汽车涂层的要求依据不同的车型，不同部位也是不同的。如图 1-1 为现代多功能汽车，图 1-2 为现代小型车，都有其各自的特殊功能。汽车的涂层必须根据汽车构件的功能进行涂装作业，才能保证汽车的各种功能有效持久。国家标准对各类车型及汽车的不同部位都明确规定了涂层的主要质量指标。汽车涂装维修人员应熟悉这些质量指标，根据车况采用适宜的工艺方案，才能使涂装修复得到满意的效果。

图 1-1　具有多种功能的现代汽车

汽车车身结构虽然千姿百态，但是从车身构件的功能来看，各种车型的构件功能是相同的。涂装修复人员应该了解车身主要结构特征，各主要构件的名称、特点和功能；这样才能懂得在车身修复过程中如何恢复这些构件的功能。

图 1-2 现代小型汽车

1.1 汽车的类型与车身结构

汽车的类型是很多的，为了满足使用者的个性需求，现代汽车也尽可能地满足购车者的一些独特的需求，但是汽车制造工业必须是大批量，流水作业，机械化程度很高的。因此，一个车型系列生产数量都很大，在这个系列的基础上只能进行局部的修改来满足购买者的个性需求，形成一个系列下的各种车型。汽车行业从汽车车身的功能角度，概括规划汽车的类型、车身结构、车身材料等。

汽车车身构件也有各种不同的功能，这些功能的实现都有一个防止腐蚀的问题，了解车身构件的结构和功能就是要保证在车身修复后，用合理的涂装工艺，让车身构件的功能能得到较长时间的维持和保护。

1. 汽车车身的变迁

汽车是由许多人经过多年的不断努力研究而发展起来的，集合了科学家与工程师的精心创作，才有了今天各式各样安全、豪华、舒适的现代汽车。

1886 年德国工程师戈特利布 · 戴姆勒制成了装有汽油机的四轮汽车。当时的汽车是由马车演变而来，以发动机代替马匹驱动汽车；因此，早期的汽车车身构造与马车相似，是一种敞开式车身，在车架上直接装配发动机、座位和轮罩。到了 20 世纪初开始出现了箱形的车身，此后车身的设计开始发生了很大的变化；为了减轻车身的重量，车窗、车顶、车门等都有显著的变化，不实用的装备和零部件逐渐被去掉，并且向大批量生产的方向发展。

车身最早是用木材制成骨架，外表钉上木板制成，一直到 1905 年时才开始以钢板、铝板来覆盖汽车的车身，从此车身的设计才有了较大的进步，车身外表构件逐渐采用各种冲压模冲压成各种曲面形状；到了 1916 年，美国出现全部使用钢骨架及冲压成型，各种曲面形状构件组成的汽车车身，奠定了现今汽车的基础。

车身外部的涂装最初是使用凡立水与油脂漆，需要很长的干燥时间，而且耐久性较差，容易退色；到了 1924 年出现了硝化纤维漆，俗称“拉卡”，它能在很短的时间内干燥，而且色彩艳丽丰富，耐久性好，成为后来普遍使用的车身涂装涂料。

到了 1940 年以后，随着焊接及加工技术的发展，汽车车身结构发生了很大的变化，各种高强度金属合金材料、曲面玻璃、塑胶、合成材料等各种新材料应用到汽车上。汽车车身的涂装也有相应的变化，大量采用机械化和自动化的生产方式，所使用的涂料也发生了彻底的变化。汽车车身结构日趋完美，外形更加赏心悦目，这也就给维修行业提出了更高的要求。

我国汽车工业由于发展时间较短，并没有走过世界汽车发展的全过程；所以这里主要介绍现代汽车的车身结构及其特点。

无论是轿车、客车还是货车，不同生产厂家、不同系列、不同时期的车身结构和形式都存在着一定的差异；维修人员认识其结构的本质，尽可能按照大同小异的原则划分出了一些类型，了解其结构特点可以使修复的工艺更加合理，起到事半功倍的效果。

2. 汽车概述和分类

汽车的类型很多，按照发动机使用的燃料，分为汽油车、柴油车、电动汽车和气体燃料汽车；按照驱动形式，分为普通汽车和越野汽车；根据国标 GB / T　3730.1—2001 规定，将汽车分为普通乘用车、小型乘用车、旅行车、专用乘用车、客车、城市客车、铰接客车、货车等。这些汽车在涂装方面的要求也略有不同，我国在 1999 年，明确了《汽车涂层质量》（QC/T 484—1999），规定了各种车型、各个部位的涂装质量要求。

3. 车身主要部件

为了便于在汽车修理工作中进行交流，通常将一个汽车车身分成三个部分：前部、中部、后部。汽车的前、后部除了汽车的动力、驱动系统外，主要设置了防碰撞结构。汽车中部为乘员室，是汽车安全部位，结构应确保乘员的安全空间。

为什么要了解车身主要构件呢？车身涂装修复虽然以个体手工操作为主，但车身修复与其他工序的工作息息相关，就是涂装作业本身也不是一部车辆从头到尾都是一个人去完成，涂装技术人员和管理人员也需要通过技术文件下达生产任务，因此车身涂装人员需要了解车身构件的名称、结构形状和特性等。

1）车身构件和装配术语

当代汽车多数采用整体式（承载式）车身结构，车身部件是采用薄金属材料冲压成型。各种各样的构件通过连接或焊接到一个大的部件上时，就叫做装配。

我国车辆是靠道路右侧行驶，汽车左半侧是有转向盘的一侧，汽车右侧是乘客座位所在的一侧。一些国家制造的汽车，它们的转向盘常常被安装在右侧，这是因为这些国家汽车是在道路的左侧行驶。汽车的部位名称，如图 1-3 所示。

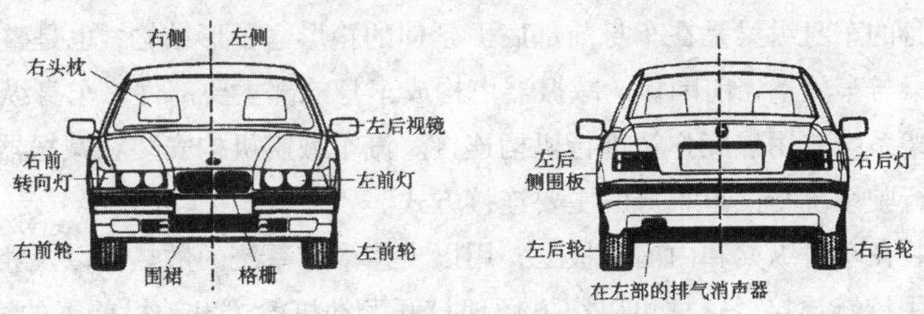

图 1-3　车身前部、后部部件的名称

2）汽车车身主要部件

（1）车身前部部件。汽车前部是重要部位，特别是发动机前置、前轮驱动的车型，一些重要机件都设置在汽车前部，如图 1-4 所示。

图 1-4　汽车前部结构

当代汽车大多数都采用整体式车身，汽车整体式车身一般采用外部覆盖件与内部设加强结构，如图 1-5 所示，汽车发动机盖、汽车前翼子板内都设置加强板等结构。

图 1-5　汽车发动机盖、翼子板结构

整体式车身的车身纵梁是在车身前部底下延伸的箱形盒子形结构，也是整体式车身的主要部件。车身纵梁与车轮罩、前围板、减振器塔构成车身前部主要部件。车身纵梁与减震座构成汽车前支撑悬架系统并用螺旋弹簧进行机构连接。汽车减震机构安装在减振器座内，如图 1-6 所示，是汽车行驶系统与汽车车身的主要连接方式。

散热器安装在车身纵梁和内前围板上，用以支撑冷却系统的散热器以及相关部分。

发动机罩用铰链连接，这样可以很方便地打开发动机舱（发动机前置的汽车）。前围板在前部车身与乘员室之间，有的也叫“火墙”或“前脑门”。它通常也是由各种板件焊接在一起的，并与车身侧围前柱（A 柱）与加强杆（防碰撞横梁）构成前部防碰撞结构，如图 1-7 所示。

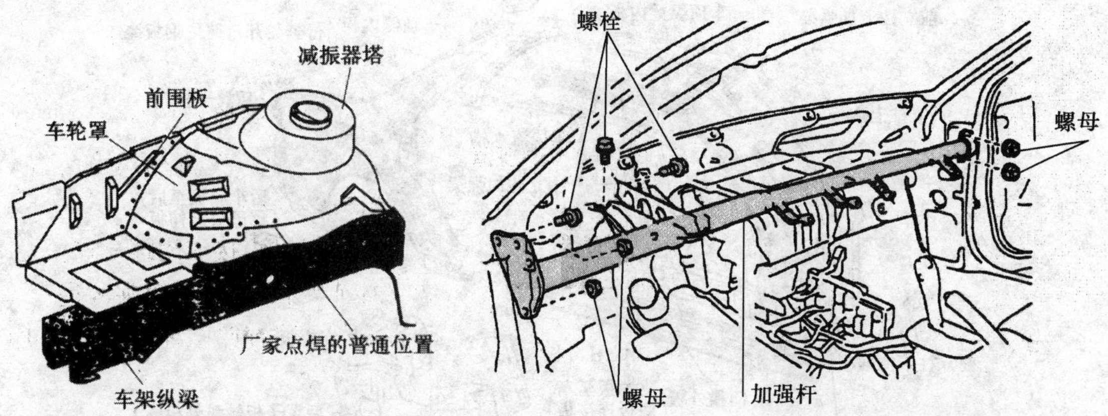

图 1-6　安装在车身纵梁上的前部结构

图 1-7　车身前部防碰撞结构

翼子板从前车门一直延伸至前保险杠，它盖住了前悬架部分和内围板。通常是用螺栓固定在车身上面的。保险杠防碰撞横梁与车身纵梁用螺栓连接，防止汽车轻微碰撞，并吸收轻微碰撞冲击能量。如图 1-8 所示，前保险杠用螺栓连接结构。

（2）车身中部部件。汽车中部部件主要由车身侧围、车顶、车身地板与前后围板构成乘员室。

汽车车身侧围是汽车重要结构，如图 1-9 所示，由车身侧围主要构件、车身侧围外板与车身侧围内板或加强板构成。车身侧围由车身前、中、后柱构成，是汽车车身上用以支撑车身顶板、车门等的构件。为了增加强度和刚度，在这些部件内都设置加强板和防碰撞梁等结构，以便在发生严重碰撞或翻车事故时保护乘客的安全。

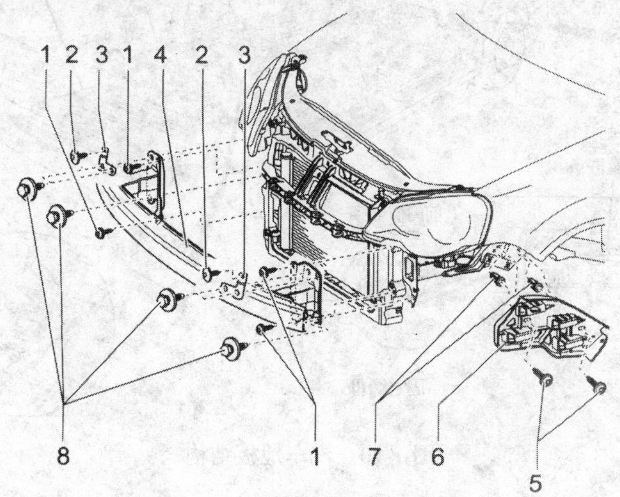

1—螺栓（每侧 2 个）；2—螺栓（每侧 1 个）；3—连接片（每侧 1 个）；4—车身前横梁
5—螺钉（2 个）；6—导向件（左、右）；7—膨胀螺母（2 个）；8—安装螺栓（每侧 3 个）

图 1-8　前保险杠连接结构

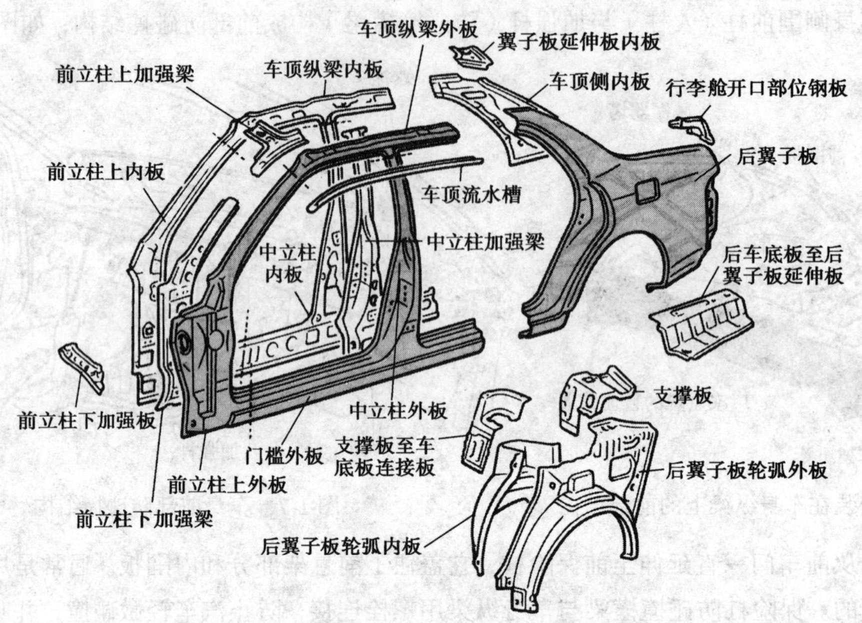

图 1-9　车身侧围结构

地板是乘员室底部的主要部分，通常是一块大的钢板冲压而成的构件，如图 1-10 所示。汽车发动机前置、中置、后置地板结构略有不同，但总体结构和功能基本相似。

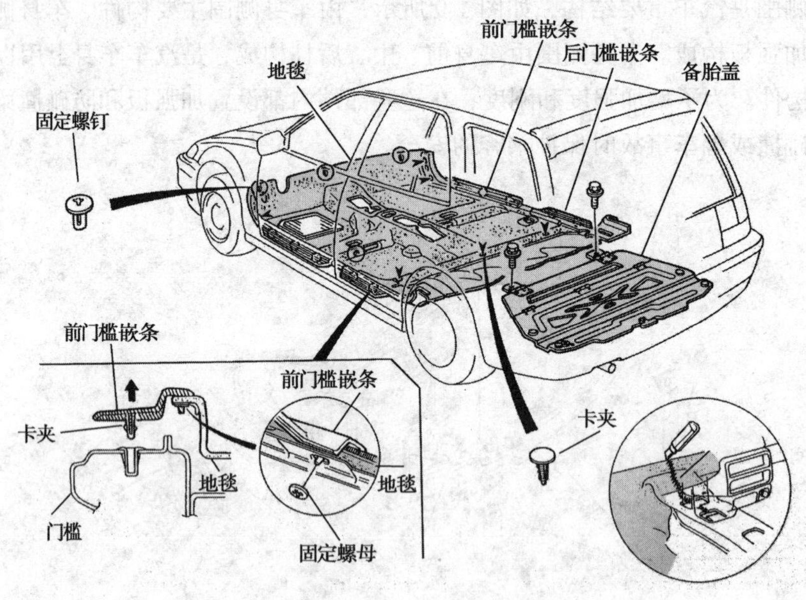

图 1-10　汽车地板结构

前轮驱动的汽车，地板相对平坦一些。后轮驱动的汽车，地板必须为变速器和传动轴留出一条通道，传动轴需要空间通向后面的后桥总成。

汽车车顶是安装到乘员室上面，由多块板件构成，通常采用焊接连接，有的车型还设置天窗，如图 1-11 所示。

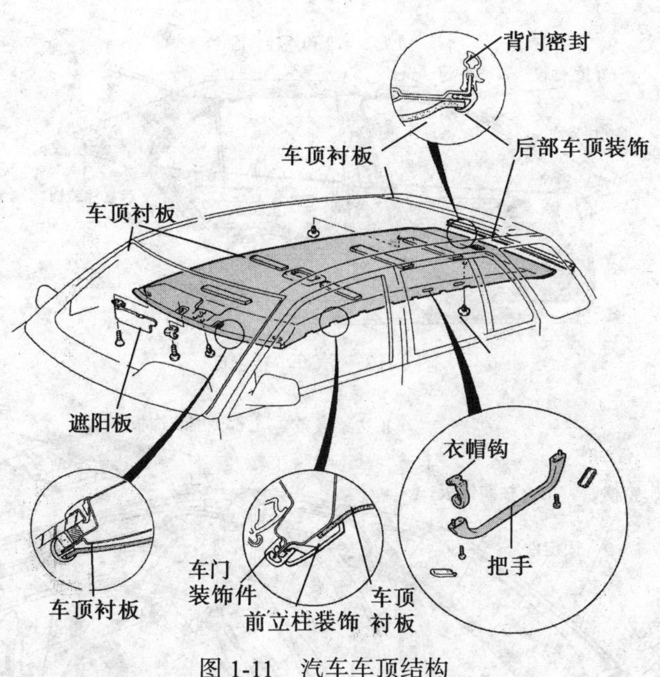

图 1-11　汽车车顶结构

汽车乘员室必须配置相应的坐椅和相关的装饰及配件，如车顶内衬、地毯、遮阳板等，如图 1-12 所示。

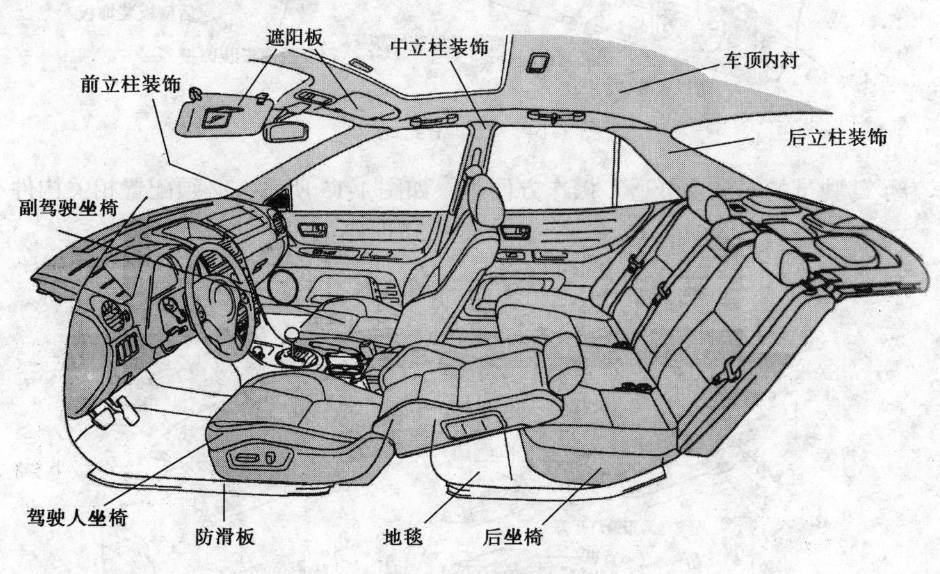

图 1-12　汽车乘员室配置

汽车乘员室为了乘员的舒适、环境美观、安全等，还需安装种各样装饰、扶手垫等，如图 1-13 所示。

汽车车身内部为了确保乘员室的密封和防止汽车外部噪声侵入乘员室，还必须设置相关密封构件和装饰附件，如图 1-14 所示。

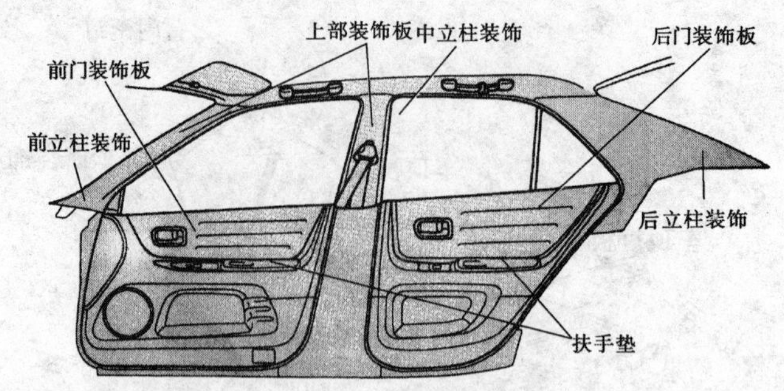

图 1-13　汽车内装饰

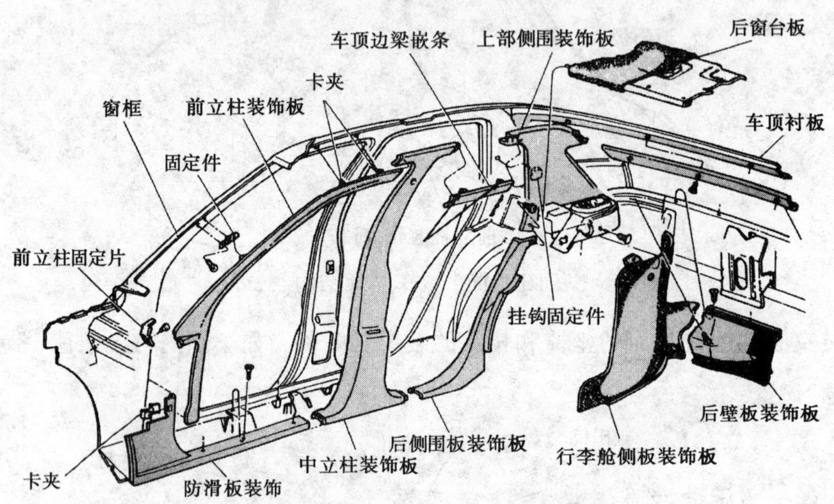

图 1-14　汽车密封结构

汽车为了驾驶员的安全、舒适、操作方便等，如图 1-15 所示，必须配置相关构件和装置。

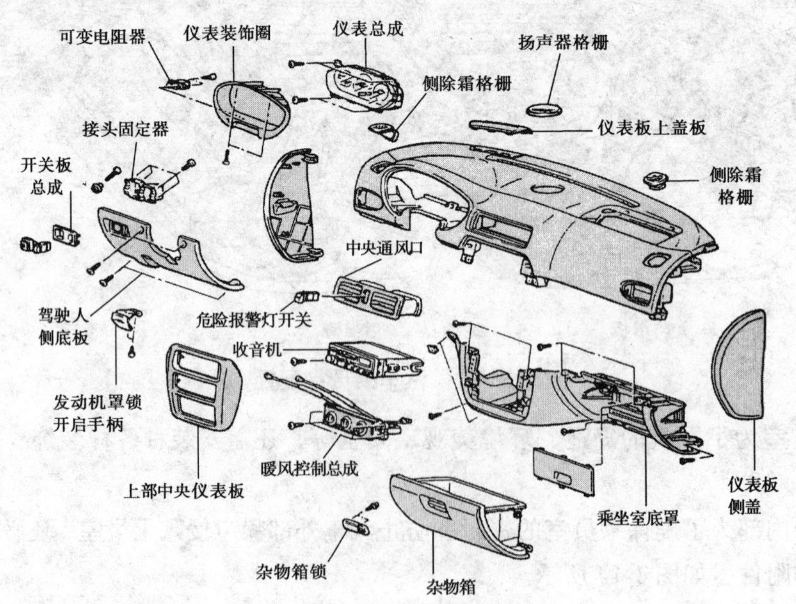

图 1-15　汽车驾驶室配置

（3）车身后部的部件

汽车车身后相对简单，发动机前置、前轮驱动的汽车后部结构又可分轿车式和旅行车式。如图 1-16 所示，为轿车后车身。图 1-17 为轿车后车身外部结构与主要构件。

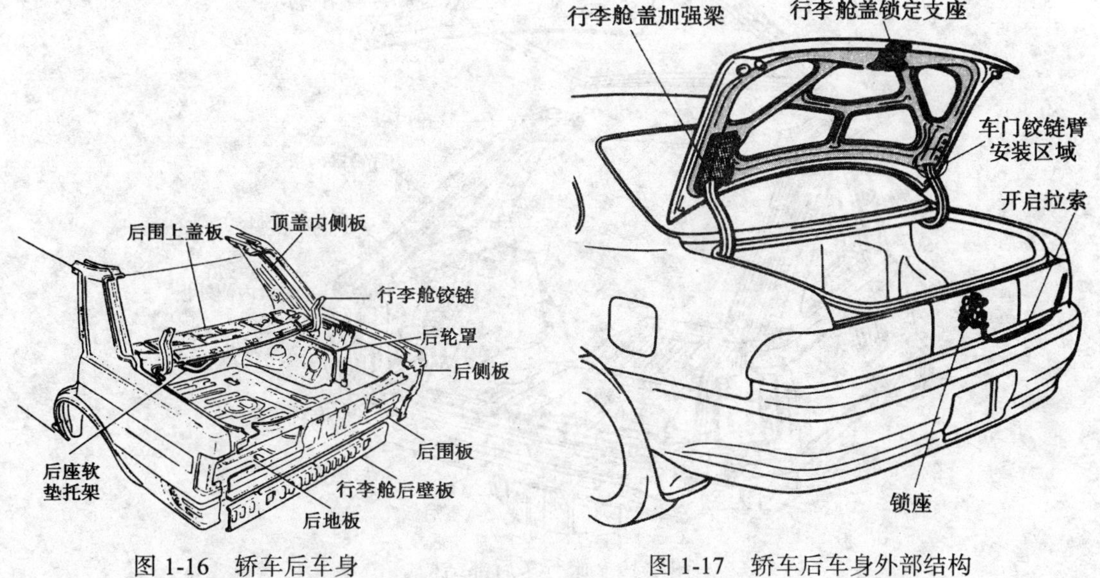

图 1-16　轿车后车身　　　图 1-17　轿车后车身外部结构

汽车为增加车身后部的空间，也设计成旅行车式后车身，如图 1-18 所示为旅行车后车身结构和主要构件。如图 1-19 所示为旅行车后车身外部结构。

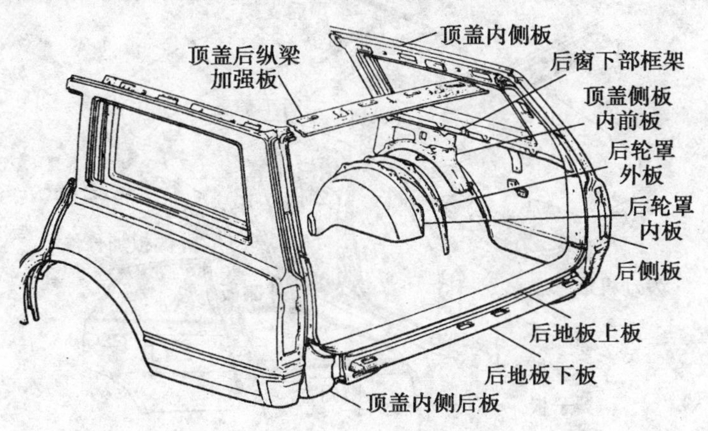

图 1-18　旅行车后车身

汽车车身后部包括后侧板、车身下后板、后地板和后纵梁等。不是发动机前置的车型，还有一些其他构件。行李箱底板是金属材簿板冲压件，它通常焊接在后部纵梁上，备胎通常设置在这块底板的相关位置。后保险杠与后纵梁连接，还有后减震座和后轮罩等结构。

（4）汽车车身外部构件

汽车车身外部常采用薄金属板材料经过冲压成各种曲面的板件，为了增加强度，车身外板件内设各种支架或加强板，如图 1-20 所示。这些构件不仅要有保护性，又有装饰方面的要求。

在进行涂装时，这些构件的保护性和装饰性要求较高。因此，涂层修复人员应熟悉这些构件的特点、装配要求，并掌握这些构件的材料性质以及这些材料与涂层配套要求等方面的知识。

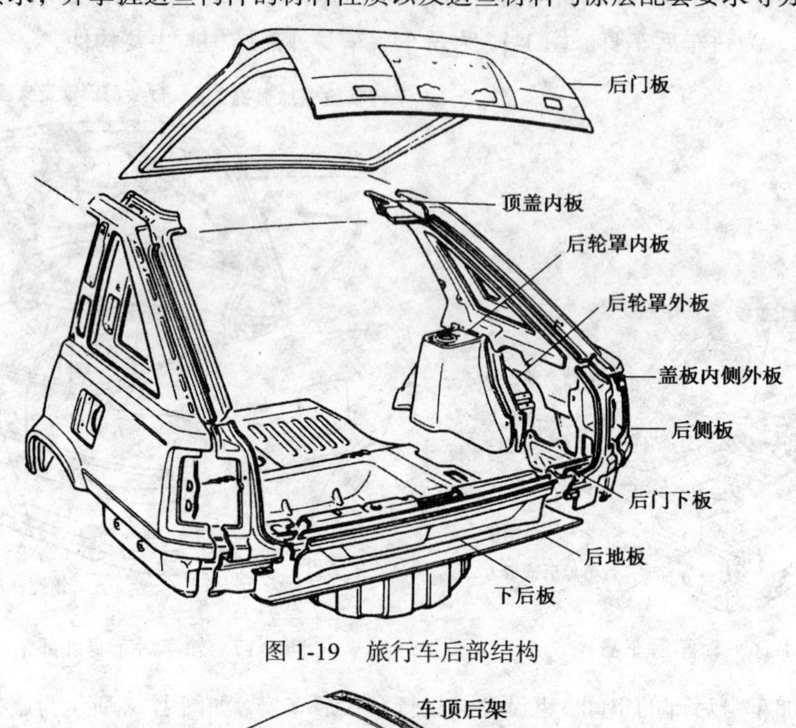

图 1-19　旅行车后部结构

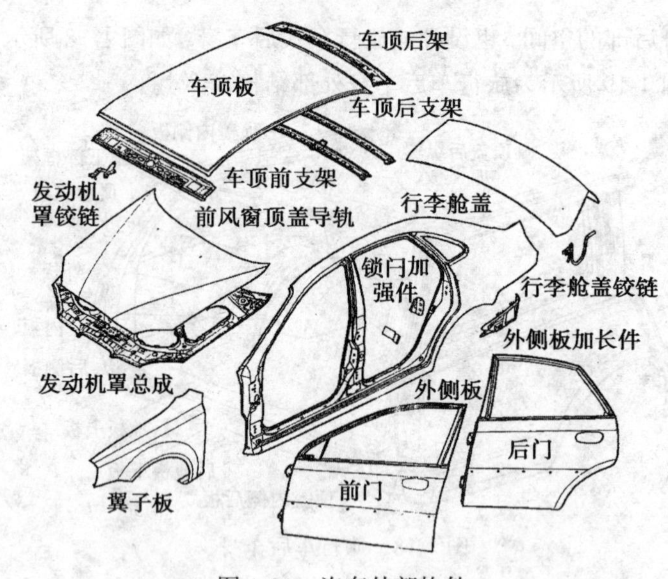

图 1-20　汽车外部构件

1.2　常用汽车构件结构和特点

汽车维修人员必须熟悉汽车各部位构件的结构、特点、功能和制作材料的特性，才能在车身修理中采用适合的工艺，使维修后的车辆符合原有技术特性的要求，保证汽车完好的技术状况。

1. 汽车车身的结构和特点

（1）当代小型汽车、轿车车身外部构件都采用薄金属冲压件，在中、大型客车中也有采用骨架式车身结构，车身蒙皮固定在已组装焊接好的骨架上。半骨架式车身则只有部分骨架（如单独的支柱、拱形梁、加固件等），它们彼此直接相连或者借助蒙皮相连。

（2）车身按受力形式分为非承载式、半承载式和承载式三种类型。

非承载式车身通过多个橡胶衬垫沿车身总长安装在车架上，对路面振动有一定的隔绝作用，平顺性较好，当碰撞时大部分能量由车架吸收。同时，车架又对车身底部有保护作用，可以减少不平路面对车身的损害。

半承载式车身与非承载式车身一样下面保留有车架，但车身与车架刚性连接成一体；半承载式车身骨架（立柱）与车架纵梁两侧悬伸的横梁焊接在一起，所以不像非承载式车身可以与车架分开。

承载式车身取消了车架，全部载荷由车身承受，底盘各部件直接与车身相连，这种形式的车身，由于承载部位的不同又分为底架承载式和整体承载式两种；前者底架部分强度较大，承受大部分载荷；而后者则是整个车身形成一个参与承载的整体。承载式车身的制造是将薄钢板冲压制成型状各异的板件，然后再焊接成一个整体，因而质量轻，刚性好，抗弯抗扭性强， 无独立车架，整车很紧凑，缺点是传动系和悬架的刚度不足引起的噪声较大。

在车身修理中，由于车身结构的不同，承载情况的不同，就必须采取不同的修理工艺。承载的板件修复后不起承载作用，必然会带来整车强度的下降，反之对非承载板件按承载板件修复，不仅造成不必要的浪费，而且适得其反，反而会产生变形。

2. 车身的安全性与板件结构

承载式车身，在前纵梁和前挡泥板的加强板上，都设置采用“预压缩技术”的结构。汽车受碰撞冲击力时，车身构件的一些部位变形可有效地吸收碰撞能量，减少碰撞能量的传递。在车身受力的方向，由于车身构件材料强度的差异，使撞击力分散到整个车身结构上，从而减少车身乘员室的变形量，保证乘员安全。

了解这些结构的作用，在车身修复时，可避免盲目加固变形缓冲部位，反而失去了安全保护的作用，在涂装过程中，也可以合理选择涂层结构和防护性能，让修复取得满意效果。

3. 车辆的节能结构与外部板件的特点

车辆节能结构就是车身结构如何减小空气阻力。为了减小空气阻力，车身需要有光滑的车身表面和流线形的外形。不同的车型通过设计和试验（包括风洞实验），可以达到比较完美的外形，如发动机盖前部高度和倾斜度、导风板形状、前后窗角度、后盖高度、后窗柱周围截面的缩减和车身表面的凹凸（光滑度）等。例如，如图 1-21 所示，为汽车车身光滑外表面的结构，车身修复人员在修复后应恢复其原来的设计和功能。特别是涂装人员要保证装配尺寸和涂装工艺的合理，任何一点疏漏都会造成使用过程中的功能失效或早期损坏。

节约能源就是要使车辆轻量化，汽车车身的轻量化直接关系到燃料利用率。汽车车型的轻量化主要考虑是车身结构和车身外围板，因为车身外围板约占车身质量的 20%。为了减轻外板的重量，常采用高强度钢板材料制作构件，并增大构件的曲率和增设肋、凸台等结构，为了保证构件有足够强度和刚度还在其内增设加强板等结构来达到抗拉伸性、耐挤压性、耐锈蚀性和减小噪声。

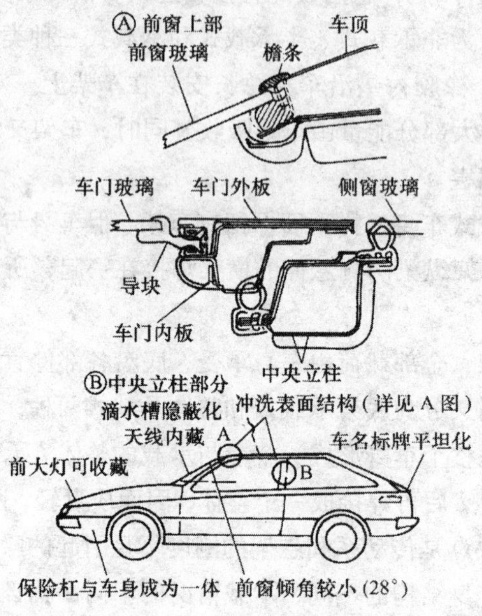

图 1-21　光滑外表面的典型结构

4. 车身的防锈蚀的结构件

汽车车身主要由薄金属板冲压件焊接装配起来，薄金属材料虽有强度高、易加工的优点，但容易锈蚀，因此要从车辆结构和材料选择上加以考虑。

（1）汽车车身构件内外防护结构。汽车车身为防止车身挡泥板表面因碎石凿击造成剥落、损坏，在其构件覆盖有衬里，如图 1-22(a)所示，为防止门槛板被碎石凿击剥落损坏，在外侧覆盖有外罩，如图 1-23(b)所示，这些结构并不是可有可无的构件，是对汽车车身的有效保护。

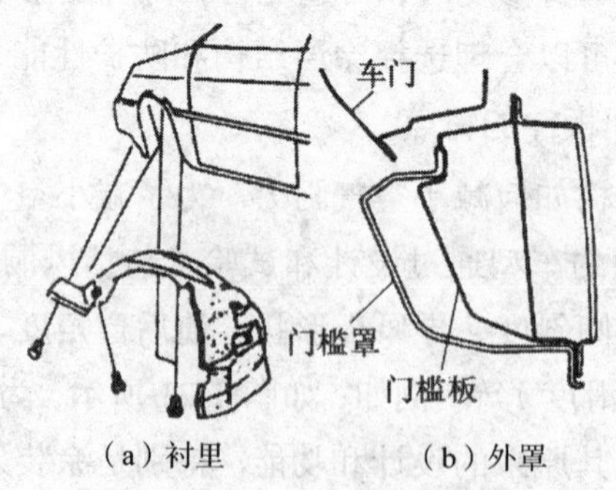

图 1-22　车身的防护结构

（2）车顶四周流水边结构。汽车车身车顶流水结构是必须具备的，图 1-23 是一种无流水槽的车顶，但并非不具备流水功能。

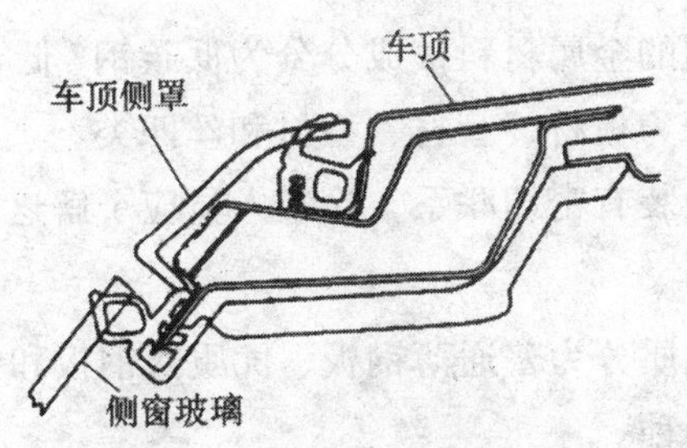

图 1-23　无流水槽车顶

（3）车门、门槛的排水结构。汽车车门框下沿设有孔和缝，可以改善涂料的附着性，另一方面是为了排水通风，减轻腐蚀；在进行维修或涂层修复时，必须注意保持这些孔、缝的畅通。

（4）选用防锈处理钢板的板件结构。车身为提高车身的防腐蚀效果，对车身容易锈蚀的部位和构件，一般采用经过防锈处理的钢板，典型的有镀锌板、合金镀锌板、铬酸锌板等；在更换这些构件时，要注意更换的构件也用防锈钢板，以免降低车身的防腐蚀能力。

1.3　汽车车身的金属材料

汽车车身各个部位构件因其功能不同，都采用各种不同性能的材料，以轿车为例，如图 1-24 所示，汽车车身构件可以分为：镀锌高抗拉强度钢板、耐腐蚀钢板（镀锌钢板）、高抗拉强度钢板等。

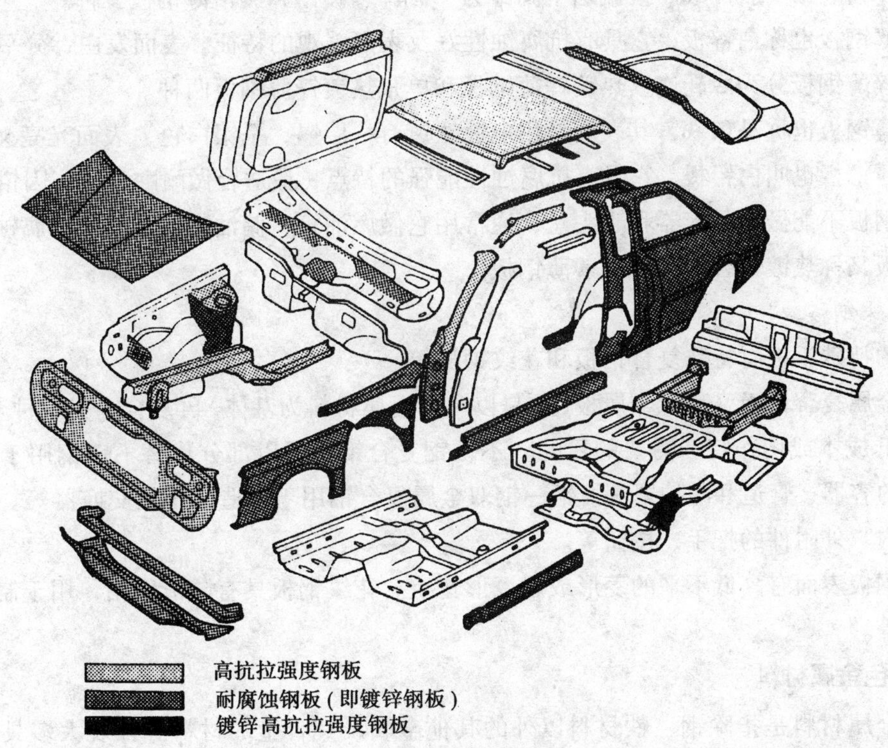

图 1-24　汽车构件采用不同的材料

各种功能的汽车车身常用的金属材料按成分分为低碳钢、低合金钢、不锈钢、铜及铜合金、铝及铝合金；按其断面形状分为板材、管材、型材和丝四类。

车身构件的材料和车身涂装有密切联系，涂装人员应了解这些材料名称、性质和特性。

1. 黑色金属薄板材料

黑色金属薄板材料按其性质分为普通薄钢板、优质薄钢板和镀层薄钢板三种；按其轧制方法分为热轧钢板和冷轧钢板两种。

1）薄钢板

薄钢板通常是指用冷轧或热轧方法生产的厚度在 4mm 以下的钢板。按国家标准规定供应的薄钢板，其厚度为 0.2～4mm，薄钢板是汽车构件的主要材料。

（1）普通钢和优质钢薄钢板。这类板材是经冷轧或热轧获得的薄钢板。冷轧钢板具有较好的塑性和韧性，适宜弯曲延伸制成凹凸形、曲面形、弧形等构件，不容易断裂。热轧钢板塑性和强度适中，制成凸凹形状构件其延伸性能较冷轧钢板差，容易开裂。

普通钢和优质钢薄钢板有中等的抗拉强度，塑性较高，硬度较低，焊接性好。因此最适合成型加工工艺。所以汽车上的驾驶室、燃油箱、车厢等都选择该两种材料制作。同时，也适合于手工操作制作各种车身薄板件。酸洗薄钢板常用于冲压制成器皿、铁箱柜等。这种薄钢板的缺点是容易生锈。

（2）镀层薄钢板。镀层（镀膜）薄钢板俗称白铁皮，是在冷轧或热轧薄钢板上镀一层有色金属（锌、锡、铅）膜而成。按镀层不同分为：镀锌、镀锡和镀铅薄钢板三种。

镀锌薄钢板也称白锌板，它具有抗腐蚀性好及表面美观的特征。表面发白，分平光和花纹两种。镀锌薄钢板分为冷轧连续热镀锌薄钢板和单张热镀锌薄钢板两种。

镀锡薄钢板也称马口铁，其表面是用电镀法镀有一层锡，呈银白色，表面光亮又美观。

镀铅薄钢板也叫白铅板，它具有抗腐蚀性能强的特点，最适合做耐酸容器。因铅有毒，所以镀铅薄钢板不能做食品容器和罐头盒，通常用它做燃油箱、储油容器及其他防腐蚀性零件，镀铅薄钢板又称热镀铅合金冷轧碳素薄钢板。

2）特殊钢板

常用的特殊钢板有特殊复合钢板和花纹钢板等。

特殊金属复合钢板又称双金属板，它是以一种金属材料为基体，再复合上另一种金属材料，以达到降低成本或用作特殊需要的目的。不锈钢复合钢板可以部分代替不锈钢用于制造耐腐蚀、防锈的容器、管道和防护罩等。铜—钢双金属复合钢用于制造高压热交换器等。汽车用来制造汽车内、外附件的把手、按钮等。

花纹钢板表面有高低不平的菱形或扁豆形花纹。花纹钢板具有防滑作用，用于制造扶梯、汽车踏板等。

2. 有色金属材料

有色金属材料是指除钢、铁材料以外的其他金属及其合金的材料。外观大多具有不同色泽，物理、化学性能各有特点，适应某些特殊的要求。它与黑色金属材料一样，都是汽车构件中不可缺少的重要金属材料。有色金属板材的种类比较多，现代汽车中用得比较多的是铜材和铝材。

1）铜板类

常用薄铜板分冷轧铜板和冷轧铜合金板两种。

（1）纯铜薄板。纯铜薄板呈紫红色，故又称紫铜板，熔点为 1083℃，密度为 8.9 g/cm^3，具有良好的导电性、导热性和耐腐蚀性，还有良好的塑性和延展性，但抗拉强度较低，适于压力加工。纯铜价格较贵，在汽车上主要用于汽缸垫、进（排）气管垫片、轴承垫片和散热器管、制动管路等。

（2）铜合金薄板。铜合金薄板主要指黄铜薄板。黄铜塑性好，比纯铜强度高，价格便宜。这种薄板材适合各种成型加工和手工制作各种汽车构件，如汽车散热器、暖风散热管等。

纯铜和黄铜都可以进行焊接，常用气体保护焊和钎焊。

2）铝板类

常用钣金铝材有纯铝板和铝合金板两种。

（1）纯铝薄板。纯铝薄板是银白色的轻金属，熔点为 660℃，密度为 2.7g/cm^3，并具有良好的塑性、延展性、导电性、导热性和耐腐蚀性。一般用于制作耐腐蚀容器、油桶和各种形状的拉伸件和压弯件。由于铝板抗拉强度较低，所以不宜制作承受大载荷的构件。

（2）铝合金薄板。铝合金薄板是在纯铝中加入镁、锰、硅、铜等元素轧制而成的。其强度和耐腐蚀性能比纯铝显著提高，并保持了塑性好等一系列原有的良好性能。适合制作较重要的拉伸件和各种钣金件，如客车外表覆盖件、装饰件、铆钉及其他零件。

铝合金板有防锈铝合金板、硬铝合金板、一般铝合金板等几种。

铝材类还有专门轧制的铝型材。铝型材形状各异，可根据需要压延拉制而成。一般用于仪器、仪表的外壳和客车嵌条及装饰件。铝型材经过喷砂、氧化等处理后，更为美观。

铝及铝合金的可焊性较差，要按照特定的焊接工艺操作才能获得较好的焊接效果，可用气焊，氩弧焊效果更好。

3. 管件

钢管分无缝钢管和有缝钢管两大类。

（1）无缝钢管。无缝钢管由整块金属轧制而成，断面上无接缝。根据生产方法，无缝钢管又分为热轧管、冷轧管、挤压管；按断面形状分圆形和异形两种。异形钢管有方形、椭圆形、三角形、星形等各种复杂形状；根据壁厚不同分厚壁管和薄壁管等。无缝钢管主要用于高精度构件。材料有普通碳素结构钢、优质碳素结构钢和合金结构钢等多种。

（2）有缝钢管。有缝钢管又称焊接钢管，用钢带成型后焊接而成。有镀锌和不镀锌两种。镀锌管又称白铁管，不镀锌管称为黑铁管。镀锌的有缝钢管因其外表镀有锌，可以防止生锈，常用作水管。不镀锌的有缝钢管用于普通低压或无压力的管道系统。

1.4 汽车车身的非金属材料

在汽车制造中，除使用金属材料外，还广泛使用非金属材料，例如，汽车灯罩、仪表板壳、转向盘、坐垫、风窗玻璃、轮胎、传动带、连接软管等都是由各种非金属材料制成的。非金属材料因其具有许多优良的理化性能，可以满足某些特殊要求，而且原料来源丰富，加工简便，因此得到广泛使用。

近年来，在汽车制造业中，塑料零部件制品使用越来越广泛，目前在每辆轿车中的应用平均已达 20%（质量比），约 150 kg/辆，各种车型不同，并有增多的趋势，如图 1-25 所示，汽车的这些构件一般都采用塑料制造。由此可见，在汽车涂装与修补作业中，对塑料制品的喷涂与修补是必不可少的。

图 1-25 汽车构件采用塑料制造

非金属材料的种类很多，例如，高分子材料、塑料、橡胶、黏合剂等，它们在汽车上有广泛的应用，这些材料的涂装作业有其特殊性，在涂装操作中要特别注意。

1. 塑料

塑料在汽车上的应用发展很快，从最初的内饰件和小机件，发展到可代替金属制造各种配件。近年来，全塑料车身汽车也已问世。用塑料代替金属，既可获得汽车轻量化的效果，还可改善汽车某些性能，如耐磨、防腐、避振、减少噪声等。因此，随着汽车工业的不断发展，塑料的应用越来越受到人们的重视。

1）塑料的分类和主要特性

（1）塑料的分类。塑料的种类很多，按其热性能不同，可分为热固性塑料和热塑性塑料两大类。

热固性塑料是指经一次固化后，不再受热软化，只能塑制一次的塑料。这类塑料耐热性能好，受压不易变形，但力学性能较差。常用的有环氧塑料、酚醛塑料、氨基塑料、有机硅塑料等。

热塑性塑料是指受热时软化，冷却后变硬，再加热又软化，冷却又变硬，可反复多次加热塑制的塑料。这类塑料加工成型方便、力学性能较好，但耐热性相对较差、容易变形。热塑性塑料数量很大，约占全部塑料的 80%，常用的有聚乙烯、聚氯乙烯、尼龙、ABS、酚醛树脂等。

（2）塑料的主要特性。塑料具有许多优良的物理、化学性能和力学性能，主要有：

质量轻。一般塑料的密度在 0.83～2.2 g/cm^3 范围内，仅是钢铁的 1/8～1/4，铝的 1/2 左右。而泡沫塑料则更轻，因此，用塑料制备汽车零部件，可大幅度减轻汽车的质量，降低油耗。

耐蚀性好。塑料对酸、碱、盐和有机溶剂都有良好的耐蚀性能。特别是聚四氟乙烯，除了能与熔融的碱金属作用外，其他化学药品包括“王水”也难以腐蚀。因此，在腐蚀介质中工作的零件可采用塑料制作，或采用在表面喷塑的方法提高其耐蚀能力。

比强度高。所谓比强度，是指单位质量的强度。尽管塑料的强度要比金属低些，但由于塑料密度小、质量轻，因此以等质量相比，其比强度要高；如用碳素纤维强化的塑料，它的比强度要比钢材高两倍左右。

良好的电绝缘性能。塑料几乎都有良好的电绝缘性，它可与陶瓷、橡胶和其他绝缘材料相媲美，导热性仅为金属的 1%，因此，汽车电器零件广泛采用塑料来作为绝缘体。

优良的耐磨、减摩性。大多数塑料的摩擦系数较小，耐磨性好，例如聚氟乙烯、尼龙等塑料，摩擦系数很小，约为 0.04，所以作为耐磨材料，可制造齿轮、密封圈、轴承、衬套等。

良好的吸振性和消声性。采用塑料轴承和塑料齿轮的机械，在高速运转时，可平稳无声地转动，大大减少噪声，降低振动。

但塑料也有不少缺点，主要有：与钢相比其力学性能较低；耐热性较差，一般只能在 100℃以下长期工作；导热性差，其导热系数只有钢的 1/600～1/200；容易吸水，塑料吸水后，会引起使用性能恶化。此外，塑料还有易老化、易燃烧、温度变化时尺寸稳定性差等缺点。

2）塑料在汽车中的应用

由于塑料具有诸多金属和其他材料所不具备的优良性能，因此在汽车上的应用很广，常用于制作各种构件、耐磨减磨零件、隔热防震零件等。

2. 橡胶

橡胶是一种有机高分子材料，汽车上有许多零件是用橡胶制造的，如风扇传动带、缓冲垫、油封、制动皮碗等。仅汽车轮胎一项，在汽车运输成本中就占了 10%左右。因此，对汽车使用与维修人员来说，了解橡胶及其制品的基本知识是非常重要的。

1）橡胶的基本性能

（1）极高的弹性。这是橡胶独特的性能，橡胶的伸长率可达 100%～1000%。橡胶在起初受负荷时变形量很大，但随外力的增加，橡胶又具有很强的抵抗变形的能力。因此，橡胶可作为减震材料，用于制造各种减轻冲击和吸收震动的零件。

（2）良好的热可塑性。橡胶在一定温度下失去弹性而具有可塑性，称为热可塑性。橡胶处于热可塑性状态时，容易加工成各种形状和尺寸的制品，而且当加工外力去除后，仍能保持该变形下的形状和尺寸，根据这一特性，可把橡胶加工成汽车上各种车身密封构件等。

（3）具有良好的黏着性。黏着性是指橡胶与其他材料黏结成整体而不分离的能力。橡胶有很强的吸附能力，能与其他材料黏结成整体，如汽车轮胎就是利用橡胶与棉、毛、尼龙等，牢固地黏结在一起而制成的。

（4） 良好的绝缘性。橡胶大多数是绝缘体，是制造电线、电缆等导体的绝缘材料。

此外，橡胶还具有良好的耐寒、耐蚀和不渗漏水、气等性能。橡胶的缺点是导热性差，硬度和抗拉强度不高，尤其是容易老化等。

所谓橡胶老化是指橡胶在储存和使用中，其弹性、硬度、抗溶胀性及绝缘性发生变化，出现变色、发黏、变脆及龟裂等现象。引起橡胶老化的主要原因是受空气中氧、臭氧的氧化，以及光照（特别是紫外线照射）、温度的作用和机械变形而产生的疲劳等。因此，为减缓橡胶制品老化，延长使用寿命，橡胶制品在使用和储存中应避免与酸、碱、油及有机溶剂接触，尽量减少受热和日晒、雨淋。

2）橡胶在汽车中的应用

橡胶在汽车上用量最大的制品是轮胎，目前全世界生产的橡胶约有 80%为制造轮胎所用。此外，橡胶还广泛用于各种胶带、胶管、减震配件以及耐油配件等。

3. 黏合剂

黏合剂又称黏结剂，它是将两种材料黏结在一起，或填补零件裂纹、孔洞等缺陷的材料。黏合剂具有较高的粘接强度和良好的耐水、耐油、耐腐蚀、电绝缘等性能。黏合剂修复零件具有工艺简单，连接可靠，成本低，不会使零件引起变形和组织发生变化等优点，因此，在汽车维修中得到广泛应用。

黏合剂的品种很多，在汽车零件修复中常用的黏合剂主要有环氧树脂黏合剂、酚醛树脂黏合剂和氧化铜黏合剂等。

1）环氧树脂黏合剂

环氧树脂黏合剂是一种有机黏合剂。它的用途很广，适合黏结各种金属材料和非金属材料，常用种类如下：

（1）914。主要特性：耐热性好、密封性好、使用温度 150º C。固化条件 100º C，3h。

（2）J—19 A。主要特性：胶结强度和韧性很高，耐水性差，使用温度-60º～120ºC，固化条件 180ºC，3h。

环氧树脂黏合剂是以环氧树脂及固化剂为主，再加入增韧剂、稀释剂、填料和促进剂等配制而成。

2）酚醛树脂黏合剂

酚醛树脂黏合剂也是一种有机黏合剂，它的基本成分为酚醛树脂。酚醛树脂黏合剂具有较高的黏结强度，耐热性好，可在 200℃以下长期工作，但其脆性大，不耐冲击。

酚醛树脂黏合剂可以单独使用，也可以与其他树脂或橡胶混合使用。它与环氧树脂混合使用时，其用量为环氧树脂的 30%～40%。

204 黏合剂是酚醛树脂与缩甲醛组成的黏合剂。它的特点是具有优良的耐热性，可在 200℃以下长期工作，主要用于在高温环境下工作的零部件的修复。

3）氧化铜黏合剂

氧化铜黏合剂是一种无机黏合剂，它具有良好的耐热性和耐油、耐酸性，固化前溶于水而固化后不溶于水等特点，但其脆性大，不耐冲击以及耐强碱能力差等。

氧化铜黏合剂由氧化铜粉、无水磷酸和氢氧化铝调和而成，其中氢氧化铝用于进行无水处理。氧化铜与磷酸反应生成的磷酸铜，吸水后会形成结晶水化物而固化，这一固化过程与硅酸盐水泥相类似，因此它能像“水泥”一样进行粘补。而且磷酸铜在黏结时与钢铁件表面接触，铁元素与铜元素会发生置换反应，因而能提高其黏结强度。

氧化铜黏合剂在固化后，体积略有膨胀。因此，它特别适用于管件套接或槽接，也可用于填补裂缝、堵漏和黏合零件，如粘补发动机汽缸上平面、气阀室附近处的裂纹以及黏结硬质合金刀头等。

1.5　车身维修的特点和要求

汽车车身的维修是汽车维修工作中的重要组成部分，科学的车身整形手段，优质的涂装质量不仅对车身起到很好的保护作用，而且对汽车外观的恢复也有着特殊的意义。车身维修针对的主要是弯曲变形、凹凸不平、断裂、锈蚀、涂层损坏等损伤，引起这些损伤的原因和发生的部位各不相同，其修复方法也不相同，所以，车身维修有其自身的特点和要求。进行车身拆检维修和装配作业时，通常按工艺种类分为：钣金作业、焊接作业、涂装作业等。

1. 汽车车身涂层要求

我国东西南北气候条件有很大的差异，因此对机动车的要求也不相同；各种汽车对涂层的要求也不相同，国家行业标准《汽车油漆涂层》（QC/T 484—1999）中对各种车型和各个部件的涂层要求都有明确的规定。

此标准将汽车涂层分 10 个组和若干等级。分组依据主要是根据汽车零部件的功能不同，而对涂层的要求不同。下面就轿车车身组（TQ2）作分析说明。

1）轿车车身组

此组代号为 TQ2，共有甲、乙两个等级。

（1）甲等级：

① 涂层特性。甲等级为高级装饰性涂层。适用于高级轿车以及覆盖件和装饰性要求高的中级轿车车身。

要求有极优良的装饰性、耐候性和耐水性，适用于各种气候条件。

② 涂层的质量指标。

a. 漆膜外观。光滑平整，应无颗粒，光亮如镜，光泽不低于 90%。

b. 涂层厚度。底漆层不低于 20μm，中间涂层应在 40～50 μm（不包括泥子层），面漆层在 60～80 μm 之间。

c. 机械强度（不包括泥子层）：冲击≥20 kg·cm；弹性≤10 mm；硬度≥0.6；附着力 1 级。

d. 耐腐蚀性。按盐雾试验法 700 h 合格；或使用八年不应产生穿孔腐蚀或因锈蚀产生结构损坏。

e. 耐水性。浸在 50℃水中 10 个循环允许变粗，但不应起泡。

f. 耐温变性。在−40～+60℃内使用稳定（即温变 10 个周期不应开裂）。

g. 耐候性。使用 4 年涂层仍完整（不起泡、不粉化、不生锈、不开裂），允许失光率不大于 30%和明显变色。

（2）乙等级：

① 涂层特性。属于优质装饰保护性涂层，具有优良的装饰性、耐候性和耐水性，装饰性仅低于甲级，机械强度优于甲级，适用于各种气候条件。适用于中级轿车车身和质量要求高的中、轻型载货汽车驾驶室及覆盖件、旅游车车身。

② 涂层的主要质量指标。

a. 漆膜外观。光滑平整，允许有极轻微“橘皮”，光泽均匀，光泽不应低于 90%。在外观表面不允许有颗粒。

b. 涂层厚度。底漆层不低于 20 μm，中间涂层不低于 30 μm，面漆层不低于 40 μm。

c. 机械强度（不包括泥子层）：冲击≥30 kg·cm；弹性≤5 mm；硬度≥0.6；附着力 1 级。

d. 耐候性、耐腐蚀性、耐水性，等同甲等级。

2）构件组

标准中还对车架、挡泥板、底盘等的涂层质量指标做出了规定。例如车身外表面和翼子板内表面，涂底涂层后应涂防声、耐磨、绝热涂料，焊缝连接处应涂密封胶。铝制品件，采用锌黄纯酚醛或环氧底涂层。为提高车身的耐腐蚀性，对涂过涂层的车身内腔及未涂上涂层结构内腔，应进行喷涂防锈蜡处理。

涂层的主要质量指标也有不同，涂层的外观要求光滑平整，外观表面不允许有颗粒，允许有轻微“橘皮”。光色均匀无花脸。涂层厚度，底涂层不低于 15 μm，面涂层不低于 40 μm，总厚度不低于 55 μm。

耐候性：在广东、海南岛地区暴晒两年或使用 4 年涂层仍完整（即不起泡、不粉化、不生锈、不开裂），允许失光率不大于 30%和明显变色。

耐腐蚀性：在长江以南地区使用 5 年（20 万 km）不应产生穿孔腐蚀或因锈蚀产生结构损坏。另外在耐水性、耐碱性、耐酸性、耐汽油性、耐机油性上都有明确的要求。

2. 校正和修复车身损伤变形

汽车车身损伤的因素很多，归纳起来有以下几个方面：设计、制造过程中本身的薄弱环节；部分车身材料上存在的缺陷；维修工艺不当形成的隐患或损伤；经长期使用所引起的变形或材质劣化；碰撞事故而导致的机械损伤和造成涂层的损坏；涂层“老化”等。车身损伤后的维修是对汽车表面的凹陷、凸起、皱褶、变形、涂层损坏等进行整形校正的修复，以恢复车身原来的形状，为涂装作业奠定良好的基础，保证后续涂装的质量和效果。

3. 维修或更换车身钣金件，恢复车身原有的强度和刚度

汽车在长期使用过程中，车身表面因受到泥水、融雪所用的盐水及大气、酸雨等因素的侵蚀，造成车身钣金件腐蚀、损伤、涂层的损坏，从而导致汽车其他部位乃至整个车身的急剧损坏。为了保证车辆的美观及车身的强度和刚度，应对车身表面严重腐蚀的钣金件和涂层进行及时的维修或更换。

4. 美化车辆外观，保护车身表面抵抗外界侵蚀

汽车是人们生产和生活中的重要交通工具，车辆除了对性能的要求外，对车身装饰及外观的要求也越来越高。车身表面漂亮的外观、鲜艳的色调在一定程度上是靠涂装来实现的。涂膜不但能够美化车身外表，而且能够隔离外界腐蚀性介质对车身表面的腐蚀。因此，涂膜损伤严重及钣金修复后的车身表面，需要及时进行涂装修复涂层，以起到保护车身表面，延长车身使用寿命的目的。

汽车车身在维修过程中，要保证良好的修复质量，必须在车身钣金修复的基础上，严格按照涂装技术要求，以良好的涂装工艺，使车身修复起到保护和美化车辆的作用。

5. 车身维修技术的发展

现代汽车已经不仅仅是交通工具，也是人们生活中的工业艺术品，它美化着人们的生活，并展示着汽车制造厂的特色。车辆在使用和运行中不可避免地会出现锈蚀、碰撞、断裂等损坏，要保持汽车原有的艺术美感，就必须要有高质量的车身维修和涂装作业作保障。

车身形状维修的传统作业方式是以最基本的钳工工具，凭借经验对车身的损坏部位进行敲、拉、铆、焊、钻等作业方式，几乎没有什么专用工具。表面涂膜的修复也主要靠经验对比调色，凭感觉涂装，对配比和色调的统一不能准确地把握。为了取得较好的修复效果，往往需要返工多次，有时甚至出现越返工效果越差的现象，车身维修周期长且带有很大的盲目性。

随着车身结构的变化，以及电子技术、检测技术的发展，车身维修工艺和方法已是今非昔比，正在摆脱传统的作业方式，朝着融合多种技能、设备、辅助作业、检测快捷的方向发展。计算机技术的广泛应用使数据的储存、查询和处理极为方便。而测试技术的发展，不仅使现有许多车型的形状数据和表面涂料参数在出厂时已有记录，而且在维修作业时也可以很方便地测量位置和形状、确定颜色和配比，使维修作业中最为烦琐的环节得到极大的简化。随着近几年专用维修工具的不断改进和完善，车身维修的效果已由传统的“明显改善”到目前的“完全复原”。

综上所述，经过近十几年的发展，国内汽车车身维修技术目前已处在一个重要的转折和发展时期。借助多方面的技术手段，已由体力与经验相结合的单一作业方式向着量化、专用设备辅助作业、操作便捷、形式多样的更高阶段发展。

小　结

汽车的各种车型车身结构虽各有不同，但总体上各构件功能相近，涂装人员了解汽车的类型和主要结构是为了熟悉其功能，以便在涂装过程中采用合适的涂装材料和涂装工艺，让各种

汽车的车身更加显现其特色，各构件更具有保护功能。同时要了解汽车的各部件名称，以便在编写工艺文件时统一、明确。本章介绍的汽车车身结构是以轿车为主，因为，轿车的车身结构较为典型，更具有代表性，其他汽车车身较为简单，其相同部位的构件功能基本相同。

汽车车身采用的材料直接影响到汽车的使用性能、节能和寿命等，因此了解这些材料的性能以及这些材料作为涂装底材时对涂料的要求是很重要的。这里主要介绍了汽车车身的常用材料的名称、主要规格和性能。金属材料仍然是车身的主要材料，涂装人员应熟悉其性能以及各种材料与涂料的配套性。特别是选择底涂层时，应考虑与金属底材的附着性能。非金属材料一般都有特殊的性能，特别是其物理性能如热膨胀性、受热的硬度变化以及与涂层的附着性能等都应引起涂装人员的足够重视，才能使涂层起到更好的装饰和防护效果。

汽车涂层损坏的修复应特别注意汽车车身的结构特点，在维修过程中应尽量恢复汽车各构件的功能，才能确保汽车车身的修复质量。

思考题

1．汽车的车型主要有哪些？其主要用途是什么？

2．汽车前、中、后部的主要构件有哪些？各构件的主要功能是什么？

3．了解机动车各部件名称和各构件的涂层要求。

4．熟悉汽车车身各构件的使用状况以及构件对涂层的装饰和保护要求。

5．汽车车身采用的材料有哪些?其主要特性如何?

6．汽车车身的金属薄板件主要有哪些类型？其主要特性是什么？

7．车身采用的各种金属薄板件的表面处理有何区别?

8．汽车非金属材料主要有哪些?有什么特性?

9．非金属材料塑料、橡胶在汽车上的应用有什么特点?

10．汽车用橡胶的性能有哪些?

第2章 金属防腐蚀

汽车腐蚀损坏，主要是金属构件的腐蚀损坏，金属和金属合金的腐蚀主要是由化学或电化学作用引起的破坏，有时还伴随机械、物理或生物作用。涂装操作人员应了解金属腐蚀的作用原理，用有效的涂层，保护车辆的金属材料构件。汽车涂层的修复也需采用正确的修复工艺才能取得有效的防腐蚀功能。

2.1 金属腐蚀的类型及原理

金属腐蚀的危害非常大，据统计，工业发达国家每年由于金属腐蚀的直接损失约占国民经济总产值的2%～4%，机动车零件用金属制作占60%～70%，腐蚀是不可避免的。如图2-1显示汽车车身腐蚀的状况，车身涂装的目的就是让这样的损失尽可能地减小。

图2-1 汽车车身腐蚀状况

金属腐蚀造成了极大的损坏，所以人们在研究车身材料的同时还要注重研究车身材料的防腐蚀，并进行汽车金属材构件的保护，如镀锌钢板、不锈钢以及在构件上涂装防腐涂料等均为常用的防腐手段，这都是涂装人员必须掌握的知识。

1. 腐蚀与环境的关系

腐蚀和环境有极大的关系，产生腐蚀的环境可分为以下几类。

1）天然大气

天然大气的主要腐蚀介质是氧和水，天气和温度的变化等是促进腐蚀的条件。

2）工业大气

工业大气通常指被化学物质的气体污染的空气，即化工、冶金、石油等多种工业排放的气体或废气，其中常含有 SO_2、H_2S、Cl_2 等的气体，对环境、金属材料和人类危害最大。这些气体对材料尤其是金属材料的腐蚀远比天然大气严重。

3）酸雨

因为大气被化学品污染导致大量酸性物质溶解于雨水形成酸雨。酸容易和金属及其他物质发生化学反应，因此酸雨对户外的金属材料腐蚀非常严重，对汽车涂层的影响也很大。

4）特殊气候环境

大家知道，海洋和近海地区的湿度很大，水和空气的含盐量较高，在这些地区金属的腐蚀速度远高于内陆干燥地区。

5）土壤

土壤对材料的腐蚀主要源于土壤中的水、氧和一些电解质。不同地区的土壤性质不同，有些地区的土壤酸性高，有些碱性高，有些含有特定的化学物质等，这些土壤附着在汽车表面伴随环境变化对汽车构件材料造成腐蚀。

6）化学物质

化学物质对材料的腐蚀主要表现在特殊的行业，如化工厂的设备、输送管道等容易被化学品腐蚀；汽车所使用的油料中含有的硫及硫化物等杂质，对金属也有一定的腐蚀作用。

2. 金属腐蚀的原理和分类

在生产和日常生活中，使用量最大的金属材料是钢铁，因此在讨论金属腐蚀及防护时以钢铁为代表。

金属腐蚀分为化学腐蚀和电化学腐蚀两大类，各种各样的腐蚀基本上都属于这两类，而且以电化学腐蚀为多。

1）化学腐蚀

金属在干燥气体和非电解质溶液中发生化学反应而导致的腐蚀，这类腐蚀是没有水介入，一般有以下几种。

（1）氧化反应。金属在高温下容易和氧气发生化学反应生成金属氧化物。如铁在高温下被氧化成 FeO、Fe_2O_3 及 Fe_3O_4。铝氧化成氧化铝，其结构细密，该氧化膜对底材有保护作用。

（2）气体的腐蚀作用。在高温和压力下，氢被钢铁表面吸附并扩散到内部，会产生内压力而降低钢铁强度，氢气对钢铁的这种腐蚀作用称为“氢脆”。高温下的 Cl_2、HCl、H_2S 及硫蒸气对金属都有腐蚀作用。

（3）非电解质腐蚀。非电解质即有机物，有机物对金属无腐蚀作用，若有机物含有杂质，如油料中的硫，则会对金属产生腐蚀。

2）电化学腐蚀

大多数的金属腐蚀属电化学腐蚀，这种腐蚀的特征是在有电解质和水的作用下发生的，反应时产生电流，形成电池，被称为电化学腐蚀。

（1）金属的电极电位。当金属和电解质接触时，一部分金属离子溶入溶液，形成水合离子，此时，金属表面已带负电，而电解质层因聚集水合离子而带正电，形成了“双电层”，形成“双电层”的过程称为电极化过程。在交界面上，金属带正电而溶液带负电，此时金属和电解质溶液间存在电位差，此电位差称为此金属在该电解质中的电极电位。

电极电位的大小，除温度、压力外，主要取决于电极的性质及电解质溶液中有关离子的浓度。

金属电极电位通常以 25º C 及一个大气压下溶液中有关离子的有效浓度，在电极上参与电极反应的纯物质（单质或化合物）为最稳定的聚集状态时的电位数值为标准电极电位。

现在一般用的电极电位，是指氢气的标准为零的相对值。

金属（包括氢）按其标准电极电位大小排列成一个序列。

例如：K、Na、Mg、Zn、Fe、Ni、Sn、Pb、H、Cu、Hg、Ag 为序列的一部分。位于前面的金属能把后面的金属（或氢）离子从它的溶液中置换出来。因为规定了氢的标准电位为零，所以上序列中氢前面的金属的标准电极电位为负，氢后面的金属的标准电极电位为正值。

（2）原电池工作原理。通过化学反应将化学能转换成电能的装置称为原电池。构成原电池的条件是：必须有电极电位不同的阴极和阳极；阴阳两极有导体相连。当电池接通后发生电子流动产生电流，由阳极流向阴极。如图 2-2 所示，Zn-Cu 原电池即为最简单的原电池。

将金属铜和锌浸入 H_2SO_4 溶液中，用导线将锌片和铜片连接起来，并在导线中串联一个电流表和电阻，可以看到有电流通过电流表从铜极流向锌极。锌极是阳极，而铜极是阴极。同时在铜极上有氢气折出。在两极发生的电极反应分别为：

锌（阳）极：$Zn \rightarrow Zn + 2e$

铜（阴）极：$2H^{+} + 2e \rightarrow H_2\uparrow$

从原电池的工作原理可以看出，尽量让金属成为阴极是防腐蚀的重要手段。

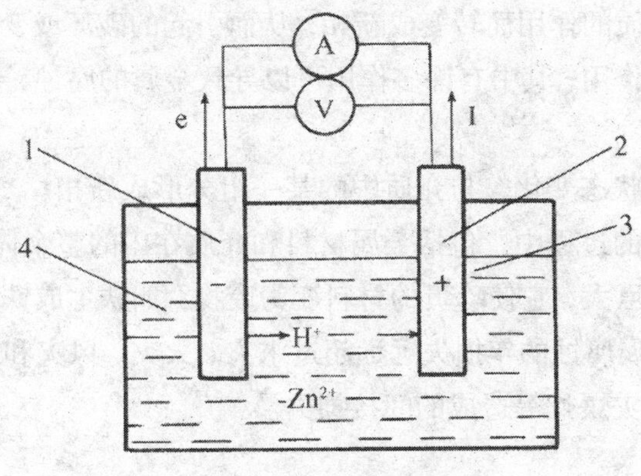

图 2-2　Zn-Cu 原电池

1—铜棒；2—锌棒；3、4—稀硫酸溶液

（3）碳钢在大气中的腐蚀。铁的标准电极电位比碳低，当大气中的水和氧气对其作用时，铁成为阳极，碳成为阴极，形成腐蚀电池。

3）酸雨的危害

近几年来由于酸雨和其他污染引起的争论越来越激烈，但人们对它们的成因和后果还不完全清楚。排放到大气中的二氧化硫以及氮氧化合物导致了酸雨。三分之二以上的硫是由发电厂燃烧煤、石油或天然气产生的，剩下的则是由冶炼钢铁、汽车尾气以及火山爆发、沼泽、森林大火等因素造成的。

判断酸雨危害程度的标准是 pH 值。其范围为 0～14，pH 值为 7 表示其酸碱度等于蒸馏水，为中性。pH 值为 4 的酸液的酸性相当于 pH 值为 5 的 10 倍，相当于 pH 值为 6 的 100 倍。硫一旦和臭氧相结合，就很容易和天空中的水气溶合形成酸雨，当 pH 值低到一定的程度后，就会造成明显的危害。

酸雨通常会损害涂层中的色素成分，尤其是对以铅为主要成分的颜料。比较常见的是酸雨落在涂层表面后，形成一种类似于水滴蒸发后留下来的痕迹，并使表面涂层退色。有时这种痕迹是一圈围着无色，中心发暗的白印，严重时会形成点蚀。退色的情况会因原有颜色的不同而有区别，例如，原来为黄色的车身表面涂层，受到酸雨腐蚀后可能会出现白色或深棕色的痕迹，而绿色的变成白色，白色的变成粉色，红色的变成紫色。

金属漆的表面也会遭到破坏，这是因为酸能够和涂层中的铝粒子反应，从而逐渐将涂层腐蚀掉。崭新的涂层通常比那些“老化”了的涂层更容易受到破坏。

透明涂层是防止酸雨造成侵蚀的保护层，因此新的汽车都有二到三层最终涂层，从而大大降低了酸雨带来的危害。透明涂层只能保护涂料中的色素不发生退色现象，但酸雨仍能在透明涂层上形成圆形侵蚀。

3. 金属防腐蚀的方法

为了防止金属防腐，需要在材料的选择方面、在工艺的设计方面考虑防止腐蚀的方法，以下介绍防止金属材料腐蚀的方法。

1）金属腐蚀的定义及危害

金属材料由于受到介质的作用而转变成新相，从而引起的破坏或变质，称为腐蚀。金属材料与介质之间可以有不同的作用，其中有许多作用可以导致金属的腐蚀，但只有满足下列两个条件的作用，才可称为腐蚀。

（1）使金属材料发生状态变化，与介质中的某一组分形成新相。

（2）在金属材料破坏的过程中，包括金属材料和介质在内的整个体系的自由能降低。

金属的腐蚀危害非常巨大，它使珍贵的材料变为废物，如铁生成铁锈成为氧化铁，使生产和生活设施过早的报废。金属腐蚀的年损失远远超过水灾、火灾、风灾和地震损失的总和，这里还不包括由于停工减产、火灾爆炸等造成的间接损失。

2）电化学防腐

电化学防腐主要运用在一些大型的工程中，按电化学原理可分为阴极保护和阳极保护两种。

（1）阴极保护。

阴极保护可分为护屏保护和外加电源保护两种。

① 护屏保护。是指在被腐蚀体系中附加一个负电性更强的金属作为附加阳极，使得被保护的金属变成阴极，从而达到保护的目的。

② 外加电源保护。是指被保护的金属与外加电源的负极相连，使之变成阴极，而外加电源的阳极和石墨、不锈钢等相连，从而达到保护的目的。

（2）阳极保护。

把被保护的主体金属和直流电源的正极连接，外加电流使金属阳极化，从而提高金属的稳定性。

3）涂层保护

在被保护的主体金属表面覆盖耐腐蚀材料以隔绝金属与腐蚀介质接触，从而达到防腐蚀的目的。

（1）金属保护层。

采用电镀层、化学镀层、热熔浸镀层等方法，将具有保护性的金属薄层涂布在被保护金属表面的方法。被涂布的金属主要有 Cr、Ni、Zn、Cu 等。金属涂层的保护有阴极覆盖保护和阳极覆盖保护两种。

在铁上涂布锌和铝等，使覆盖层的金属比主体金属有更负的电极电位，当腐蚀发生时，金属涂层将铁与腐蚀介质隔绝，而自己被腐蚀，这种方法称为阳极覆盖保护。铝氧化物结构致密，其电化作用不如锌明显。

若在金属表面涂布电极电位更正的金属是阴极，主体金属是阳极，而阳极是被完全隔绝的，因而不会发生腐蚀，这种方法称为阴极覆盖保护。但阴极覆盖保护必须保证涂层没有裸露，否则会发生严重的局部腐蚀。

（2）非金属保护层。

以耐酸的陶瓷、玻璃以及石材等非金属材料作为内衬的防腐方法称为非金属保护层保护。

（3）涂料保护层。

涂料保护是金属表面涂布涂料以达到防腐目的的方法。涂料的性能各异，保护作用有物理保护，也有化学保护，而且涂料保护应用非常广泛。在汽车涂装中，涂料除了装饰作用外，其另一个重要的功能即为防腐蚀。

涂料涂层保护同其他各种防腐蚀的方法相比较有以下特点：

① 选择多，用途广。涂料产品可供选择的品种繁多，颜色可以调配，功能性强。针对一种材料的防腐蚀可以做出多种涂料品种和工艺的设计。针对品种繁多的底材可通过涂装达到防腐蚀的目的，如汽车的材料，钢材、铝材、镀锌铁板、玻璃钢及塑料等均可涂装。

② 涂装工艺方便，成本低。无论是大型的设备、工程还是微型的零件等，均有合适的涂装工艺进行喷涂。涂装不需要大型、贵重的设备，相对成本较低。

③ 修复方便。其他的一些防腐蚀的方式，如电化学防护或金属、非金属涂层保护可能在受

到破坏后很难甚至无法修复，而绝大多数涂层是容易被修复的。

在汽车上，无论是原厂涂装，还是修补涂装都是防腐蚀的重要环节，而汽车修补涂装在汽车行业有着举足轻重的地位。如果涂膜的力学性能低，不耐磨损，在高温、强腐蚀环境的条件下，涂料的防腐也会受到限制，必须采取其他的防腐蚀手段。

2.2 车身防腐蚀

汽车车身防腐是一个复杂的工艺过程，汽车车身防腐层结构如图 2-3 所示，一般采用金属防腐层和涂层防腐层结构。汽车车身防腐蚀所采用最方便可靠的工艺方法就是涂装，涂装工艺的涂料来源广、品种繁多、颜色可以调配，修复也十分方便，并不需要大型设备，相对成本较低。

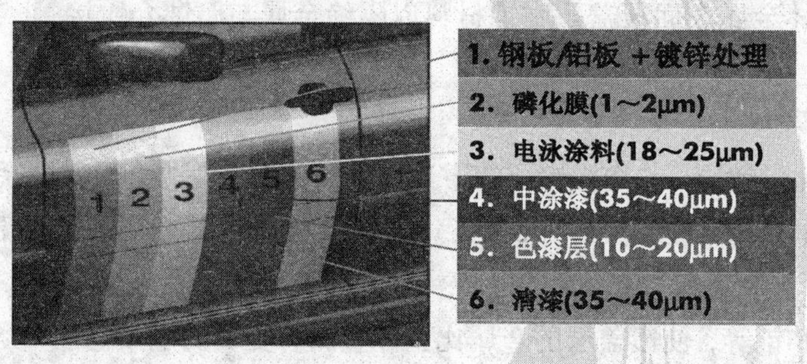

图 2-3　汽车车身防腐层结构

汽车车身的材料大多数是金属，如钢材、镀锌铁板、铝材等。汽车车身金属材料有被腐蚀的趋势，尤其是钢铁，若不采取防护措施，它在很短的时间内便开始被腐蚀，导致汽车安全性、实用性的降低。在汽车工业中，防腐蚀是非常重要的工艺手段。汽车修补涂装主要针对汽车车身构件进行防止腐蚀及防护。

1. 汽车腐蚀的因素

汽车车身构件被腐蚀破坏主要是两个方面：汽车车身涂层损坏和外部环境的危害。

1）汽车车身涂层

汽车车身涂层剥落后，车身构件金属外露造成腐蚀，还有不良涂装造成的局部腐蚀。汽车车身受损伤，如碰撞、行驶时石砾的敲打，或原涂层的附着力不良等都容易导致涂层的剥落。汽车涂层有底涂层、中间涂层及面涂层几部分，底涂层和中涂层提供耐蚀性和填充性，而面涂层提供装饰和耐候性。汽车面涂层剥落，中间涂层或底涂层裸露，经过一段时间的阳光照射后，中间涂层或底涂层受到紫外线的作用容易老化而剥落。这样，汽车车身金属材料会裸露而导致腐蚀。汽车涂层剥落应该马上修复，除为了美观外，主要是保护车身金属材料构件免受腐蚀。

在涂装过程中，涂层中水、劣质溶剂等未挥发而被包裹在涂层中，可能造成对构件金属材料的直接腐蚀或导致附着力不良，涂层剥落。如修补时水磨泥子最容易造成水分残留在涂层中，经过一段时间导致构件从涂层内部腐蚀。

2）外部环境的危害

涂料本身也有被腐蚀的趋势。任何涂料都有一定的使用寿命，超出这个时限后，涂层会老化，如粉化、剥落等。在酸雨条件下，涂层更容易老化。在恶劣的使用条件下，如经常运输化学品的车辆，在海洋性气候环境中使用的车辆，其使用寿命会较短些。因此，当汽车涂层有老化现象时，应及时修复以免造成更严重的腐蚀。

2. 裸露的车身外表面处理

与车身内表面相比，外表面的环境更恶劣，因而更容易产生涂层小片脱落和开裂。对此使用转化涂料对于外表面而言非常重要。转化涂层可以使涂层更好地附着在金属表面上，阻止锈蚀在涂层下继续蔓延。

当车辆经过彻底的钣金修理和防腐处理之后，涂装工还需要对车身外饰板进行下述的最终防腐程序：

① 用清除蜡和油脂的清洗剂进行清洗。

② 喷涂磷化底漆，并让它在空气中充分干燥，可以使用高压气或干净的白抹布加快其干燥速度。

③ 喷涂底层涂料，最好使用双组份环氧树脂底漆。

④ 喷涂底层填实涂料。

⑤ 喷涂着色涂料。

如果有提升装置，维修时最好将车提升，这样可以使车身底部的防腐工作更容易进行。进行车身底部防腐处理时，应先从喷涂翼子板和轮罩内侧开始，对翼子板的焊缝应特别注意。对一些车型而言，还必须先卸掉车轮，以便进行完全的喷涂。翼子板的裙部应该卸下来单独处理。然后喷涂车身底部其他部位和挡泥板与前后保险杠的连接处，喷涂车身底板、焊接部位、车架，油箱搭片等。喷涂前应注意清除干净沉积物和松散的隔音层，尤其要注意圆形的连接处。松散的隔音层和重要部位的不干净表面，都会成为锈蚀产生的滋生地，使防腐材料无法保护金属。

在容易产生高温的部位，如排气管或消声器，不能喷涂底层涂料，在悬挂系统，牵引系统，制动毂和其他运动部件上也不适宜涂装过厚的涂层，甚至不能喷涂涂料。

车身底部外表面的防腐处理程序一般如下：

① 使用清除蜡和油脂的清洗剂进行清洗。

② 喷涂磷化底漆。

③ 喷涂底层涂料。

④ 使用防腐膏和隔音材料进行修复，恢复原厂技术指标。

⑤ 使用煤油和洗涤剂清除干净喷涂过量的底层涂料。

3. 汽车涂装防腐要点

用有机涂料经过涂装作业保护大气中的金属结构，是最广泛使用的防腐手段。涂料涂覆在金属表面后，干燥固化形成涂膜，这种涂膜从微观角度而言是一种多孔的薄膜，这些孔隙是由涂膜中高分子链之间的间隙和聚合物与无机颜料和填料的界面间隙组成。涂膜虽然不能使金属与介质完全隔绝，但可以增大介质通过微孔的扩散阻力和溶液的电阻，使腐蚀电流下降，减缓金属的腐蚀，起到保护作用。在缓和的环境中（如大气、水等），由于渗透作用，涂膜覆盖的金属被从微孔渗透过来的介质缓慢腐蚀，其腐蚀产物堵塞涂膜的微孔，可以阻止腐蚀的进一步进行，从而使涂膜有很长的使用寿命。

在涂装前应对构件的金属表面进行表面处理，这是非常重要的一环，除去被涂构件表面的锈垢、油污、脱膜剂等，保证涂膜与构件表面有很好的附着力，提高涂膜的使用寿命。

轿车的原厂电泳底涂层是非常好的防腐涂料，一些原厂配件板材，如蒙皮、机盖，也是经过电泳底涂层涂装后才交付给修理厂使用的。在修补涂装中，常常可以在电泳涂层上直接喷涂中间涂层和面漆，有些配件钣材涂装了普通的保护性底涂层如红丹底漆，这种底漆虽然没有电泳底涂层的附着力和耐久性好，但在一定的时间内也能保证构件金属表面不生锈，在修复涂装中常常要打磨这层保护性底涂层后才能施工。

客车制造目前使用最多的底涂层是环氧底漆，其耐腐蚀性和附着力都非常好。

无论是轿车还是客车的修复涂装，若小面积涂装可以直接在裸金属表面刮泥子，然后用中涂层封闭再喷涂面漆；但若是大面积涂装，则避免直接在裸金属底材上刮泥子，正确的方法应该做好防腐层，然后刮泥子，再用中涂层涂料封闭，最后喷面涂层，这样才能达到耐久的抗腐蚀及完美的涂层效果。

小　结

汽车车身材料主要是金属材料，所以金属的防腐蚀的原理、方法是涂装人员应该了解、熟悉的知识，本章主要介绍金属的腐蚀原理、金属防腐蚀的方法，不同的车身材料的防止腐蚀的方法是不同的，在涂装过程中应制定不同的工艺方法，特别是车身构件表面的防腐不好，再好的涂装都不能起到很好的涂层保护作用。这里必须强调在车身修复时更要注重工艺的防腐工作，才能保证高质量的涂层修复效果。

思考题

1. 为什么要了解金属防腐的原理？
2. 汽车车身的防腐蚀的方法有哪些？
3. 金属防腐蚀的分类有哪些？
4. 涂层防腐蚀的特点是什么？
5. 为什么涂层保护是最好的防腐蚀的方法？
6. 什么是化学腐蚀？一般有哪几类？

第3章 涂料的知识

汽车大多数的零件都是由金属制造的，为了防止零部件腐蚀，采取了很多措施，但至今为止仍以有机涂层为最有效、最经济、应用最普遍的方法。因此，涂层修复人员应掌握涂料的分类、性能、操作工艺、成膜原理等方面的知识，才能确保汽车维修的涂装质量。

涂装是将涂料涂覆于经处理后的被涂表面上，再经干燥成膜的工艺过程。

涂料是指涂于物体表面，能形成具有保护、装饰或特殊功能（如绝缘、导电、示温、隐身等）的固态涂膜的一类液体或固体材料的总称。

人类生产和使用涂料已有悠久的历史，远在公元前两三千年，我国古代劳动人民就从天然的树上采集生漆液，用于涂装日用品；从桐树上采集桐籽榨取桐油，制成熟桐油，加入颜料制造涂料。所以早期涂料多半采用植物油和天然树脂为原料，故称“油漆”。随着以合成化工品为原料的高分子材料的发展，大部分植物油和天然树脂被合成树脂所取代，故称为“涂料”。但仍然在具体的涂料品种名称中用“漆”字表示“涂料”，如调和漆、底漆等。

现代涂料正逐步成为一类多功能的工程材料，所形成的涂膜属于高分子化合物类型。涂料能广泛地应用于不同的材质的物体表面，能适应不同性能要求，涂膜容易维护和更新，所以得到广泛的应用。

3.1 涂料的组成和成膜方式

涂料如何通过你的操作在汽车车身的表面形成涂膜的呢？那就需要了解涂料的组成，熟悉涂料的成膜方式和原理。涂料由树脂、颜料、溶剂和助剂组成。涂装的成膜过程是树脂溶于溶剂中形成液体状，如图 3-1 所示，图 3-1（a）中树脂、颜料（使物体表面着色）与溶剂混合，采用工具喷涂在物体表面；这时溶剂慢慢挥发，图 3-1（b）中成膜过程中溶剂慢慢浑发，溶剂挥发过程中也可以采用烘烤的方法，这一过程树脂与颜料缓慢固化形成涂膜，图 3-1（c）中树脂和颜料固化成膜。

1. 涂料的组成

涂料的组成按其所用原料的性能、形态可分为树脂、颜料、溶剂及助剂等。

1）成膜物质。油料和树脂是主要成膜物质，叫做黏结剂，是涂料的基础，它是涂料成膜不可缺少的物质，因此也叫基料、漆料或漆基。涂料中没有这个部分，就不能形成牢固地附着在物体表面上的涂膜。涂料的许多特性，主要取决于成膜物质的性能，它在储存期内相当稳定，不会发生明显的物理、化学变化。

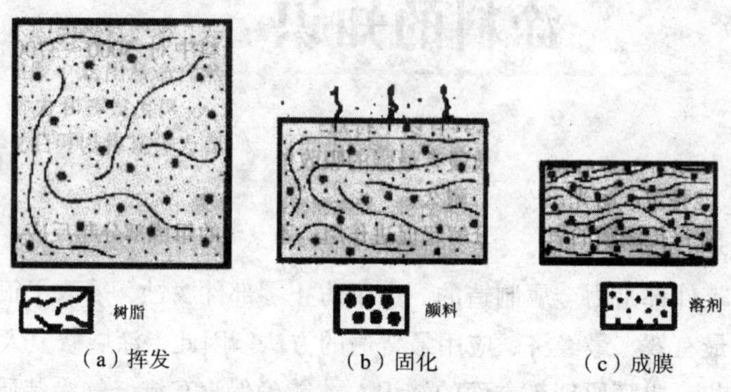

图 3-1　涂装成膜过程示意图

2）颜料。颜料为细粉状，或是天然矿物、金属粉，或是化学合成的无机化合物、有机染料。它在涂料中可增加很多特殊的性能，能赋予一定的遮盖力和颜色，并能增加涂膜的厚度，提高涂膜的耐磨、耐热、防锈等特殊性能。

3）溶剂。溶剂是涂料的挥发部分，它是液态涂料制造和涂装过程中不可缺少的组成之一，借助它可将涂料调到用于满足在制造和施工中的某些要求。溶剂是由真溶剂、助溶剂和冲淡剂按所需要的溶解性能和挥发速度配制而成的混合物，具有挥发性，在涂装和成膜过程中挥发掉，留下不挥发部分（树脂和颜料等）形成坚硬的涂膜。正确地使用溶剂可改善涂料的施工性能，提高涂膜的物理性能，如展平性、光泽、致密性等。

4）助剂又称添加剂。它们在涂料中一般用量很少，但所起的作用很大，往往使涂料的某些性能起显著变化，有助于涂料的涂装和改变涂膜的性能。

在涂料的组成中，没有颜料或体质颜料的透明体，称为清漆；加有颜料或体质颜料的有色或不透明体，称为色漆（如磁漆、调和漆、底漆）；加有大量体质颜料的稠厚浆状体，称为泥子。

涂料中没有挥发性稀释剂的称为无溶剂涂料，又呈现粉末状的则为粉末涂料；以一般有机溶剂为稀释剂的称为溶剂型涂料；以水作为稀释剂的则称为水性涂料。

2. 涂料的成膜方式

1）溶剂挥发型

涂料在常温下靠溶剂挥发干燥成膜。在干燥过程中，成膜物质的分子结构无显著的化学变化。属于这种成膜方式的有乙基纤维素涂料、硝化纤维素涂料、过氯乙烯树脂涂料、热塑性丙烯酸树脂涂料、虫胶漆等。影响干燥的因素主要是：

（1）溶剂的性能。溶剂挥发型涂料所用的溶剂都是几种溶剂和助溶剂的混合物。在确定溶剂组成比例时，除了考虑到溶剂对树脂的溶解能力、毒性、闪点、经济性等因素外，还要注意溶剂的挥发性。为了控制溶剂的挥发性，就必须根据各类溶剂、助溶剂的物理化学特性，如沸点、溶解能力等，恰当地加以配合。挥发太快，由于黏度增加快，涂膜易产生针孔、橘皮等缺陷。挥发太慢，涂膜易产生流挂现象，而且影响涂膜的干燥速度。

（2）成膜物质对溶剂的释放性。 同一种溶剂用于不同种类的挥发性涂料会有不同的挥发速度，这是由于不同的成膜物质对溶剂的释放性不同。硝基涂料的挥发速度比过氯乙烯涂料快。因此，硝基涂料在常温下仅需数十分钟就可干燥，而过氯乙烯涂料需 2～3 h。

（3）施工环境的温度和湿度。温度高，溶剂干燥得快，温度低则干燥得慢。挥发性涂料的施工温度不能太高，一般以 15～25℃为宜。空气的湿度对于干燥速度也有影响，湿度太大，涂膜易产生“泛白”的瑕病。

2）氧化-聚合型

这类涂料的干燥可在常温下进行。干燥过程大致分为两个阶段，第一阶段，溶剂从液态的涂膜中挥发出来，然后进行第二阶段的氧化和聚合反应，形成坚韧的涂膜。凡是含有干性油或以干性油改性的涂料都可以通过氧化-聚合反应在常温下干燥。常用的清油、酯胶漆、酚醛涂料、醇酸涂料等都是。影响干燥的因素主要有：

（1）干性油的类型和油度。含有不饱和双键的植物油容易干燥，共轭双键多的（如桐油）干燥性能更好。共轭双键少的（如亚麻子油）干燥的速度就慢一些。至于半干性油（如豆油）干燥就更慢一些。涂料的干燥性能在很大程度上取决于所用油的类型。

（2）催化剂的类型和用量。在氧化-聚合型涂料中，为了加速干燥，通常加入一定量的催化剂。一般认为铅催化剂对促进内层的聚合反应有效，钴、锰催化剂对促进涂膜的外层氧化-聚合反应有效。在确定催化剂的种类和用量时，应根据涂膜的干燥条件及涂料中油脂含量合理选择。

（3）树脂的类型。酚醛磁漆干燥快，干后涂膜坚硬。钙脂磁漆干燥略慢，干后涂膜有回黏现象。一般酚醛磁漆比醇酸漆干燥快。

（4）施工环境的影响。主要是温度、湿度的影响。温度高，溶剂挥发得快，氧化-聚合反应也进行得快。湿度大，即使是温度高也不如在温度低而湿度小的条件下干燥得好。

3）烘烤聚合型

这种涂料必须在一定的温度下烘烤，使成膜物质分子中的官能基团发生交联反应而固化，如氨基醇酸烘烤涂料、沥青烘烤涂料、有机硅烘烤涂料等。当然，每种涂料都有一定的烘烤温度，不可随意升高或降低，否则对涂膜的质量有影响。例如，氨基醇酸涂料在超过 150℃下长时间烘烤会使涂层变色发脆，耐久性能降低。有机硅耐热涂料如烘烤温度太低则涂膜不能完全固化。F01-6 酚醛清漆如烘干温度低，涂层固化不完全，防化学性能会降低。

在实际施工中，每种涂料的烘干条件又与下列条件有关。

（1）涂料的颜色。深色的吸热量大，烘烤时间可以缩短。白色的反射热量大，烘干时间要长一些。

（2）工件的形状和厚度。薄而多孔的工件吸热量小，热传导快，干燥得快。厚度大的吸热量大，烘烤时间长。

（3）底材的材质。黑色金属吸热的速度快，有色金属相对慢一些，铝、铜等材料上的涂料的烘烤时间要略长一些。

烘烤固化的涂膜硬度高，耐磨性、耐光性、耐久性方面都好。

4）固化剂成膜型

这类涂膜的固化机理是依靠固化剂中的活性基团引起成膜物质分子交联而固化，例如，胺固化环氧涂料、双组分聚氨酯涂料等。根据所用固化剂种类，可分为常温固化和高温固化两种。例如以 H-1、H-2 等固化剂的环氧涂料可在常温下固化，而以酸酐和有些胺类作固化剂，则需要烘烤加热才能固化。

为了缩短施工期限，提高涂膜性能，常温固化的涂料有时也可加热固化。例如，以 H-2 固化剂的环氧涂料，在室温下需 5～7 天才能充分固化，而在 120℃经 1～2 h 即可，而且提高了涂膜的耐化学性能。

3.2 涂料的分类和命名

1. 分类

根据国家标准 GB/T 2705—2003，涂料产品的分类是以涂料产品的用途为主线，并辅以主要成膜物的分类方法。例如若成膜物质为多种树脂，则以在涂膜中起主要作用的一种树脂为基础。成膜物质分为 17 类，如表 3-1 所示。

表 3-1 涂料成膜物质分类

成膜物质类别	主要成膜物质
油脂	天然植物油、动物油（脂）、合成油等
天然树脂	松香及其衍生物、虫胶、乳酪素、动物胶等
酚醛树脂	酚醛树脂、改性酚醛树脂等
沥青	天然沥青、（煤）焦油沥青、石油沥青等
醇酸树脂	甘油醇酸树脂、季戊四醇酸树脂、其他醇类的醇酸树脂、改性醇酸树脂等
氨基树脂	三聚氰胺树脂、脲（甲）醛树脂等
硝酸纤维素（脂）	硝酸纤维素（脂）等
纤维素酯、纤维素醚	乙酸纤维素（脂）、乙酸丁酸纤维素（脂）、乙基纤维素、苄基纤维素等
过氯乙烯树脂	过氯乙烯树脂等
烯类树脂	聚二乙烯乙炔树脂、聚多烯树脂、氯乙烯共聚树脂、聚乙酸乙烯及其共聚物、聚乙烯醇缩醛树脂、聚苯乙烯树脂、含氟树脂、氯化聚丙烯树脂、石油树脂等
丙烯酸树脂	热塑性丙烯酸树脂等
聚酯树脂	饱和聚酯树脂、不饱和聚酯树脂等
环氧树脂	环氧树脂、环氧酯、改性环氧树脂等
聚氨酯树脂	聚氨（基甲酸）酯树脂等
元素有机聚合物	有机硅树脂、有机酞树脂、有机铝树脂等
橡胶	氯化橡胶、环化橡胶、氯丁橡胶、氯化氯丁橡胶、丁苯橡胶、氯磺化聚乙烯橡胶等
其他	以上 16 类包括不了的成膜物质，如无机高分子材料、聚酰亚胺树脂、二甲苯树脂等

2. 命名

涂料全名一般是由颜色或颜料名称加上成膜物质名称，再加上基本名称而组成。对于不含颜料的清漆，其全名一般是由成膜物质名称加上基本名称而组成。

颜色名称通常有红、黄、蓝、白、黑、绿、紫、棕、灰等颜色，有时再加深、中、浅（淡）等词构成。若颜料对涂膜性能起显著作用，则可用颜料的名称代替颜色的名称，如铁红、锌黄、红丹等。

成膜物质名称适当简化，如聚氨基甲酸酯简化成聚氨酯；环氧树脂简化成环氧；硝酸纤维素（酯）简化成硝基。

漆基中含有多种成膜物质时，选取起主要作用的一种成膜物质命名。必要时也可以选取两种或三种成膜物质命名，主要成膜物质名称在前，次要成膜物质名称在后，例如红环氧硝基磁漆。

基本名称表示涂料的基本品种、特性和专业用途，例如清漆、磁漆、底漆、锤纹漆、罐头漆、甲板漆、汽车修补漆等。

在成膜名称和基本名称之间，必要时可插入适当词语来标明专业用途和特性等，例如白硝基球台磁漆、红过氯乙烯静电磁漆。

凡是烘烤干燥漆，名称中（成膜物质名称和基本名称之间）都有“烘干”字样，例如银灰氨基烘干磁漆、铁红环氧聚酯酚醛烘干磁漆。名称中无“烘干”，则表示该漆自然干燥、烘烤干燥均可。

凡双（多）包装的涂料，在名称之后应增加“（分装）”字样，例如 Z22-1 聚酯木器漆（分装）。

3. 型号

涂料的型号用于区别具体涂料品种，位于涂料名称之前。涂料的型号由一个汉语拼音字母和几个阿拉伯数字组成。字母表示涂料类别代号，位于型号的最前部；第一、二位数字表示涂料的基本名称代号；第三位或第三位与以后的数字表示涂料序号；把基本名称代号与序号分开。涂料类别代号、涂料基本名称代号、辅助材料代号如表 3-2、表 3-3、表 3-4 所示。表 3-5 为涂料的型号、名称示例。

表 3-2　涂料类别代号

代　号	涂料类别	代　号	涂料类别
Y	油脂漆类	X	烯树脂漆类
T	天然树脂类	B	丙烯酸漆类
F	酚醛漆类	Z	聚酯漆类
L	沥青漆类	H	环氧漆类
C	醇酸漆类	S	聚氨酯漆类
A	氨基漆类	W	元素有机漆类
Q	硝基漆类	J	橡胶漆类
M	纤维素漆类	E	其他漆类
G	过氯乙烯漆类		

表 3-3　涂料基本名称代号

代　　号	基本名称	代　　号	基本名称
00	清油	46	油舱漆
01	清漆	47	车间（预涂）底漆
02	厚漆	50	耐酸漆、耐碱漆
03	调和漆	52	防腐漆
04	磁漆	53	防锈漆
05	粉末涂料	54	耐油漆
06	底漆	55	耐水漆
07	泥子	60	防火漆
09	大漆	61	耐热漆
11	电泳漆	62	示温漆
12	乳胶漆	63	涂布漆
13	水溶（性）漆	64	可剥漆
14	透明漆	65	卷材涂料
15	斑纹漆、裂纹漆、橘皮漆	66	光固化涂料
16	锤纹漆	67	隔热涂料
17	皱纹漆	70	机床漆
18	金属（效应）漆、闪光漆	71	工程机械用漆
20	铅笔漆	72	农机用漆
22	木器漆	73	发电、输配电设备用漆
23	罐头漆	77	内墙涂料
24	家电用漆	78	外墙涂料
26	自行车漆	79	屋面防水涂料
27	玩具漆	80	地板漆、地坪漆
28	塑料用漆	82	锅炉漆
30	（侵渍）绝缘漆	83	烟囱漆
31	（覆盖）绝缘漆	84	黑板漆
32	抗弧（磁）漆、互感器漆	86	标志漆、路标漆、马路画线漆
33	（黏合）绝缘漆	87	汽车漆（车身）
34	漆包线漆	88	汽车漆（底盘）
35	硅钢片漆	89	其他汽车漆
36	电容器漆	90	汽车修补漆
37	电阻漆、电位器漆	93	集装箱漆
38	半导体漆	94	铁路车辆用漆
39	电缆漆、其他漆	95	桥梁漆、输电塔漆及其他（大型露天）钢结构漆
40	防污漆	96	航空、航天用漆
41	水线漆	98	胶液

续表

代　号	基本名称	代　号	基本名称
42	甲板漆、甲板防滑漆	99	其他
43	船壳漆		
44	船底漆		
45	饮水舱漆		

表 3-4　辅助材料代号

代　号	辅助材料名称
X	稀释剂
F	防潮剂
G	催干剂
T	脱漆剂
H	固化剂

表 3-5　涂料型号和名称示例

型　号	名　称	型　号	名　称
Q01-17	硝基清漆	G64-1	过氯乙烯可剥漆
Q04-36	白硝基球台磁漆	A04-81	黑氨基无光烘干磁漆
C04-2	黄醇酸磁漆	Q20-34	天蓝硝基抽条铅笔漆
H36-51	中绿环氧烘干电容器漆	S07-1	浅灰聚氨酯泥子（分装）
H52-98	铁红环氧酚醛烘干防腐底漆	X-5	丙烯酸漆稀释剂
Y53-31	红丹油性防锈漆	H-1	环氧漆固化剂

3.3 树　脂

一般涂料由四部分组成，它们是成膜物质（树脂）、颜料、溶剂、助剂。

1. 树脂的概念

树脂是许多高分子复杂化合物相互溶解而成的混合物，有天然的、人工的、合成的树脂。树脂原来是指固体、半固体具有受热熔化的材料。随着科学技术和生产技术的发展，该术语已被用来作塑料或橡胶基材的任何聚合物的总称。

一般树脂都具有可熔化和溶解于有机溶剂中（如溶解于醇、酯、酮等有机溶剂中）而难溶或不溶于水的性质。熔化或溶解的树脂一般黏着性很强，涂覆于物体表面，干燥后能形成一层透明而硬脆的薄膜。

单用油料虽也能制成涂料，但这种涂料形成的涂膜，在硬度、光泽、耐水、耐酸碱等性能上，越来越不能满足社会发展的需要。很早以前，人们就在油中加入松香等天然树脂来提高油性膜的硬度、光泽等性能。随着社会生产技术的发展，需要保护的物体和所属环境日益复杂，例如海船常年浸泡于海水中，还有海生生物附着孳长；高速飞机在高空中要经受骤冷骤热，飞行时与空气产生很大的摩擦；汽车等交通工具常受到日光暴晒、高温高湿、霉菌和腐蚀气体等侵蚀；化学工业设备和建筑常受酸、碱、有机溶剂的腐蚀等。所以仅依靠在油中加入天然树脂以改进油漆的性能，已不能满足各种各样的要求了。最近数十年来，由于合成树脂工业的出现和发展，为涂料工业提供了广阔的新型原料的来源，同时使涂料的性能有很大的提高，满足了各种要求，摆脱了依赖天然产物为原料来源的状况，在品种、产量上得到了迅速发展。目前，树脂尤其是合成树脂已经成为涂料工业的主要原料，以树脂为成膜物质的各种树脂涂料在涂装中已占有很大的比重。

在涂料中使用的各种树脂必须要具备的性能为：

（1）树脂在涂料中作为主要成膜物质，它的性能直接关系到涂料的性能，所以就要求树脂能赋予涂膜以一定的保护与装饰的特性，如光泽、硬度、弹性、耐水性、耐酸碱性等。

（2）由于各种树脂都有各自的特性，在涂料中为了满足多方面的要求，常将多种树脂合用，互相取长补短，从而要求树脂之间或树脂与油之间有很好的互溶性。互溶性不好的树脂，就限制了它在涂料中的用途。

（3）由于施工的需要，涂料要能很好地变为涂膜，一般须把涂料制成液体状，因此要求树脂能在溶剂中溶解，并希望能很好地溶解于价廉而来源充足的溶剂中。有些树脂的溶解有局限性，也限制了它在涂料中的应用。

2. 树脂的分类

目前涂料用的树脂从来源可分为：来源于自然界的天然树脂；用天然高分子化合物加工制得的人造树脂；用化工原料合成的合成树脂。现在涂料中使用的树脂，以合成树脂为最多，而且涂料的性能最好。随着化工工业的发展，合成树脂得到迅速的发展。

涂料使用的树脂分类如下：

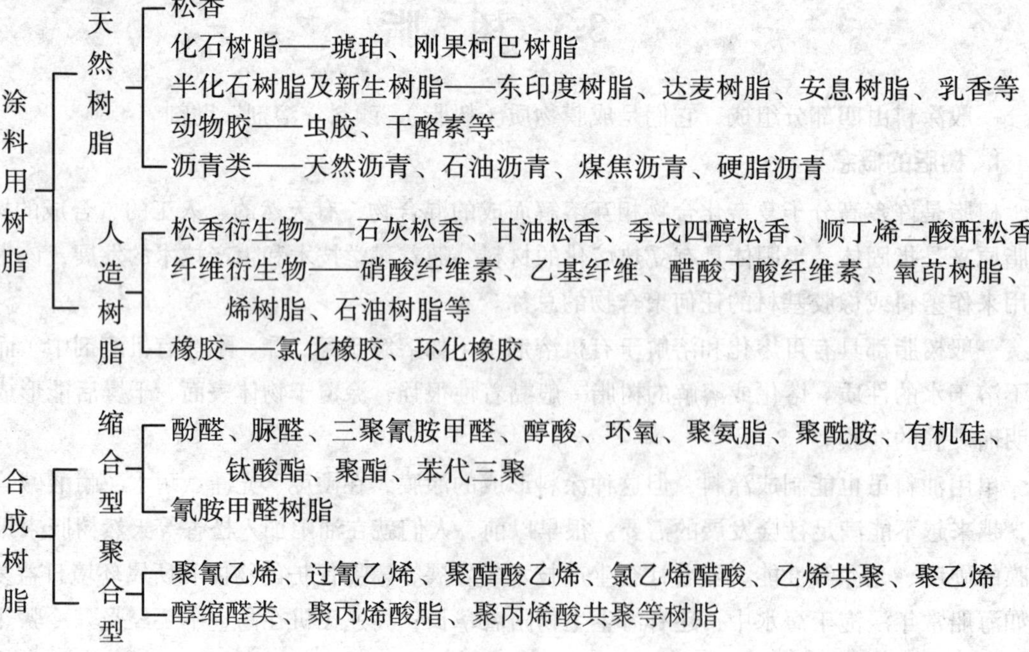

1）天然树脂类涂料

（1）松香（俗称熟松香）。

松香的来源主要有以下方面。

① 从赤松、黑松等松树切开树皮而分泌出来的松脂，经蒸馏提出松节油后制得的，通常叫松脂松香。

② 将砍伐松树留在地上数年以后的陈松根或树枝刨成碎片，放在特制的容器内用溶剂提出的松香，叫木松香。松脂松香颜色浅、酸值高，软化点也较高：木松香比松脂松香品质差。这两种松香的性质相似，用处也相同。

松香的特性和用途。松香外观为透明玻璃状脆性物质。颜色由浅黄到黑色，有特殊的气味，不溶于水，能溶于乙醇、乙醚、丙酮、苯、松节油、油类和碱溶液。

松香与油合用能提高涂膜的光泽和硬度，但由于它的软化点较低，涂膜易发黏，硬而脆，涂膜不坚固，用它制成的涂膜耐水性、耐候性都不好，所以在涂料工业中不直接使用松香。

（2）紫胶树脂：虫胶（俗称漆片、洋干漆）。

虫胶的来源。虫胶又叫紫梗、紫胶、紫草茸。它是由南亚热带的一些树上的寄生昆虫分泌出的胶质积累在树枝上，经采集加工成的片状树脂。

世界上产虫胶的国家有印度、泰国、中国、越南、缅甸等国，以印度和泰国产量较大。

虫胶的特性和用途。虫胶颜色由紫色到棕红色，能溶解于醇类、酮类以及碱溶液中，微溶于酯类、烃类。

虫胶溶解于酒精中，制成虫胶清漆，可用作家具涂饰，镜子背面用漆，以及弹壳、雷管用挥发性漆。还可制成虫胶绝缘漆，作为电器、电线绝缘涂层以及浸渍漆。虫胶溶解于碱性溶液中，可用作草帽及皮革产品的上光，也可作模塑树脂、制留声机唱片等。虫胶漆不易溶于烃类酯类溶剂中，所以宜作封闭涂层之用。虫胶的缺点是涂层抗水性差，遇水或潮湿后变白且易分解，加之来源不广，所以在许多场合下已被合成树脂所代替。

（3）沥青。

沥青的来源。沥青可分为天然沥青和人造沥青两大类。天然沥青是从地下采掘出来的，又叫地沥青；人造沥青是石油炼制、煤焦油或脂肪酸等化工工业产品生产蒸馏过程中的产物，分为石油沥青、煤焦油沥青、煤沥青、焦油沥青和脂肪沥青。

特性和用途。沥青是黑色的热塑性材料，它遇热能熔化成液体，遇冷又硬结成膜，能溶解于二硫化碳、四氯化碳、三氯甲烷、苯和其他石油类溶剂中。

沥青在涂料中使用历史悠久，我国使用沥青很早，开始是用来涂抹木桩、船底、篱笆，后来就用来涂抹金属器材以防止腐蚀。因为沥青具有独特的防水、耐酸、耐化学品性，绝缘性较好，涂膜光亮平滑，而且资源丰富，成本低，生产施工简单，所以目前常用它与其他树脂或合成炼成各类涂料，特别是涂饰金属、木材，作为防锈防腐涂料。

2）人造树脂

（1）松香衍生物。

是由松香为主制成的产品，它能与油互溶，大多常与油合制成油基涂料。

① 石灰松香。石灰松香又称松香钙酯或钙酯，是将松香加热熔化加石灰（氢氧化钙）作用而成。

生产配方为：松香酸 100 份、氢氧化钙 6 份。

用石灰松香制成的涂料其涂膜硬而脆，耐候性差、抗水性不良，所以只能作室内用漆，或与其他树脂配合使用。

② 松香甘油酯。松香甘油酯又称酯胶或甘油松香，也称甘油硬脂。它是由松香酸与甘油进行酯化而得的产品。

松香甘油酯的酸值一般小于 15，软化点一般在 84℃左右，用它制造油基清漆和色漆，涂膜发黏和发脆的程度比石灰松香好，耐久性又有所增强，但耐水性、耐酸性仍比较差。由于价廉易得，涂料工业还在生产。

③ 顺丁烯二酸酐松香酯。顺丁烯二酸酐松香酯又称失水苹果酸酐松香酯，是由松香、顺丁烯二酸酐和甘油（或季戊四醇）加热反应而成。

该树脂的特点是颜色浅，抗光性强，不易变黄，硬度较大。可用于制造色浅的油基清漆或白色磁漆及浅色涂料，也用于硝基漆中，以提高涂膜硬度和光泽。该树脂在醋酸酯类、酮类、芳香族碳氢化合物及松节油中均能完全溶解，在松香水内部分溶解，不溶于醇类。

（2）纤维衍生物。

① 醋酸纤维。纤维素与醋酐、冰醋酸在生成三醋酸纤维（含化合的醋酸 62.5%），常用于塑料中。在溶剂中很难溶解，如使三醋酸纤维部分皂化后，得到能溶于丙酮等溶剂的醋酸纤维。

② 乙基纤维。它是由碱纤维和氯乙烷反应生成。

全醚化后乙基纤维含乙氧基 54.88%。全醚化无热塑性，强度及弹性都小，互溶性与溶解性都差。

乙基纤维为白色粒状固体，不易燃烧，使用安全。如热塑性乙基纤维，软化点低，可溶于一般溶剂中，能与多数树脂、增塑剂互溶。用它制成的涂料保色性好，弹性较好，能耐光、耐热。有一些性质与乙氧基含量有关，如软化点、硬度、溶解度、互溶性及抗湿性。

3）合成树脂

（1）聚合型。

① 乙烯化合物的聚合体树脂。乙烯类聚合树脂是由烯的衍生物制成的树脂。

聚氯乙烯树脂。由氯乙烯单体在一定的分散剂和催化剂的作用下聚合而成。在聚合反应过程中，控制反应条件可得到各种不同聚合度的聚氯乙烯树脂。

聚氯乙烯树脂含氯量为 44%～45%，它在干燥状态时是白色粉末或粒状，它具有坚韧、不易燃，对醋、碱、水和氧化剂的作用很稳定，无臭、无味，耐油性好。但由于它在一般溶剂中不易溶解，限制了在涂料工业中的应用，一般仅用来制造黏合剂和电缆封闭清漆。聚氯乙烯树脂的含量在 64%～65%之间，制成的涂料具有优良的耐化学品性能，防水、防霉、防燃烧性均很好。是目前以合成材料为主要成膜物质的新型挥发性涂料之一。过氯乙烯不足之处是：耐光性、耐热性及附着力不够好。

② 丙烯酸树脂。丙烯酸树脂具有极宝贵的性能：无色、透明，耐候耐寒，在高温下不泛黄，因而广泛用来制造各种用途的涂料。

（2）缩合型。

① 酚醛树脂。酚醛树脂是酚类和醛类经缩聚作用而成的树脂状物质的总称。通常指由苯酚或含其同系物（如甲酚、二甲酚）和甲酚作用而得的液态或固态产品。根据所用原料的种类、酚与醛的配比、催化剂种类不同，可制得热塑性和热固性两类的树脂。

热塑性酚醛树脂又称诺伏腊克（NovoLaK）树脂，这类树脂加热时熔化变软。

热固性酚醛树脂加热后变为不熔、不溶状态。以酚类为原料（醛和酚比在 1：1 以上）在碱性催化剂条件下所制成。

纯酚醛树脂又称油溶性酚醛树脂或 100%酚醛树脂。松香改性的酚醛树脂由于它固有性质限制，仅能用来制造低级或中级的清漆和涂料，制造高级的一些产品是由甲醛与烷基或芳基取代酚缩聚物制成的。这种树脂因为其中只含酚醛树脂，又具有油溶性，所以称为油溶性酚醛树脂。它具有良好的耐水性、耐候性、耐化学品性和绝缘性。

② 醇酸树脂。醇酸树脂是由多元醇、多元酸与脂肪酸经过树脂酯化缩合而成的聚酯型树脂。它区别于单纯的由多元醇、多元酸制成的聚酯，有所不同的就是其中引入了脂肪酸。一般是黏稠液体或固体，都有热固性。

醇酸树脂根据所用原料和用途不同可分两大类。

一类是用脂肪酸，最普遍应用的是利用天然动植物油的脂肪酸，由于动植物油是脂肪酸甘油脂，甘油也是醇酸树脂的一种原料，所以油也就成为醇酸树脂的一种原料。一般工业上不把油制成脂肪酸，而用油直接制成醇酸树脂，应用比较广泛。由于采用油的种类不同，所制的醇酸树脂还可分为：

干性醇酸树脂。干性醇酸树脂制造醇酸树脂的脂肪酸是不饱和脂肪酸（干性油、半干性油）。制成醇酸树脂涂成薄膜，能在室温下通过空气中的氧转化成固体薄膜。

不干性醇酸树脂。不干性醇酸树脂制造醇酸树脂的脂肪酸是饱和脂肪酸（包括不干性油）。它们本身不能在室温下固结成膜，主要用来与其他树脂混用。

另一类是不用脂肪酸而制成的醇酸树脂，如用合成脂肪酸（石蜡氧化制成）制成的醇酸树脂，目前主要的品种是不干性醇酸树脂，它们所制成的涂料比天然植物油制成的涂料颜色鲜艳，具有更好的不泛黄和耐候性。

由醇酸树脂制成的涂料，通常具有极好的耐候性、光泽、附着力、硬度、柔韧性、绝缘性等，所以在涂料中应用广泛。它本身能成为一个独立的体系，可制成清漆、磁漆、泥子等。更为突出的是它可以和很多树脂合用，以互相提高性能，甚至有的树脂离开了它不能单独使用。如与硝酸纤维素合用，可提高硝基漆的耐久性和柔韧性，氨基树脂离开它，就不能很好地固化成膜。还可用一些单体或合成树脂通过化学反应制成改性的醇酸树脂，提高了醇酸树脂的功能。这类单体或合成树脂常有苯乙稀、丙烯酸、聚氨酯等。

（3）环氧树脂。环氧树脂是含有环氧基团的高分子化合物，主要是有环氧氯丙烷和双酚基丙烷在碱作用下，缩聚而成的高分子聚合物。

环氧树脂具有以下可贵的特性。

① 黏合力强。在环氧树脂的结构中具有脂肪羟基和醚基及活泼的环氧基，使环氧树脂具有很强的黏合力。例如，用环氧树脂黏合铝或铝合金板时，在常温固化后，可以达很好抗剪强度，在高温固化后，其抗剪强度可以很高。

② 收缩性小。环氧树脂和固化剂反应时，是通过直接加成反应，反应过程中没有副产物释放，不会产生气泡，因而收缩率小。此外热膨胀系数小，受冷热温度的影响小，因而得到广泛应用。

③ 稳定性高。环氧树脂在未加入固化剂时是热塑性树脂，不会受热固化，可以放置 1~2 年，也不会变质，所以稳定性很好。

④ 耐化学品性优良。固化后的环氧树脂，其结构含有苯环、羟基、醚键和环氧基，故能耐酸碱和某些有机溶剂等。

⑤ 韧性好。环氧树脂结构严密，因而比酚醛树脂和聚酯树脂有更好的机械性能。固化后环氧树脂的韧性约比同样固化条件的酚醛树脂大七倍。

4）汽车用涂料树脂

汽车用涂料树脂经历过一系列的演变过程。最早应用的是植物油等天然树脂，之后使用干燥迅速、硬度高的硝酸纤维素树脂，为改善涂膜的光泽和丰满度，在硝酸纤维素的基础上加入了醇酸树脂。随着人工合成树脂技术的发展，使用了烘烤交联型醇酸树脂和氨基树脂、热塑性丙烯酸树脂和热固性丙烯酸树脂、环氧树脂等。下面简单地介绍几种目前汽车涂料中常用的树脂。

（1）醇酸树脂、聚酯树脂。

醇酸树脂是由多元醇、多元酸和一元酸（脂肪酸）酯化而成的树脂。醇酸树脂和聚酯树脂在汽车涂料中都大量应用。

醇是由饱和烃类分子上的氢原子为羟基（-OH）取代而构成的。如乙醇由乙烷（C_2H_6）衍变而成，丁醇（C_4H_9OH）则由丁烷（C_4H_{10}）衍变而来。

多元醇烷烃分子上有一个以上的碳原子上的氢原子被羟基所取代，这种多羟基化合物称为多元醇，几个羟基称为“几元醇”。

（2）氨基树脂。

涂料用氨基树脂就是指一种含有氨基官能团的物料与醛类（主要是甲醛）反应，用醇改性制得的能溶于有机溶剂的树脂。例如，三聚氰胺甲醛树脂、尿素甲醛树脂、烃基三聚氰胺甲醛树脂等。

氨基树脂在涂料中广泛用于醇酸（聚酯）树脂、丙烯酸树脂、环氧树脂等的交联剂，配制成氨基醇酸涂料（一般称氨基涂料）、氨基丙烯酸涂料（一般称热固性丙烯酸涂料）等。氨基树脂作交联剂的涂料是重要的工业涂装涂料，涂膜光亮平整、硬度高，具有较高的装饰性和保护性，并且耐化学药品性、耐水性方面都很突出，广泛用于汽车生产厂的涂装。

（3）丙烯酸树脂。

烯烃类树脂在涂料上应用的有很多，但使用最多、最重要的是丙烯酸树脂。丙烯酸树脂涂料是以丙烯酸酯及苯乙烯为主的丙烯酸酯类单体为原料，在一定条件下合成的高聚物作为成膜物质。

随着石化工业的发展，丙烯酸类系列涂料产品不断增加，各种树脂相应增多。我国对这类涂料的研究到 20 世纪 60 年代有了较大发展，不仅研制出热固性丙烯酸树脂用于高级轿车涂装，而且研制并生产了室温就能固化的热塑性丙烯酸树脂涂料。

各种丙烯酸树脂由于选用单体和聚合方法不同，可分为热塑性和热固性两大类。

① 热塑性树脂。热塑性树脂所用单体不含有活性官能基，在树脂加热情况下，不会自己或与其他外加树脂交联生成体型结构，只能软化，如图 3-2 所示结构，而当冷却后仍恢复其原来性状。

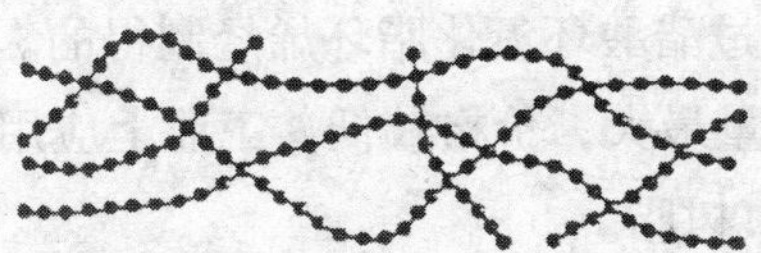

图 3-2　热塑性树脂结构

热塑性树脂加热后有可塑性，常温干燥，颜色浅，变色性小，日光久晒不变黄；三防（防湿热、防盐雾、防霉菌）性能突出；如调入铜粉、铝粉，使涂膜具有金银般的光泽，色彩光泽长期不变暗和不变黄。

热塑性丙烯酸树脂的主要优点在于其白色透明和有极好的耐水和耐紫外线等性能，因此早先用它作为轿车的面漆和修补涂料。热塑性涂料含有树脂、溶剂和其他辅料（如颜料、填料等），当溶剂挥发后就形成了平滑光泽的涂膜，因此热塑性树脂作为成膜物质，其温度要尽量高些，但又不能高到使树脂结块或胶凝。

热塑性丙烯酸树脂通常含有甲基丙烯酸甲酯，因为它的耐候性、硬度较好。但单纯使用甲基丙烯酸甲酯，涂膜太脆，对底漆附着力差，溶剂不易挥发。

② 热固性树脂。热固性树脂所用单体中含有在侧链上带有活性官能基，在加热或催化作用下，会自己或与其他外加树脂进行交联反应，从而变成不熔、不溶的体型分子，如图 3-3 所示的结构。

图 3-3　热固性树脂结构

热固性树脂的性能比热塑性树脂性能好，它在 100～170℃高温烘烤后，除具有热塑性树脂的性能外，还比氨基树脂的光泽好、硬度高、耐候性强、耐污染性良好；对钢铁、锌、铝的附着力都好；耐水性、耐热性好。用热固性丙烯酸树脂生产的涂料主要用于汽车工业，用以代替氨基树脂漆，它的施工情况与氨基树脂漆大致相同。

热固性丙烯酸树脂的主要优点在于：未固化时树脂的分子量比热塑性的低，因而易溶解，这样不仅可选择的溶剂多而且与其他树脂的混溶性好，从而达到降低成本和可制成烘烤型、双组分自干型的丙烯酸树脂涂料，达到扩大使用范围的目的。由于其分子量低，可以制成高固体分涂料，以减少环境污染。此外，这类树脂涂膜具有良好的耐化学性、户外耐久性、涂膜颜色丰满、保光保色性好以及过度烘烤不变色等优点。

（4）环氧树脂。

环氧树脂是含有环氧基团的高分子物，主要是由环氧氯丙烷和双酚 A 合成的。环氧树脂的品种很多，目前有以下几大类：

① 双酚 A 型环氧树脂，是由双酚 A 和环氧氯丙烷合成的。

② 非双酚 A 型的环氧树脂，是由其他多元醇、多元酚或多元胺和环氧丙烷合成的。

③ 脂环族环氧树脂，是由过醋酸环氧化脂环烯烃制得的。

目前双酚 A 型环氧树脂产量最大，价格较低，工业上应用最广泛，所以称双酚 A 型环氧树脂为通用环氧树脂，简称环氧树脂。

3.4 颜　料

颜料是什么呢？你是不是想到画图画时的颜色了，是的，这里说的颜料和画图画的颜料是一个东西。颜料在涂料中它还是起到着色的作用，但它在涂料中的作用是非常重要的，你想让汽车车身五颜六色、光彩照人吗？你就要熟悉颜料的分类、特性和在涂料中的主要作用。

颜料是有色涂料制造过程中必不可少的原料，它能使涂层具有一定的遮盖能力，增加色彩和保护装饰性能，从而掩盖了基材上的缺陷。不仅如此，颜料在涂层中阻挡紫外线的穿透力，很多颜料还具有吸收紫外线的功能，因而颜料也提高了涂层的防老化作用，减弱了紫外线对成膜聚合物的降解作用，还能增强涂膜本身强度、耐久性、耐候性和耐磨性。

1. 颜料的概念

颜料是一种微细粉末状的有色物质，它不溶于水或油的介质，而能均匀地分散在介质中，涂于物体表面形成带色层，呈现一定的色彩。颜料具有适当的遮盖力、着色力、高分散度、鲜明的颜色和光稳定性等。根据来源分为天然颜料和合成颜料。颜料与染料的区别在于染料可溶于介质中，使被染物品全部染色，而颜料不溶于介质中，仅能使物品表面着色。在某些特殊用途的汽车涂料中，也有少量的染料在应用。

各种不同的颜料，具有各种不同的用途。例如，防锈颜料主要是防止金属生锈。在大气中，特别是潮湿环境或其他有腐蚀性气体的条件下，钢铁很容易生锈腐蚀，严重者会导致结构损坏，甚至不能使用，为防止金属生锈，方法很多，如搪瓷、电镀等，其中使用涂料是一种较为简便的方法。常用防锈性能较好的颜料品种有红丹、铁红、锌黄、偏硼酸钡、锶铬黄等，多用在电泳底漆或其他底漆中。另外，根据涂料使用对象或使用介质不同，可以选择具有不同性质的颜料，如铅酸钙、铝粉、锶黄等可作为耐高温颜料来应用，用于发动机等发热部件上。发光（夜光）颜料和荧光颜料，主要用于国防或仪表刻度及各种特殊标志等用途，也有人建议在汽车轮毂上涂饰发光涂料，使夜间行驶的车辆更加醒目。而金属粉或珠光粉颜料，能使被涂物更加精美、光彩夺目。

2. 颜料的性质

1）颜色

颜色就是反射的光波给人的感觉。颜色的特征和区分颜色的差别，用三种参数来表示，即色调、亮度、饱和度（或纯度）来准确地加以确定。

决定颜料颜色的条件和它的物理性质如分散度有关，因为分散程度影响颜料的反射条件，一般粒径越小，色调越深，亮度越大。

2）遮盖力

色漆的遮盖力是指色漆（或含颜料的成膜物质）涂饰在物体表面上，把被涂饰物的表面隐藏起来的能力。颜料的遮盖力则是：色漆涂膜中的颜料能遮盖起涂膜的表面，使它不能透过涂膜而显露的能力。颜料的遮盖力用数值表示时，常用每遮盖 $1m^2$ 面积所需要颜料的质量（g）。颜料遮盖力的强弱，受下列一些因素的影响。

（1）颜料和色漆基料两者折射率之差越大，颜料的遮盖力显得越强。分散在基料中的颜料的折射率和基料的折射率相等时，颜料就显得是透明的，即不起遮盖作用。颜料的折射率大于基料的折射率时，颜料呈现出遮盖力。体质颜料，或称低折射率颜料，用在色漆中遮盖力很弱，即由于它们的折射率较低，仅略大于基料的折射率。例如钛白粉用在色漆中呈现遮盖力强，是由于它们的折射率较大，与基料的折射率之差较大的缘故。

（2）颜料的遮盖力不仅取决于涂层反射光的光量，而且也取决于对射在涂层表面的光的吸收能力。碳黑完全不反射光线，但能吸收射在它上面的全部光线，因而，它的遮盖力很强。色彩的不透明颜料的遮盖能力强弱也取决于它们对光的选择吸收的性能。

（3）颜料的颗粒大小和分散度影响遮盖力。颜料分散得好，使颗粒变小，反射的面积多了，因而遮盖增大。但这个关系有着一定的限度，即当颜料颗粒的大小变得等于光波的一半时，就到了这个限度。因为在这种情况下，光波将穿透颗粒而不被折射，这样的颗粒将显得是透明的。

（4）有些颜料的遮盖力随着它们的晶体结构不同而有差异，如斜方晶形铬黄的遮盖力比单斜晶形的弱。混合颜料的遮盖力，决定于混合各组分的遮盖力，但是不能根据加成规律来计算。例如白色颜料的遮盖力，并不因掺和填充料而减低。因此有时可以在某些颜料中加入适当的体质颜料，来降低颜料的成本，而不致使它的遮盖力降低。

3）着色力

着色力是某一颜料与另一种颜料混合后形成颜色强弱的能力。着色力强，用量就少。同样，白色涂料中常用群青来消减它们的黄色，群青的着色力越大，其用量越小。颜料的着色力不仅决定它们的性质，也和生产工艺有关。研究表明，颜料分散度越大，它的着色力越大。

4）吸油力

在 100g 的颜料中，把精制亚麻油一滴一滴地加入，并用调墨刀（刮铲）捏合，初加油时，颜料仍保持松散状态，随着加油量的增加，松散粒状相互连接，一直到最后加入的一滴油，使全部颜料黏连成一团。这样实验所用油的量，就是颜料的吸油量。颜料吸油量的大小和分散程度有关，但又不是分散度单独决定的。如合成颜料中的水分含量达到一定程度后，吸油量将随水分含量的上升而下降。

5）颗粒大小

颜料颗粒的大小，不仅决定着颜料的特性，而且也决定着涂膜的质量。在其他条件相同的情况下，颜料的色泽决定于其细度。细度的提高，加强颜料的主色调和亮度。颜料的遮盖力和着色力也取决于其分散度。

颜料粒度的测试，常用一定网目的筛选法，或电子显微镜直接观测法。颜料的粒径不是完全相同的，随生产工艺的改进，如气流粉碎机的使用，不但是颜料粒径大大减小，而且粒径范围也逐步狭窄。颜料生产过程得到的最小颗粒，由于表面能的作用，它们又聚集成较大颗粒，这是各种颜料都具有的特点。色漆生产工艺，实际就是分散这些颜料大颗粒的工作。

6）耐光性

颜料在光的作用下，颜色有不同程度的变化。无机颜料长期在阳光照射下，颜色将变暗。研究认为这种现象，可能是由于化学反应，或是由于颜料晶形的变化。锌钡白在阳光下变暗，是由于硫化锌还原为金属锌；曝光停止后暗灰色消失，金属锌又可能形成氧化锌。试验证明，锌钡白曝光后氧化锌含量增大。铬黄曝光后，因产生还原作用，生成亚铬酸铅，因此，导致颜色变暗。颜料在光的作用下颜色发生变化，和催化剂关系密切。如锌钡白的变暗，因为它含有少量的氯化锌引起的，水分也有同样的催化作用。干燥的锌钡白光照时变化很少或无变化，但潮湿的锌钡白同样光照时 1～2min 就变成暗色。

所有可见光谱对颜料的颜色都有影响，短波的光如紫光和紫外线影响更大。颜料的耐光性可在阳光下或人造光源下进行试验。

7）粉化

某些颜料，如钛白粉，制成涂膜后经过一定时间的暴晒，涂膜中的成膜物被破坏，表面上的颜料无法牢固地继续留在涂膜里，而从涂膜中脱落，形成一个粉末层，可以被擦掉或用水洗掉。这种现象叫做粉化。

涂膜表面遭破坏的原因很多，有人认为，其所含颜料对光的作用有很大影响。在色漆中颜料被成膜物包围着，受光的作用，加上颜料的感光性，使光的破坏作用加速，涂膜被破坏因而形成粉末。

8）水分

颜料的颗粒表面，常吸附着一层水的薄膜。颜料含水分太高，往往给涂料造成许多问题，如产生絮凝、返粗、变稠等现象。

9）耐热性

汽车涂料的施工过程，多采用加热高温烘烤的方法，使涂料中的聚合物发生化学反应交联成膜。这样就需要考虑颜料在涂膜干燥过程中，是否能在烘烤温度下不发生变化。由于颜料品种的结构和性能不同，耐热的程度也各不相同，有的颜料烘烤后颜色发生变化，色泽变暗或退色，也有的烘烤后出现颜料的迁移。因此选择颜料时，要考虑到颜料的耐热性能。

10）耐溶剂性

一些颜料当与某种溶剂接触，出现渗色现象，这种现象必须避免，特别是在喷涂面漆或使用任何两色复叠情况下，由于颜料的透色会影响涂膜的色调。当有机溶剂存在时某些颜料溶解后，也可以发生晶型转化作用。遇溶剂不褪色性，在很大程度上取决于温度。温度高会增加可溶性和透色程度。

11）耐酸碱性能

颜料的耐酸、耐碱性能如何，是应予以考虑的。如铁蓝或铬黄遇碱都会分解，使用应注意选择，水溶漆用的颜料必须是耐碱性的。有的涂料含有一些酸性固化剂，如磷化底漆的磷化液含有磷酸盐和磷酸，在有这样的原料存在时，使用的颜料必须对酸性是稳定的。

12）相对密度和比容

颜料的相对密度是使用颜料时需要掌握的一项参数。比容或称质量体积，是单位质量的颜料所占的体积。公制单位比容是相对密度的倒数。

质量体积的概念，在色漆配方中是必须考虑的。色漆配方中颜料和漆料的用量，不仅是从质量方面考虑，更重要的是两者在涂膜中的体积关系，漆料对颜料的湿润也是根据颜料颗粒表面面积大小，来确定用量多少的。但实际生产中由于操作方便，都采用质量计量，色漆配方拟订后也折算为质量比。

3. 着色颜料

着色颜料在涂料中除了起到颜料的一般作用外，主要起着色和遮盖的作用。这类颜料具有白色、黑色或各种彩色，都一定的着色力和遮盖力，是颜料中品种最多的一类。

1）白色颜料

钛白。钛白化学名称为二氧化钛（TiO_2），是白色颜料中最好的一种。钛白具有优越的颜料性能，纯白，具有很大的着色力及遮盖力。对大气中的氧、硫化氢、二氧化硫、氨等都是稳定的。除了氢氟酸和热硫酸外，它不与其他的有机或无机酸或溶剂及盐的溶液反应。它具有耐光、耐热、耐稀酸、耐碱、不变色、没有毒性的特点。所以它是涂料工业中制造白漆、浅色漆必不可少的主要原料，同时也广泛应用于油墨、造纸、橡胶、塑料、电焊条、化妆品等行业。

氧化锌。又名锌白，化学成分 ZnO，颜色纯白，遮盖力不如钛白、锌钡白好，经常和锌钡白及锐钛白合用制造外用漆，能提高漆膜的耐光性和不粉化性，也有防止漆膜龟裂的作用和防霉作用。

锌钡白。又名立德粉，化学成分为 $ZnS \cdot BaSO_4$，颜色洁白，遮盖力强，着色力高，耐热性好，耐碱。但锌钡白不耐酸，遇酸则分解并放出硫化氢（H_2S）。不耐光，遇光颜色变暗。这是因为在光的作用下锌钡白中的硫化锌分解成硫和锌的结果。用锌钡白制成的涂料，耐候性不好，易粉化，不宜制造室外用漆，只用于室内涂料和一些较低级的产品中，锌钡白也用于橡胶、造纸、油墨等工业中。

颜料的分类

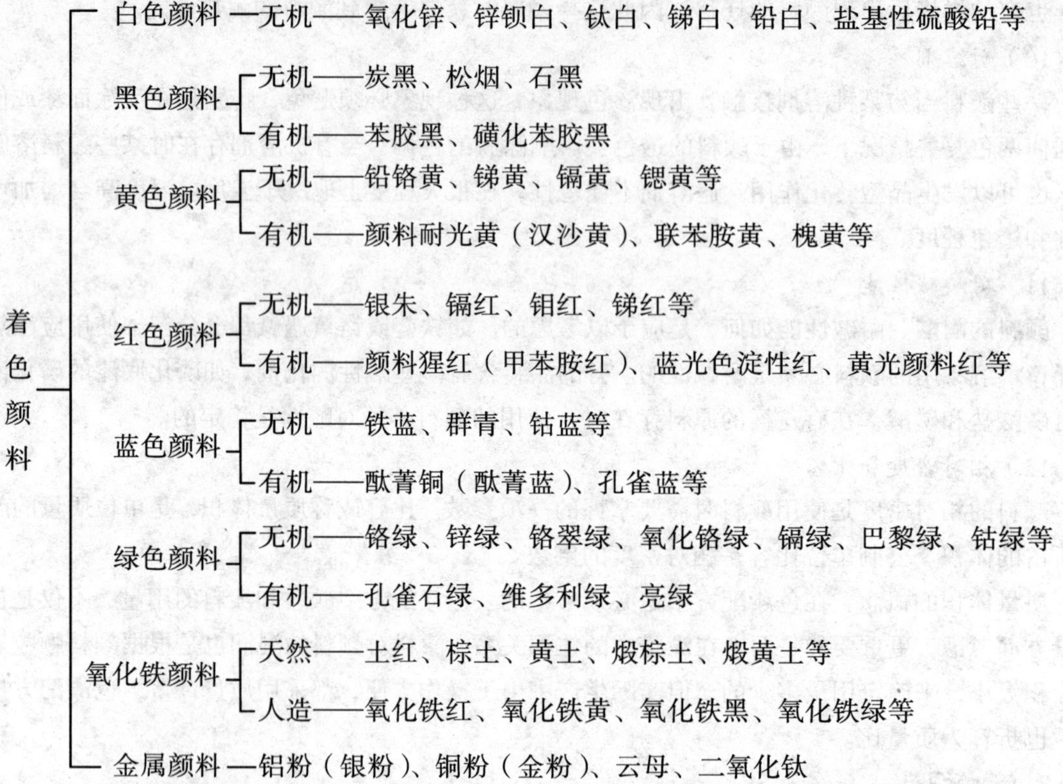

注：圆括号内的颜料为俗名。

2）黑色颜料

炭黑。炭黑是由烃类经过各种方法热裂化（热解）而制得。主要成分是碳。炭黑的生产方式有三种：①接触法；②炉法；③热解法。

炭黑具有非常高的遮盖力、着色力，它的化学性能稳定，碱类和酸类对它都不起作用，在光和高温的作用下不发生变化。炭黑的吸油量较高。它是最常用的黑色颜料，主要用在橡胶制品中起补强作用，增加橡胶的耐磨等机械性能。

炭黑的粒子大小与其黑度和着色力呈比例关系，粒径越小，黑度越好，吸油量、黏度、着色力愈大，而分散性能差。反之效果相反。而配灰色系统色漆要求的黑度，是突出色相，多用炉法生产炭黑。

铁黑。铁黑是四氧化三铁（Fe_3O_4），化学结构式为 $FeO \cdot Fe_2O_3$，它的遮盖力、着色力都很高，对光及大气的作用很稳定。它能溶于各种稀酸，比重 4.73，结晶构型为立方晶系。在足够的空气存在下进行煅烧，铁黑可以转变为铁红。

3）黄色颜料

铅铬黄。它的化学成分是铬酸铅或铬酸铅与硫酸铅的混合物。它的颜色纯正，具有良好的性能，在涂料中应用已有二百多年的历史。铅铬黄的颜色深浅随着混合体内铬酸铅含量而定，铬酸铅含量越多，则颜色的黄相变大，遮盖力越好，是黄色颜料中遮盖力和着色力较好的一种。在大气中不会粉化，但耐光性不是十分理想，在光的作用下，色相变得灰绿，甚至变成黑棕色。不耐酸，遇酸溶解，遇硫化氢会变成黑色，且有毒性。铅铬黄遇碱均能转变成为橘铅铬黄，故不适宜与碱性颜料共同使用。铅铬黄被广泛地使用在涂料、油墨等工业中。

铁黄。铁黄颜色为赭黄色。铁黄具有很好的颜料性能。它的遮盖力、着色力都很强，耐光性、耐大气性、耐碱性都很好，能溶于酸中，遇热易转化成铁红。铁黄用于制造各类涂料，在节约铅的前提下，应该大力提倡采用黄色的颜料，它能大大降低成本。

4）红色颜料

镉红。镉红是硫化镉和硒化镉的固体溶液，红色色光随硒化镉的含量变化而定，硒化镉含量越高，颜料的红色色光越强。颜色变化范围由橙色到紫红色，是鲜艳而饱满的一种红色颜料。它的牢度强，并具有耐高温、耐光、耐碱、遮盖力及着色力好，色彩鲜明等优良性能，但它价格较贵。镉红用于涂料、搪瓷、玻璃等工业中。

铁红。铁红的耐光性、耐候性及化学稳定性都很好，着色力也很强。在涂料中用量很大，也用于橡胶、塑料、粉末冶金等工业中。

5）蓝色颜料

铁蓝。又称普鲁士蓝，铁蓝的色调因技术条件要求的不同分为青光、红光或青红光等品种。铁蓝的着色力很好，遮盖力不强，不溶于水和油，耐光、耐候、耐酸性良好，其最大缺点是不耐碱，即使是稀碱，都能使它分解。它在200～220℃时燃烧放出氨和氢氰酸。铁蓝主要应用于涂料工业。

酞青蓝。酞青蓝是一种色泽鲜艳，遮盖力、着色力强，耐光耐化学品性优于其他蓝色颜料。其性能优良，广泛用于涂料、印染工业中。

6）绿色颜料

铅铬绿。铅铬绿是由铅铬黄与铁蓝用沉淀法制成的绿色颜料。铅铬绿颜色的深浅决定于铅铬黄与铁蓝的比例。铅铬绿的遮盖力、着色力、耐光和耐大气性均很好。但在长时间的暴晒后，其颜色也会改变，铁蓝遇碱要分解，铅铬黄遇酸要分解，所以酸和碱均要影响铅铬绿的颜色和性能。

酞菁绿。酞菁绿是一种绿色有机颜料，是由铜酞菁蓝的氯代衍生物，其氯代程度越大，色泽的绿相也越增强。其色调鲜明，着色力、遮盖力、耐光性、耐候性都很好，是一种性能非常良好的绿色颜料。

7）金属粉颜料

铝粉。铝粉又称银粉。颗粒呈平滑的鳞片状，显银色光泽，故称银粉。它由铝熔化后喷成细雾，再经球磨机研细而成；或将铝片以机械压制成铝箔，再经球磨机冲击成细小的鳞片状。它具有非常高的遮盖力和很好的耐热性，片状铝粉还具有反射太阳照射热能的能力，反射光的能力可达入射光的75%～80%。所以对油槽车、冷藏车、油库等必须避免被日光晒热的设备和发动机、变速器、排气管等受热机件，普遍采用涂饰铝粉颜料的涂料来涂装。它还具有对钢铁及铝的基件有较好的保护作用。铝粉极易被氧化，铝粉在氧化时，要放出大量的热。这种温度的升高，足够使空气中的氧在一瞬间使全部物质氧化。因此常常加入抑氧物质包覆在铝粉的表面。如石蜡，能预防铝粉氧化。

铜粉。铜粉俗称金粉，是铜、锌合金的细粉，锌、铜比例不同呈现不同的颜色，15 比 85 呈淡金色，25 比 75 呈浓金色，30 比 70 呈绿金色。

珠光颜料。最主要的品种是二氧化钛包覆的鳞片状云母，光线照射其上时，可发生干涉反射，部分波长的光线可强烈地反射，一部分则主要是吸收，部位不同，包覆膜的厚度不同，反射光和吸收光的波长不同，因而显示出不同的色调，可以赋予涂料以美丽的珠光色彩。其基材除云母外，还有鱼鳞和碱式碳酸铅、氯氧化铋、硼硅酸盐等。表面可以做得更加有规则，厚度更小，粒径分布更窄。表面包覆材料的品种也越来越多，还有双层包覆和多层包覆，随角度异色效果更加显著。

珠光颜料独特的光学效果使以珠光涂料喷涂的汽车不仅具有传统的视觉感受，而且可以引起人们心灵深处的回应，产生一种奇妙的感受。这种感受不仅体现在涂膜颜色的明度、彩度和饱和度，而且还体现在涂膜与光线强弱而产生的更宽广的色谱变化。这些都为涂料的设计提供了创造新的色彩和装饰效果的可能性，使珠光涂料成为现代汽车车用涂料的主流。如某品牌的系列水晶珠光颜料是金属氧化物包覆片状的完全无色透明的三氧化二铝的内核所形成的强烈闪烁珍珠颜色，它具有极高的色彩纯度和超乎寻常的水晶般的闪烁效果，是一种近乎完美的颜色和光泽的结合体。同时其极小的颗粒的粒径解决了采用大粒径传统珠光颜料给涂装作业带来的困难。以其配制的汽车涂料能得到一个全新的、钻石般闪烁的效果和美妙的色调，使汽车的美丽、个性、档次得到充分的展示。

超细二氧化钛。在汽车表面金属涂料中，特殊超细二氧化钛与铝粉颜料配合使用，可以出现人们熟悉的随角度异色效应。当正面观察这类涂层时，所看到的是黄色，而当逐渐转向侧面的角度观察时，涂膜的颜色则变成蓝色。超细二氧化钛在着色体系中能把黑色转变成深蓝色，把浅红色转成深红色；酞菁蓝颜料和透明超细二氧化钛混合使用，可以消除其固有的黄色调。除了这些特殊的色彩效果，由于能稳定颜料分散体系以防止絮凝，提高分散稳定性。所形成的涂膜不但具有高光泽，而且提高了影像清晰度，而且还具有吸收紫外线的功能。

4. 体质颜料

体质颜料也叫填充颜料，它不具有遮盖力和着色力，折光指数在 1.45～1.7 之间，用以改进涂料的性能并降低成本。大部分是天然产物，化学成分较复杂；绝大部分是白色或无色。它的主要功能有：降低成本，增加涂膜厚度，提高机械性能，使涂膜经久坚硬、耐磨，减少涂料光泽，为底漆增加粗糙度，改善涂料的涂刷性能，控制涂料的黏度，改进颜料的悬浮性能。体质颜料的品种分类如下：

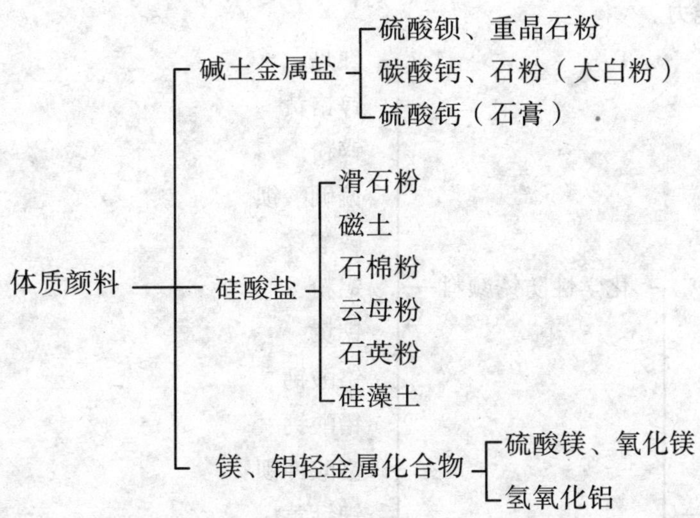

5. **防锈颜料**

防锈颜料是防锈漆的重要组成之一，在底漆中，它起到防锈作用。

1）分类

各种防锈颜料的性质不同，它们的防锈作用机理也各不相同。防锈颜料可分为两类：

（1）化学性防锈颜料。

锌粉，能提供阴极保护作用。又如红丹，在阳极范围内发生钝化作用。磷酸盐，借助化学作用形成阻蚀性络合物。这类防锈颜料有：红丹、锌铬黄、偏硼酸钡、锌粉、磷酸锌等。

（2）物理性防锈颜料。

其颜料本身具有化学性能较稳定的特点。如氧化铁红，其主要的功用是能提高漆膜的致密性，降低漆膜的可渗透性，阻止阳光和水分的透入，增加了防锈效果。又如云母氧化铁，由于其颜料粒子片状的迭覆，可形成一层无透性的涂膜，借助封闭作用减低了紫外线和大气对涂膜的破坏，增强了涂膜抗“老化”性能，起到防护效果。这类防锈颜料有：氧化铁红、铝粉、云母氧化铁、氧化锌等。

2）防锈颜料的品种分类

（1）常用的化学性防锈颜料。

① 红丹。

化学成分为 Pb_3O_4，是一种橘红色的粉料。它吸油性较小，遮盖力不强。由于它具有碱性，能和油漆中的脂肪酸结合，生成铅皂，从而提高涂膜的抗水性、防锈性。红丹具有化学防锈作用，和钢铁表面接触后生成铅酸铁，使钢铁纯化而不易发生锈蚀。但红丹不能作铝等轻金属表面的防锈颜料。它受热后有一定的毒性且价格较贵。

② 锌粉。

金属锌的粉末，外观呈浅灰色，主要用在富锌底漆中，但含量需很高要在颜料的 95%以上，如含量低，保护能力下降。锌粉常与氧化锌 10%～20%配合使用，这样能减少在涂料中的沉淀性，并能增加防锈能力。

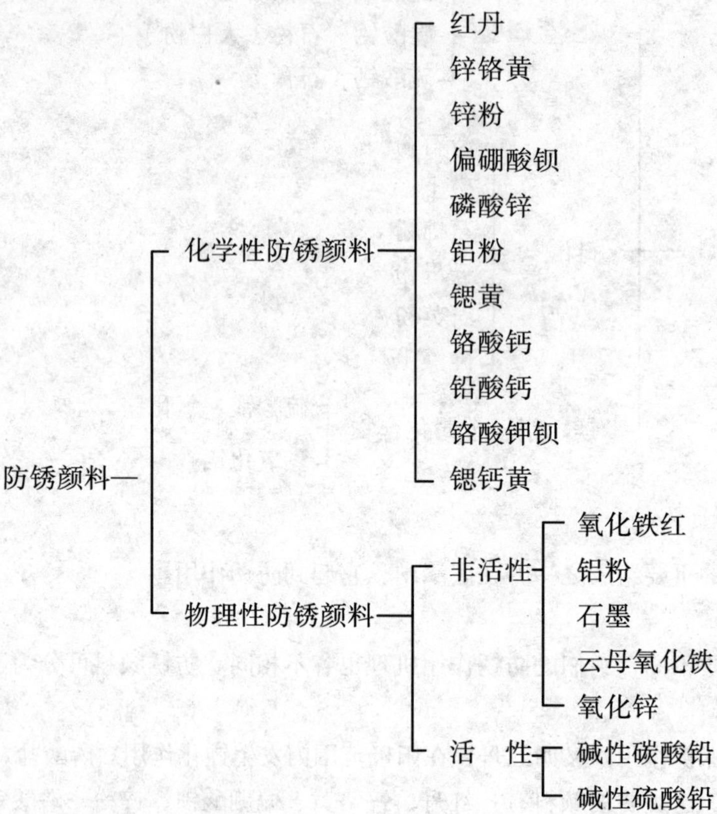

（2）常用的物理性防锈颜料。

① 云母氧化铁。

是一种天然的矿物，呈鳞片状晶体。它既具有氧化铁红的优良颜料性能，又具有片状颜料的特性，用它制造的防锈漆具有吸水性低、抗紫外线、化学稳定性好，机械强度高，附着力好，弹性好，施工方便，生产成本低，无毒，不裂，不褪色，不渗透，不粉化，高温稳定性好（超过 1100℃），良好的电阻性等优良性能。可代替红丹生产防锈漆等。

② 含铅氧化锌。

又称冶炼氧化锌，是冶炼杂铜时的副产品，含铅 5%左右。其耐候性、防锈性均超过白色氧化锌，是具有一定防锈性能的颜料。

防锈颜料除上述品种外，近年来还出现了一些新品种，如磷酸锌、磷酸铁及钼酸锌、氟化铬、磷酸铬等，它们分别适用于磷化底漆、电泳漆和预涂底漆中。也可和其他防锈颜料配合使用，在防锈漆中发挥更好的防锈效果。

3.5　溶剂及常用辅助材料

汽车车身的成膜物质主要是树脂，涂装工艺要求必须将涂料制成液体，因此，需要将树脂溶在溶剂之中，但是，不是所有的溶剂都能溶解树脂，溶剂在成膜的过程中是需要挥发掉的，溶解树脂的溶剂还有一个工艺性能的问题，这也是涂装作业的重要问题，作为涂装操作人员必须熟悉溶剂的特性，例如溶解性、挥发性、流平性等，才能保证涂装作业的质量。

1. 溶剂的种类、通性和功用

1）溶剂的种类

溶剂的种类很多，按其来源、化学成分不同，可分为以下几类。

（1）水。

水是乳胶漆的主要成分。它可以单独地或与醇类、醚醇类溶剂一起用作溶解水性树脂或水性颜料的溶剂。它价廉易得，无毒无味，不燃，但不能与大多数有机溶剂混溶，限制了它的使用范围。

（2）萜烯类溶剂。

常用的有松节油，由松脂蒸馏而得的叫树脂松节油；由松木蒸馏而得的叫木松节油。它们的溶解力大于松香水，但低于苯类溶剂，是油性漆和一般磁漆的较好的溶剂。松节油蒸发均匀，它含有不饱和度，能与漆料一起同时产生氧化聚合作用，而且产生沉香萜醇溶于油和树脂中变为成膜物的一个组分。

（3）烃类溶剂。

烃类溶剂是涂料工业用量最多的一类。

溶剂汽油又称200号溶剂或松香水。多年来用它代替松节油作油基漆的溶剂。它是石油分馏产物。其挥发速度较松节油稍快，毒性小，溶解力属于中等范围，可与很多有机溶剂互溶。可溶解生油、精制油，也可溶解黏度不太高的聚合油。但对高黏度或氧化油溶解力差，须加芳烃或双戊烯以提高溶解力。对油基漆如酚醛漆类、酯胶类以及醇酸树脂漆类可用它作溶剂。醇酸树脂含油量逐渐减少，树脂量逐渐增加时，就要配合一部分强溶剂。所以短油度醇酸树脂漆使用溶剂汽油用量少。此外还可溶解松香、甘油松香、天然沥青和石油沥青，所以它在涂料工业中用量较大。

（4）醇类溶剂。

乙醇，又称酒精。用粮食发酵或人工合成都可产生乙醇。它是一种极性很大的有机溶剂，工业酒精能溶解天然树脂如虫胶，制成虫胶清漆。也可溶解许多合成树脂如环己酮树脂、缩丁醛树脂。与水、烃及蓖麻油能完全互溶。对一般油性涂料的溶解力很差，甚至几乎不溶。

甲醇。它能溶解硝化纤维素。它与脂类、酮类溶剂配合使用，增加其溶解力，常作为硝基漆的助溶剂。

（5）酯类溶剂。

它是由醇类和有机酸反应而得的产物，也可由石油气直接合成而得。它们的溶解力强，性质相似，只是沸点和蒸发速度有所不同。常用的酯类溶剂有醋酸乙酯、醋酸丁酯、醋酸戊酯等。它们能溶解硝基漆、过氧乙烯漆、丙烯酸漆、乙烯漆、聚氨酯漆等。通常它们往往互相搭配使用来增强溶解力。其中醋酸乙酯在硝基漆中用量很大，它沸点低（低于70℃），溶解力强。石油工业发达的国家也有用甲乙酮来代替它。醋酸丁酯在硝基漆中用途较广，它挥发速度快，漆膜不会出现骤冷现象，可以防止漆膜变白现象。

（6）酮类溶剂。

丙酮（$CH_3CO \cdot CH_3$）。丙酮用粮食发酵生产丁醇时，同时生产丙酮。也可用异丙醇合成生产丙酮。它溶解力很强，能溶解乙烯类、丙烯酸树脂等。它也是脱漆剂的主要组分之一。丙酮极易挥发和容易吸水，使用不当会引起漆膜发白和形成橘皮，因此很少单独使用，通常与酯类、烃类、醇类配合使用。丙酮的闪点在－18℃～－20℃，极易燃烧，使用时必须严加防火。

环已酮。环已酮是由环已醇脱氢而得的，它溶解力强，挥发速度慢，是纤维酯漆和聚氨酯漆的优良溶剂。

2）溶剂的通性和功用

涂料的溶剂是一种能溶解脂肪、腊、树脂、沥青、油类、硝化钎维等物质的易挥发的有机溶液。它是涂料的一个组成部分。涂料中主要成膜物质，树脂或干性油大部分是固体或黏稠状的液体，不能直接施工。涂料中使用溶剂是为了降低成膜物质的黏度（和稠度），以达到能够施工的要求。溶解在成膜物质中的溶剂，施工后应全部挥发掉，而无残余。在涂料的生产和施工过程中，选择溶剂时应考虑到溶剂对树脂的溶解力、挥发力。某些树脂或油脂只能溶解于某些类型的溶剂。固体树脂如硝化棉很容易溶解于极性溶剂，如酯类、酮类，不溶解于非极性溶剂，如烃类。一些弱极性的干性油不溶于极性溶剂的醇类，而溶于非极性溶剂的溶剂烃类。

每一类树脂在各种溶剂的溶解力是不同的。对油和油改性树脂来说，芳烃类溶剂的溶解力大于烷烃类溶剂，因为在相同的浓度下，芳烃溶剂的黏度低于烷烃溶剂的黏度。

溶剂的一些不同性质，可以用溶剂的溶解度参数来解释：如把两种液体甲与乙放在一起时，甲分子能自由地在乙分子中间游动，两种液体才能互溶。如果甲与甲或乙与乙之间的吸引力大于甲与乙之间的吸引力时，甲与乙就会分层，这两种液体就不互溶。这与分子间的吸引力和液体的内聚力有关，其强度叫内聚能密度。内聚能密度的平方根即是溶解度参数。

3）使用溶剂应注意事项

（1）溶剂要平衡。

① 溶剂的溶解力。要求溶剂对涂料中所不含挥发的成分要有很好的溶解性和互溶性，具有较强的降低涂料黏度能力。在挥发过程中，不会出现成膜物质不溶或沉淀现象。

② 溶剂的挥发率。要求溶剂的挥发量，应随着漆膜的干燥而均匀地减少，不能忽多忽少，湿漆膜的黏度应缓慢增长，不能突然增稠，导致漆膜表面出现病态。挥发太快影响流平时间，太慢易造成针孔、起泡、流挂、表干时间太长。

③ 溶剂的技术要求。要求使用溶剂色浅、透明、化学性质稳定、刺激性气味少、毒性小、价格便宜、来源充足。这些多方面的要求，往往不是一种单纯溶剂可以满足的。因此绝大多数涂料溶剂常用两种或两种以上的溶剂配成混合溶剂来使用。在施工中，既要考虑成本，也要考虑施工的实际。通常来说，挥发快的溶剂的价格较同类挥发性慢的溶剂便宜。溶剂挥发快，漆膜干燥快，施工时间缩短。但是在高分子热塑性高聚物挥发性漆如丙烯酸漆，在喷涂时使用过量挥发快的溶剂，就会产生“干喷”及“拉丝”现象，导致施工困难和涂膜装饰性差，必须加

入适量挥发性慢、溶解力强的溶剂才能克服这些弊病。

对一般施工的涂膜，如果有大量挥发快的溶剂挥发，也会导致湿涂膜粘度突然增稠，流平性就差了，表面会出现凹凸不平、麻点、皱纹等现象，而且使涂膜内层溶剂更难挥发，容易导致针孔等现象。所以涂料在施工时控制好溶剂挥发量是比较重要的。

（2）涂膜流平性。

涂料施工中，湿漆膜的流平性是一个很重要的问题，它直接影响到漆膜的装饰性。如果湿漆膜粘度突然变稠，流动性不良，干后漆膜会呈现橘皮、麻点、丝纹、皱纹、针孔等弊病。在边角或垂直面上湿漆膜粘度太稀或太稠，容易出现漆膜流挂现象。要解决不良流平性，可增加挥发性慢的溶剂用量。但涂层的厚度、涂料的粘度、被涂物形状、施工温度、手工操作水平都会影响漆膜的流平性。

（3）涂膜发白性。

在涂料施工中，由于溶剂挥发快或溶解力强的溶剂大量挥发，有时会使漆膜表面有一层白色晦暗无光的薄膜，此种现象叫涂膜发白。

涂膜发白分潮湿发白和显微发白（或树脂发白）。

潮湿发白是涂料施工中常见的一种现象，其成因是在潮湿天气下，漆膜中溶剂大量挥发，导致漆膜温度下降过低，空气中潮气、水分在涂膜表面凝结并渗透到涂膜中所致。夏季高温高湿度，最易发生“潮湿发白”现象，通常解决办法是加些挥发较慢的防潮剂进行施工。

（4）溶剂释放性。

涂料施工后，溶剂应全部挥发。干燥后的涂膜不应残留溶剂，不然会给涂膜带来许多弊病，如涂膜软、耐候性差、耐水性差、光泽降低等。一般涂料使用溶剂都是为了便于施工，但从溶剂释放性来说，挥发率愈低，其释放性愈差。溶解高聚物能力最强的溶剂，也是其释放性最差的溶剂。要提高涂膜的性能，这类溶剂应尽量少用。

（5）安全使用溶剂。

有机溶剂大都是易燃液体，要注意掌握它们的闪点和自燃点，要妥善保管好，不能受热和高温烘烤。使用时绝对不能用明火，以防火灾和爆炸。有毒溶剂的蒸气，对人体具有危害性。中毒的症状有急性和慢性两种，症状为头昏、眼花、唇色泛紫、皮肤干燥等。溶剂通过呼吸道或皮肤进入人体，人体虽有排出外来物质的机能，但也可能吸收。此外，溶剂的毒性与其浓度、作用、停留时间的长短以及每个人的适应性有关，在同一情况下，有的人反应敏感，有的人却毫无影响。所以在使用溶剂过程中如皮肤沾上溶剂应马上揩干净，用肥皂、用水洗涤，如呼吸道干结或感觉不舒服，可多喝开水，以冲淡体内溶剂浓度并促使从尿中排出。施工地必须有良好的通风设备，避免吸进溶剂和接触溶剂，尽量少用毒性强的溶剂，做好安全防护工作。

4）汽车涂料用溶剂

（1）溶剂的选择。

首先要考虑的是溶解力和挥发速率两个基本因素。在涂料里，溶剂必须溶解树脂并降低其黏度，这样才能使用。挥发是涂料干燥过程的一部分，调整溶剂的挥发速率，可以控制干燥过程中各个阶段的涂料黏度。涂料的初始黏度取决于树脂的溶解度和溶剂的溶解力。干燥过程各个阶段的黏度取决于溶剂的挥发速度。为了防止过分流动引发的流挂，在初干阶段，溶剂的挥发要相对地快，但是为了达到一定的流平性和附着力，溶剂的挥发又必须要足够慢，这里就存在一个平衡问题。

（2）溶剂的挥发速率。

涂料施工时，树脂成膜物在溶剂挥发过程中从溶液中析出，在这一过程中，溶剂的作用是控制涂膜形成时的流动特性。在这个期间，如果溶剂挥发得太快，则湿膜的黏度增加得过快，没有足够的流平时间，涂膜既不会平整，也不会对底材有足够的润湿，因而不能产生很好的附着力，在烘烤时还容易起泡。反过来，如果溶剂挥发得过慢，湿膜黏度增长得过于迟缓，虽然流平性很好，但垂直面的涂膜却会发生流挂。如果溶剂的组成在挥发过程中发生了变化，对树脂的溶解能力就发生了改变，有可能产生树脂的析出和涂膜的一些缺陷。因此，溶剂的挥发速率是影响涂膜质量的重要因素。

溶剂从湿膜中挥发出来是一个非常复杂的过程，受到许多因素的影响，如温度、湿度、空气的流动、成膜物与溶剂相互作用、湿涂膜时内部上下对流和内层向表层扩散速度等。如此多的因素很难理清，所以通常只以溶剂本身的挥发特性为主进行研究，得出参考数据。

（3）溶剂的其他特性参数。

① 闪点。闪点用来表示溶剂在使用中的安全性，是溶剂受热后，在其表面的蒸气累积达到可燃烧浓度下的最低温度。

② 蒸馏特性。蒸馏特性是常用来选择溶剂和估价相对挥发速的依据。在蒸馏过程中，样品一直被加热到沸腾，蒸发的溶剂通过一个水冷套管冷凝后被逐渐收集到一个标准的接收器中，不断地记录相应的体积和温度，从而可以得出一个蒸馏曲线。

③ 铜片腐蚀试验。铜片腐蚀是测试溶剂纯度的。测试中对铜片腐蚀严重，说明溶剂中有硫化物存在，这通常是不理想的。在一定温度下及特定的时间内把一根洁净的铜条浸入溶剂样品中，观察铜条颜色的变化。

③ 溶剂和稀释剂的颜色。溶剂和稀释剂的颜色通常是用赛波特比色计测量的，这一方法中，液体柱的深度就是赛波特颜色的测量，这可以直接从仪表的刻度盘上读出，刻度值范围从＋30（表示无色液体），直到-60（表示深色液体）。

④ 密度。密度是单位体积溶剂的质量，其单位一般用 g/mL。通常在说明密度时要说明其对应的温度，因为液体的体积随温度的变化而膨胀或收缩，但其质量不随温度而改变。密度可以用密度计或液体密度计来测量。液体密度计的工作原理是，浮力等于排开相同体积液体的质量。当液体密度计放入样品中时，其浸入液体中的深度取决于液体的密度，密度可以从已标在杆上的刻度值读出。

⑤ 相对密度。相对密度是一种物质的密度在相同温度下与水密度的比值。比重计或液体比重计有时可校正到能直接从刻度上读出相对密度，或者可以通过计算来求得。计算方法为：样品的密度除以相同温度下水的密度。相反，样品的相对密度乘以相同温度下水的密度可以得

到样品的密度。

2. 固化剂

固化剂是一种具有催化剂作用的化合物。其化合物通常有胺类、有机酸酐、脂肪酸类及有机过氧化物等，它们能与合成树脂发生化学反应而使其干结成膜。固化剂主要应用于不能自干或烘烤干结成膜的涂料中。随着涂料工业的发展，使用固化剂的涂料品种越来越多，如环氧漆、聚氨酯漆、聚酯漆、氨基漆等。

1）环氧漆固化剂

H—1 环氧漆固化剂，由己二胺溶解于乙醇所制成。它具有固化快、用量小的特性。但毒性及腐蚀性大，相对湿度大时不宜使用。它用于胺固化环氧漆中。

2）聚胺酯漆固化剂

H—3 聚胺酯漆固化剂，由合成脂肪酸、季戊四醇和甲苯二异氰酸酯反应制得的加成物溶于乙酸丁酯、甲苯中而成。该固化剂含有一定量的二异氰酸基，能与烃基反应，也可与水、酸、碱类基团反应，适于同聚胺酯漆类配套使用。

3）聚酯漆固化剂

H—6 聚酯漆固化剂（分装），由环已酮与双氧水在低温下反应，加入苯二甲酸二丁酯稀释得到组分一，环烷酸钴溶于苯乙烯中为组分二和石蜡苯乙烯混溶为组分三而成。过氧化环已酮液体在不饱和聚酯交联固化过程中起引发作用，与环烷酸钴液构成氧化还原反应系统，使不饱和聚酯在室温条件下迅速固化，蜡液使不饱和聚酯低温固化时起隔绝空气作用，避免涂层表面发黏。

3. 催化剂

催化剂又称干料，是一种能够加速漆膜干燥的液体或固体，对干性漆膜的吸氧、聚合作用起着类似催化剂的促进作用。亚麻油不加催化剂，4～5 天才可干结成膜，而且干后涂膜性能不好。加入适量催化剂后，可缩短到 12h 之内即可干结成膜，涂膜光滑不黏手，这样有利于施工，可缩短施工时间，以防未干的漆膜受到雨露风沙的沾污和破坏。

很多金属盐都可作催化剂的原料。按催干性能的大小排列为钴、锰、铈、铬、铁、铜、镍、锌、钙、铝。有实用价值的是钴、锰、铁、锌、钙等金属的氧化物。

催化剂性能的优劣，取决于催化剂对油的溶解性的好坏，溶解性好的催化剂其催干效力就优，反之则劣。

1）常用的催干剂

钴催干剂中最常见的是环烷酸钴，在未加催干剂稀释时，是一种紫红色的浆状体，金属钴的浓度为 8%，为便于使用，用 50%的 200 号溶剂汽油稀释。它是以氧化作用为主的催干剂，接触空气会变绿色。

它的特点是表面干燥快，用量不当时容易引起涂膜下层长时间不干，表面层因有下层低分子渗入而膨胀产生应力，结果使表面隆起而形成涂膜皱皮等毛病。因此最好与其他金属如锌、钙、铅催干剂配合使用，以达到涂膜里外一起干的目的。

2）使用催干剂的注意事项

油基涂料中，大多数原已加入催干剂，只有少数未加，象厚漆为了防止表面结皮，一般未加催干剂，所以通常使用涂料时不再加催干剂，只有在特定情况下使用催干剂。如久存后的涂料，使用时发现严重结皮或干性减退很多，这是由几种因素所造成的。严重结皮是涂料中主催干剂（钴、锰）量过多，解决方法是补入适量的助催干剂（钙、锌）；干性减退：一是有些颜料吸附催干剂（如炭黑、钛白等），解决方法是再加一些催干剂；二是某些树脂（如顺丁烯二酸酐松香酯等）使干性减退，解决方法是使用更强的溶剂。

另外，在喷涂干燥后的涂膜上出现皱纹（布纹、丝纹、霜花等），也是由于催干剂量过多，可采用钙催干剂或锌催干剂消除这个弊病。因此在使用催干剂时，一定要控制好用量，不能太多，也不能太少，更要注意主催干剂不能加得太多，否则，会使涂膜造成不良后果，呈现皱纹、表干里不干；影响涂膜的耐久性，如钴、锰催干剂用量过多，就会加速涂膜的老化；引起涂膜变脆、变黄以及早期龟裂等弊病。

在汽车修理厂采用自制泥子中，使用催干剂时也要注意控制好它的用量，使催干剂发挥应有的作用。

4. 增塑剂

增塑剂是和成膜物质的高聚物（树脂）混合以增加其弹性和附着力的溶液。高聚物组成的涂料所形成的涂膜柔韧性很差，在受力时易脆裂、收缩及剥落。为了克服涂膜的这些缺点，需要在涂料中加入适量的增塑剂。

有的增塑剂加入涂料后可以充塞于相邻大分子链段之间以增大其间距，减弱其相互作用力，从而降低涂膜脆裂或折断的趋势。有的增塑剂利用其极性基团与高聚物的极性基团相互作用，来相应地降低高聚物分子链段间的作用力。增塑剂的功效，往往同时具有上述两种效应或仅是其中之一。由于高分子链段间作用力的降低，增加了柔韧性，使涂膜的耐冲击强度、弯曲性能、延伸率、附着力、耐寒性等物理性能有所提高；但涂膜抗张强度、硬度、耐热等性能则有所下降。

5. 稀释剂

1）常用稀释剂的种类及使用

稀释剂一般由溶剂、助溶剂和冲淡剂三部分组成，也可能全部是溶剂或冲淡剂，或是两者的混合物。在涂料施工中，常用的稀释剂是用来溶解及稀释涂料，调整涂料的黏度，使之符合施工要求，以达到涂层表面平整光滑的目的。稀释剂的正确选用对涂膜性能有一定影响。有时好的涂料在施工中也有不良现象产生，这大多数是稀释剂用错或用量不当所致。错用稀释剂会使涂料混浊析出，导致报废；稀释剂用量过多会使色漆遮盖力差和光泽低；用量过少，涂料过稠，喷涂时涂膜流平性差，呈橘皮状，甚至起皱、流挂。因此，一定要正确使用稀释剂，最好使用造漆厂配制的稀释剂，并按产品使用说明操作。

2）常用稀释剂名称和用途

（1）X—1 硝基漆稀释剂，又名喷漆稀料、甲级信那水、甲级香蕉水、甲级天那水。它由酯、酮、醇、苯类溶剂混合而成。主要用作硝基清漆、硝基磁漆、硝基底漆稀释，是一种常用的硝基稀释剂，也可用来稀释各种热塑性丙烯酸漆。

（2）X—7 环氧漆稀释剂，又名环氧稀料。由二甲苯和丁醇及酮类或醚类混合而成。它对还氧树脂有较好的溶解性，可用来稀释由纯环氧树脂及高分子环氧树脂制成的清漆、底漆、磁漆及泥子、防腐漆。通常它由二甲苯：丁醇=4:1 或 3:1 比例混合而成。

（3）X—8 沥青漆稀释剂。由重质苯与煤油配制而成，配制比例是 8:2。它具有良好的流平性和稀释能力，但不能用于常温干燥的沥青漆。常温干燥的沥青漆的稀释剂，常用 200 号煤焦溶剂或 200 号溶剂汽油和二甲苯稀释。

6. 汽车涂料用助剂

汽车涂层要求涂料具有的性能越来越高，如光泽、保光耐候性、遮盖力、鲜映性和流动性等。涂料助剂的添加，可以改进涂料的生产工艺，提高涂料的质量和赋予涂料特殊功能。目前，在涂料工业中，助剂已经成为涂料，特别是高档涂料里不可缺少的组成部分。

涂料助剂种类多种多样，作用也各不相同，使用时一定要根据涂料和涂膜的不同要求加以选择。依据助剂对汽车涂料和涂膜的作用可以分为：

① 对涂料生产过程发生作用的助剂。如消泡剂、湿润剂、分散剂、引发剂。

② 对涂料储存过程中发生作用的助剂。如防沉淀剂。

③ 在涂料施工成膜过程中挥发作用的助剂。如催干剂、固化剂、流平剂、表面控制剂、静电调节剂。

④ 对涂膜性能产生影响的助剂。如增塑剂、消光剂、防静电剂、光稳定剂、抗划伤剂。

1）消泡剂

泡沫有时很有用，例如在泡沫浮选、泡沫灭火、泡沫塑料等方面，可以利用泡沫的产生解决人们生产生活中的许多实际问题。但在涂料的生产和涂料的涂装施工应用过程中，泡沫是我们不希望的现象，泡沫形成会给操作带来很大的困难，甚至有可能使生产无法进行下去。

2）润湿剂、分散剂

颜料的分散是有色涂料制作技术的重要环节，将颜料、填料分散成细小的粒子，均匀地分布到树脂、溶剂中，得到一个稳定的悬浮体。因此颜料的分散与颜料、树脂、溶剂的性质和相互的作用有关。颜料的分散，一般认为可以分为润湿、分散、稳定三个过程。润湿是指颜料表面上吸附的空气被树脂、溶剂或添加剂取代。分散是用机械力把凝聚的颜料团粒分散，形成悬浮的分散体。稳定是指形成的悬浮分散体在没有外力的环境下，仍然处于分散悬浮的状态。润湿、分散剂的作用就是要加快润湿的过程，以改善涂膜的平整度，提高光泽；可以降低黏度，改善流动性；能够提高颜料的着色力和遮盖力，使颜色更加鲜艳；能够防止涂膜浮色、发花；能保持悬浮分散体的稳定状态，提高储存稳定性。

3）流平剂、防缩孔剂

通常的涂料在采用喷涂、刷涂、滚涂等任何一种方法施工后，都有一个流动和干燥的过程，逐渐形成一个平整、光滑、均匀涂膜。涂料能否达到平整光滑的特性，称为涂料的流平性。流平性不良，喷涂时会出现橘皮，刷涂时会出现刷痕等，有时还会出现缩孔、流挂现象。这些弊病既有可能是涂料配方和制作过程的失误造成，更与涂料的施工环境及条件有关。流平剂、防缩孔剂的加入，可以在一定程度上克服这些弊病。

经研究发现，涂膜流平的过程与涂层的厚度有关，厚度减少一半，流平时间要增加 8 倍；与涂料的黏度有关，降低黏度有利于涂膜的流平；与涂料的表面张力有关，表面张力是流平过程中的推动力，它有使涂膜表面积收缩至最小的趋势，使涂层从刷痕、凹槽成为平滑的表面，表面张力的增加可以缩短流平的时间。溶剂的挥发，会使涂料的黏度增加而丧失流动性。涂料中若含有较高沸点的溶剂，可使涂料表面的开放时间延长，流平效果较好。

4）流变剂、防沉剂

液体的流变性能，对涂料是一个非常重要的因素，从原料的选用、涂料的制作、成品储存，到涂布施工、转化成膜，无不受其影响。流变助剂能保护分散好的颜料，形成具有独特的稳定结构，可以控制涂料的流挂，又能保持优良的流平性，消除涂膜的弊病。

3.6 汽车用涂料的特点和要求

前面已介绍了涂料，为什么还要介绍汽车用涂料呢？汽车的涂层要求很高，汽车的各个部位的功能不同，其涂层的要求也就不相同。汽车车身底部主要是防止锈蚀，因此，要求涂层有很好的防腐蚀性能，为防止振动时脱离还要求要有好的附着力。汽车车身覆盖件的表面不仅要求防腐蚀，而且要求有极好的光泽，车身表面有光彩照人的镜面。汽车涂装人员应清楚这些特性，合理使用涂料和操作工艺才能保证涂装作业的完全成功。

汽车主要由金属制成，而且大部分是钢铁。钢铁本身的防蚀性能很差，容易被空气中的氧和其他介质所腐蚀。汽车长年累月送客运货，经受日晒雨淋、风沙、冰雪、严寒、酷暑这样多变环境条件的影响，再加上行驶中经常接触化学药品、酸、碱、盐等腐蚀介质，更容易使金属锈蚀。为了保护汽车构件不受腐蚀，使用相应的涂料来保护汽车上各种材料，在其表面上形成一层保护层，起着一种“屏蔽”作用，使汽车构件与外界的腐蚀介质隔开，从而延长汽车使用寿命。

汽车本身是一种工业艺术品，它不但造型要美观，而且装饰要漂亮。汽车还能起到美化环境，调节人们的精神面貌的作用。特别是城市内使用的汽车，要充当美化城市的工艺品，并与城市建筑物相陪衬，和城市建筑物整齐、端庄、雄伟的美感相适应。汽车车容装饰美观是汽车产品的一项技术指标，也被当作车辆年检中技术要求项目之一。在不同的民族和不同的地区，有着不同的颜色要求和特有的色彩喜爱，因此，汽车的装饰涂料必须具有品种齐全、颜色丰富、色彩鲜艳等特点，来满足各种汽车的装饰要求。汽车高级装饰性的涂料，要求涂膜外观光滑平整、花纹清晰、光亮如镜、光泽不低于 90%；中级装饰性的涂料，要求涂膜外观光滑平整、花纹清晰、允许有轻微“橘皮”、光泽不低于 80%～85%。我国地域辽阔，气候差异很大，不同地区使用的汽车对涂料性能有不同要求，在干寒地区的汽车，要求汽车涂料具有一定的耐寒性能；在湿热地区的汽车，要求汽车涂料有防湿热、防盐雾、防霉菌性能（简称“三防”性能）。不同类型的汽车、不同的部位，要求也是各不相同，同时要有所侧重。如轿车车身对涂料的装饰性、耐久性、保护性、保光性要求很高；而载重汽车车身的涂装，对涂料的装饰性、耐久性、保护性的考虑就比较全面；对汽车底盘的涂装，则主要是要求耐久、耐化学腐蚀及防锈性能；对油箱内壁涂装，要经受汽油的长期浸泡，涂料要求也会有不同。

1. 汽车用涂料的品种

汽车用涂料一般可按汽车上的使用部位和涂装工艺及涂层中所起的作用来分类。

1）按在汽车上的使用部位不同，汽车用涂料品种可分为：

（1）汽车车身用涂料。是汽车用涂料的主要代表，汽车用涂料主要指车身用涂料。车身涂层一般是由底层涂层、中间涂层和表面涂层等三层或由底层涂层和表面涂层二层构成。

（2）货箱用涂料。其质量要求较前者低，一般为底、面两层涂层。

（3）车轮、车架等部件用的耐腐蚀涂料。它的主要技术指标是要求耐腐蚀性能（耐盐雾性、耐水性）等好；要求涂膜坚韧耐磨，具有一定的耐机油性。

（4）发动机部件用涂料。 发动机体不能高温烘烤，故要求涂料具备低温快干性能，要求涂膜的耐汽油、耐机油和耐热性较好。

（5）底盘用涂料。车桥、传动轴等底盘件不能高温烘烤，要求具备低温快干性能。因在车下使用，条件苛刻，经常与泥水接触，故要求其耐腐蚀性优良，具备较好的耐机油性。

（6）铸锻件、毛坯和冲压件半成品用涂料。涂层主要用来防锈，所用涂料一般属于防锈底漆类。要求具备较好的防锈性能、机械强度和附着力（或涂层间的结合力）。

（7）车内装饰件用涂料。系指轿车和大客车车内装饰件用涂料，其主要性能是要求极高的装饰性。

（8）特殊要求用涂料。蓄电池固定架用耐酸涂料，汽油箱内表面用耐汽油涂料，汽车消声器、排气管和汽缸垫片用耐热涂料，车身底板下用耐磨降噪声涂料，车身焊缝用密封涂料等。

2）按在涂装工艺及涂层中所起的作用，汽车用涂料品种可分为：

（1）涂前表面处理用材料，主要包括清洗剂和磷化处理剂。

（2）汽车用底层涂料。

（3）汽车用中间涂层涂料。

（4）汽车用面涂层涂料。

（5）辅助材料：溶剂、抛光材料、防噪声浆等。

2. 汽车用底涂层涂料、中间涂层涂料及面涂层涂料

1）汽车用底漆

底漆是直接涂在经过表面处理的工作表面上的第一道漆，它是整个涂层的基础。

汽车用底漆必须具备下列特性：

（1）对经过表面处理的工件表面应有很好的附着力，所形成的底涂层涂膜应具有极好的机械强度。

（2）底涂层本身必须是腐蚀的阻化剂，底涂层必须具有极好的耐腐蚀性、耐水性（耐潮湿性）和抗化学试剂性。

（3）与中间涂层或面涂层的配套性应良好。

（4）应能适应汽车涂装工艺的大量流水生产的特点，底涂层应具有良好的施工性能。

为具备上述特性，制造汽车底涂层涂料用的主要是各种环氧树脂、酚醛树脂、醇酸树脂和一些优质水溶性树脂。醇酸树脂因耐潮湿性差，易起泡，已有被淘汰之势。汽车用底涂层涂料中都加有优质的防锈颜料。

随着化学工业的发展和对汽车防腐蚀性能要求的提高，近 60 年来汽车用底涂层涂料已经历了几次重大变革，其演变大致如下：

油性底漆→硝基底漆→醇酸树脂底漆或酚醛树脂底漆（喷用或浸用）→环氧树脂底漆→水性底漆→阴离子型电泳底漆（1966 年以后迅速普及）→阳离子型电泳底漆（采用阴极电泳法，自 1977 年开始大量采用）和粉末底漆。

以上是汽车用底漆发展的大体趋势，实际上各阶段都有较长的交替时间，而各过程的发展也不平衡。自电泳底涂层涂料问世及得到实际应用近二十年以来，汽车用底涂层涂料的发展很快。

2）金属用底涂层涂料和面涂层涂料的选择与配套

由于涂料种类繁多，性能和特点各不相同，各有自己的长处和短处，而且各种涂料之间结合性能相差悬殊。汽车上金属种类又很多，其金属本身防腐蚀性能差异较大，所需涂料性能各不相同。所以正确选择涂料是非常重要的，这不仅关系到怎样合理使用涂料，而且关系到降低成本，方便施工，既达到产品和机件装饰要求，又要延长产品使用寿命，起到两全其美的效果。

（1）汽车金属底漆的选择。

金属底涂层涂料是对金属表面起到防锈、防水、防蚀，保护基体的作用，也起到对泥子和面涂层有良好的附着力作用。底涂层涂料的品种及名称很多，按“汽车油漆涂层”的分组和等级分：底涂层可分为优质防腐蚀性涂层；高级装饰填充底涂层；中级装饰性保护性涂层；一般防锈保护性涂层底涂层。按底涂层使用涂料和颜料的不同可分为醇酸底漆、酚醛底漆、锌黄醇酸底漆等。按使用底漆的先后来划分，有头道底漆、二道底漆及封闭性底漆。下面按照等级要求来选择底漆。

① 作为湿热带地区的保护涂层及高级轿车的装饰性涂层的涂料。例如，H06—2 铁红、锌黄环氧底漆，漆膜坚硬耐久，附着力好。铁红色宜用于黑色金属，锌黄宜用于有色金属打底。锌黄底漆与面漆的附着力不太好，可加喷氨基底漆来解决。对黑色金属或经氧化处理的轻金属，先经磷化处理或涂磷化底漆 X06—1，再涂 H06—2 环氧底漆，效果更好。可用二甲苯稀释，可喷、刷或浸涂。室温自干 12h 或 60℃烘干 1h，使用量，铁红色 70～90g/m^2、锌黄色 80～100g/m^2。

② 作为耐水性和防锈性的中级轿车装饰性涂层底涂料。例如，F06—9 铁红、锌黄纯酚醛底漆，具有良好的附着力和防锈性、耐水性，是仅次于环氧底漆的优良防锈漆。用二甲苯或松

节油稀释，喷、刷均可，以二层为宜，每层不超过 20μm。

③ 作为防锈和快干性底涂涂料。例如，C06—17 铁红醇酸底漆，又称铁红快干醇酸底漆，干燥较快，附着力好。用二甲苯或二甲苯与松节油混合剂稀释，喷涂为主，也可刷涂。

（2）作为汽车底盘和车身骨架内表面保护性的底涂料。例如，H06—10 环氧酯富锌底漆，漆膜坚韧耐久，附着力强，耐磨性好，具有耐潮湿及优良耐腐蚀性能，还有阴极保护作用。适用于汽车底盘各零件及车身内夹的涂装。用二甲苯调稀，宜涂刷两道，每道间隔 24～48h，厚度 20～30μm。可与 J43—1 氯化橡胶漆、L40—3 沥青防污漆、H04—3 环氧沥青磁漆等配套使用，但天气潮湿或雨天不宜施工。

（3）作为汽车的一般性防护底涂料。例如，T06—5 铁红脂胶底漆，附着力较强，坚硬无光，容易打磨，但性能低于铁红醇酸底漆。它价格便宜、货源多，多用于汽车修理部门。漆内含颜料较多，容易沉底，使用前应充分搅拌，以 200 号溶剂汽油稀释，喷、刷均可，可自干或 120℃以下烘干。

3）汽车用的中间层涂料

（1）中间涂层的作用。

所谓中间涂层涂料，是介于底涂层与面涂层之间的涂层所用的涂料。其主要功能是改善被涂工件表面和底涂层的平整度，为面涂层创造良好的基底，以提高整个涂层的装饰性。对与表面平整度较好、装饰要求又不太高的载重汽车和中级轿车，在大量流水线生产的场合，有时不采用中间涂层以简化工艺。对于装饰性要求高的中、高级轿车，则几乎都采用中间层涂料。

为达到上述功能，中间涂层涂料应具有以下特性：

① 应与底、面涂层配套良好，涂层间的结合力强，硬度适中，不被面涂的溶剂所咬起。

② 应具有填平性，能消除被涂表面的划纹等微小缺陷。

③ 打磨性能良好，在湿打磨后能得到平整光滑的表面。能高温烘干，干性好，打磨时不沾砂纸。为了减少打磨，国外已研究出不用打磨的中间涂层涂料，靠其本身的展平性得到平整的表面。

④ 耐潮湿性好，不应引起涂层起泡。

（2）汽车用中间层涂料，有如下四种功能不同的涂料。

① 通用底漆。又称底漆二道浆，可直接涂于金属表面，具有一定的填平能力。一般采用“湿碰湿”工艺涂两道，以替代底漆和二道浆，达到简化工艺的目的。目前已被二道浆所代替。

② 泥子。泥子是一种专供填平表面用的含体质颜料较多的涂料，刮涂在底漆层上。在汽车工业上，大量流水线生产的新车已不用泥子，市售泥子主要供汽车修补用。

③ 二道浆。它的功用介于通用底涂层和泥子之间，对被涂工件表面的微小缺陷有一定的填平能力，颜色一般为灰色。可采用手工或静电喷涂，具有良好的湿打磨性，打磨后得到非常平滑的表面。

④ 封底漆。它是涂面涂层前的最后一道中间层涂料，涂膜呈光亮或半光亮。它的漆基、颜色应与面、底涂层涂料配套。它的主要功能有：

a. 显现底漆涂层的缺陷，便于修整，故也称为显影层。

b. 消除底涂层各处对面涂层的不同吸收性，以提高面涂层的光泽的均匀性和丰满度，起到封闭底涂层的作用。

c. 提高面涂层对底涂层的结合力，减少价格较贵的面涂层涂料消耗量。

封底涂料用于装饰性要求较高的汽车（如高级轿车），有时也用喷一道薄面漆的方法来代替封底涂料，有时用同一体系的底涂料和面涂料，按一定比例调配后代替封底涂层涂料。

由于我国汽车工业尚不发达，故中间涂料除泥子外，用量甚少，中间层涂料的品种配套也不全。

4）汽车用面涂层涂料

汽车面涂层涂料是汽车多层中最后一道涂层用的涂料，它直接影响汽车装饰性、耐候性和外观等。随着汽车工业的发展和人民生活水平的提高，汽车面涂层涂料在近 50 多年中，经过几次大的变革，它们的演变过程（以汽车工业发达的美国和西欧为例）大致如下：

（1）1924 年以前，主要采用以植物油和天然树脂为基料的油性漆。

（2）1943～1935 年，主要用硝基磁漆。

（3）1935～1945 年，主要用醇酸磁漆和硝基磁漆。

（4）1945～1955 年，主要用醇酸磁漆和氨基醇酸磁漆。

（5）1955～1965 年，主要用高氨基醇酸磁漆、热塑性丙烯酸磁漆和热固性丙烯酸磁漆。面涂层涂料颜色逐渐走向多样化，除了采用色彩鲜艳的各种本色外，还采用以铝粉为代表的金属粉末颜料，使汽车面涂层的外观具有金属光泽感的金属闪光色。

（6）1965 年到现在，已在开始采用低公害的涂料，如粉末涂料、非水分散体涂料，单组分或双组分的高固体份的涂料以及喷用水性涂料等。这些新型涂料正处于开发阶段，有的品种逐渐成熟，在汽车工业上已达到了实用化阶段。

汽车的耐候性、装饰性、耐潮湿性、抗污性等主要靠汽车面涂层来实现。尤其在轿车生产中，对汽车用面涂层的质量要求非常高。因此，根据汽车的使用条件、产品品种和设计要求，进行综合性考虑来选择汽车用面漆。

5）汽车金属面涂层涂料的选择和配套

汽车面涂层不但要有保护作用，而且要有装饰作用。例如，A04—9 各色氨基烘干涂料，它不但有优良的装饰性，涂膜色彩鲜艳，光泽丰满，而且具有良好的保护性，涂膜的耐候性、耐水、耐油、耐磨、耐化学腐蚀性都较好。一种面漆的性能好坏，主要取决于本身的性能好坏，但与其相配套的底涂层性能、配套性和施工工艺也有较大关系。因此合理选择面漆是一项非常重要的工作，如果选择不当，会给施工带来困难，影响施工工期，影响产品质量，也会造成材料浪费。选择面涂层涂料的基本原则是：

（1）具有一定的装饰性和保护性，并达到产品要求。

（2）面涂层涂料与底涂层涂料有良好的配套性。

（3）要适合施工的条件。

（4）有利于降低成本，方便施工。

（5）符合劳动保护条例，保障工人身体健康。

下面按不同要求介绍面漆的选择和配套。

① 用于高级装饰性涂层的面涂层涂料（高级轿车车身）

Q04—31、Q04—34 各色硝基磁漆，又称轿车漆，漆膜干燥快，色泽光亮丰满，硬度较高，耐汽油性好，耐候性也较好，但柔韧性较差。用 X—1 硝基漆稀释剂调稀喷涂施工，湿度高时，可加入 F—1 硝基防潮剂 10%～20%。与它配套的底漆和泥子：X06—1 磷化底漆、H06—2 环氧底漆或其他环氧酯底漆、A07—1 氨基泥子或 H07—5 环氧泥子、H06—12 环氧二道底漆。

② 用于中级装饰性涂层的面涂层涂料（中级轿车）

B04—9、B04—11 各色丙烯酸磁漆，漆膜平整光亮，保光保色性好，附着力强，干燥迅速，大气耐久性好，并有较好的防湿热、防盐雾、防霉三防性能。宜在环境温度 12～35℃、相对温度 30%～70%、黏度为 12～16s 下喷涂施工。可用 X—5 丙烯酸漆稀释剂或 X—3 过氯乙稀漆稀释剂来调稀，每道喷涂宜隔 30min 左右。与它们相配套的底漆和泥子：要求高时用 X06—9 环氧二道底漆；要求一般时，轻金属用 B06—2 锶黄丙烯酸底漆，黑色金属用 C06—1 铁红醇酸底漆、C07—5 醇酸泥子、C06—10 醇酸二道底漆。

③ 用于一般装饰性涂层的面涂层涂料（公共汽车车身）

C04—2、C04—18、C04—42、C04—48 各色醇酸磁漆，漆膜光泽好，硬度、冲击强度、柔韧性、耐候性和附着力都较好，保光、保色性也较好，但耐水性较差。在 100℃以上烘烤可提高其耐水性和附着力。用 X—6 醇酸稀释剂或松节油来稀释，以喷涂为主，也可刷涂。与它们配套的底漆和泥子：F06—9 铁红纯酚醛底漆或 C06—1 铁红醇酸底漆、C07—5 醇酸泥子或 F07—1 酚醛泥子或自制油性泥子、C06—10 醇酸二道底漆或 F06—13 酚醛二道底漆，F06—1 酚醛底漆。

④ 用于具有一定的装饰和防护性涂层的面涂层涂料（湿热地区使用的汽车）

G04—9 各色过氯乙烯外用磁漆，又称过氯乙烯汽车喷漆，它具有漆膜光亮，干燥较快，能打磨抛光，其耐候性、耐湿性和抗老化性均优于硝基外用磁漆，还具有一定的防湿热、防盐雾、防霉菌的性能，有优良的耐化学性，但其附着力差，不能在 60℃以上高温长期使用，漆膜比硝基漆软。用 X—3 过氯乙烯漆稀释剂调稀喷涂施工。相对湿度 70%以上时，须加入 F—2 过氯乙烯漆防潮剂 10%～15%防止漆膜发白。与其配套的底漆和泥子：X06—1 磷化底漆、H06—2 环氧底漆或 C06—1 铁红醇酸底漆或 F06—9 纯酚醛底漆、H07—5 环氧泥子或 C07—5 醇酸泥子或 G07—3 过氧乙烯泥子、C06—10 醇酸二道底漆或 G06—5 过氧乙烯二道底漆。

⑤ 根据环境条件选用面涂层涂料

⑥ 从特性要求选择面涂层涂料

耐酸涂层：聚氨酯漆、氯丁橡胶漆、氯化橡胶漆、环氧漆、过氯乙烯漆、沥青漆、乙烯漆、酚醛漆。

耐碱涂层：聚氨酯漆、氯丁橡胶漆、氯化橡胶漆、环氧漆、过氧乙烯漆、沥青漆、乙烯漆。

耐油涂层：醇酸漆、氨基漆、硝基漆、乙烯缩丁醛漆、醇溶性酚醛漆、环氧漆、过氯乙烯漆。

耐热涂层：有机硅漆、丙烯酸漆（热固性）、铝粉醇酸漆、沥青烘漆、氨基漆。

耐水、耐潮涂层：氯化橡胶漆、氯丁橡胶漆、聚氨酯漆、过氯乙烯漆、乙烯漆、沥青漆、酚醛漆、氨基漆、环氧漆、有机硅漆。

耐磨涂层：聚氨酯漆、氯丁橡胶漆、乙烯漆、环氧漆、酚醛漆。

保色涂层：丙烯酸漆、氨基漆、有机硅漆、醇酸漆、乙烯漆、硝基漆。

保光涂层：丙烯酸漆、氨基漆、有机硅漆、醇酸漆、醋酸丁酸钎维素漆、聚酯漆、乙烯漆、过氯乙烯漆、硝基漆。

耐大气涂层：过氯乙烯漆、氨基漆、丙烯酸漆、有机硅漆、乙烯漆、氯丁橡胶漆、硝基漆、醇酸漆、油性漆。

耐溶剂涂层：聚氨酯漆、环氧漆。

绝缘涂层：有机硅漆、氨基漆、沥青漆、醇酸漆、环氧漆、聚氨酯漆、聚酯漆、酚醛漆、油性漆。

⑦ 根据被涂物面材质的不同及要求不同选择涂料

汽车涂料的选用，既要重视保护性，又要注意装饰性；既要注意钢铁的涂装，也要考虑铝、锌及塑料和木材等的涂装。由于各种被涂物面材质和吸附能力不同，与它们相适应的涂料也会不同。因此要根据各种涂料的性质和实际要求，全面考虑各种因素，选用合适的涂料。

小结

涂装是将涂料涂覆于经过处理后的被涂物体表面上，再经过干燥成膜的工艺过程。因此了解、熟悉、掌握涂料的有关知识、施工方法就显得十分重要，这也是涂装技术人员必备的基本理论知识。本章较详细地介绍了涂料方面的知识，希望使从事涂装工作的有关人员有一本较全面掌握这方面知识的教材。本章不仅较详细介绍涂料的基本组成、各组成在涂料中的作用以及在使用时应注意的方法和问题；还介绍了汽车用涂料，希望涂装人员对这一方面有更详细的了解，加深理解，使涂层修复工作在理论知识的指导下做得更好。

思考题

1. 汽车构件与涂料的关系如何？
2. 涂料由哪几部分组成，它们各自的作用是什么？
3. 聚氨酯树脂特点包括哪些？
4. 环氧树脂特点包括哪些？
5. 汽车涂料有哪几类？其成膜机理是什么？
6. 汽车车体金属为何会受到腐蚀？如何用涂料来防止腐蚀发生？
7. 树脂的分类有哪些，其特性有哪些？
8. 树脂组成中的颜料、溶剂、助剂各起什么作用？

第4章

汽车涂层修补工具和设备

当代汽车制造的车身涂装一般是在高速生产流水线上进行，自动化程度高，车身和零部件在不同的涂装线上生产，涂装时间短到以秒来计算，如图 4-1 所示，为汽车制造流水线。但汽车维修涂装作业中，还必须大量使用手工工具和设备。这里主要介绍维修涂装操作时常用的工具和设备。

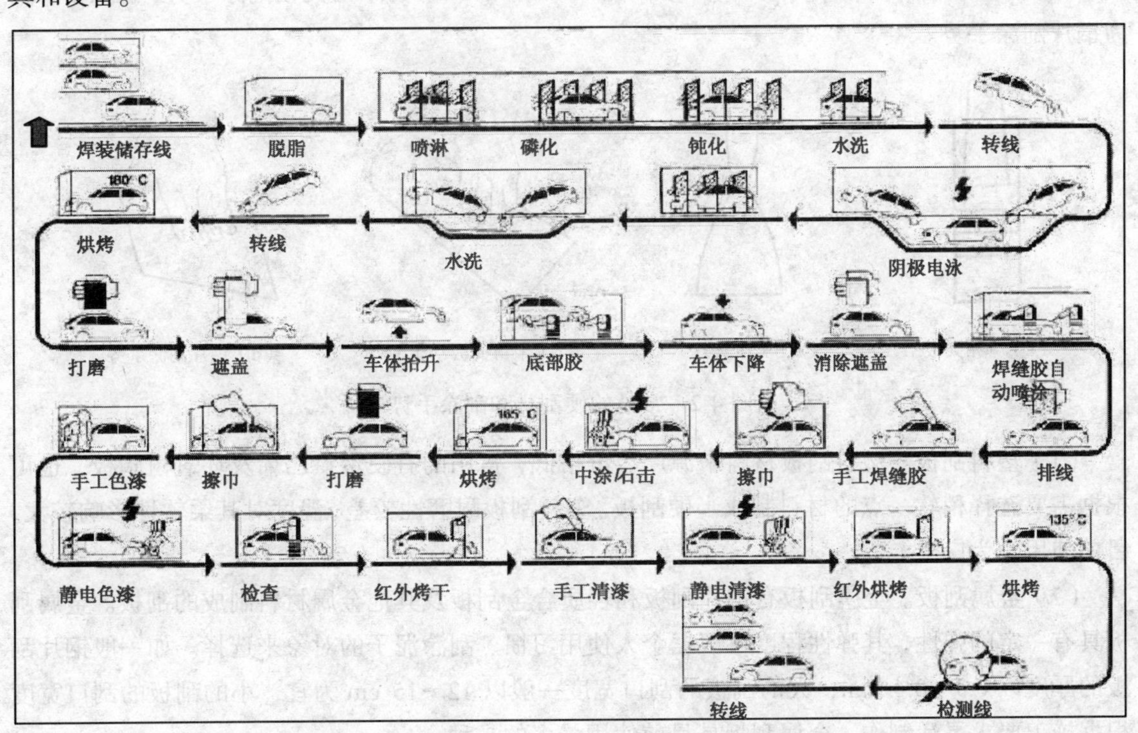

图 4-1 汽车制造流水线

“工欲善其事，必先利其器。”这就是说工匠要把活干好，必须先准备好工具，汽车车身修理又必须采用手工操作，所以熟悉涂装的手工工具是很重要的。

4.1 常用工具和设备

车身涂装工艺的要点是刮、磨、喷，在车身修复过程中，采用手工工具，在构件表面上，恢复原来车身的光彩表面。你想成为能工巧匠吗？你就去学习这些知识，反复操作练习，你一定能成为能工巧匠。

1．泥子刮涂工具

刮板是刮涂泥子的主要手工工具，刮涂工具按其材料组成的不同，可分为塑料刮板、橡胶刮板；按其软硬程度可分为硬刮板和软刮板。此外，还有与刮板相配套的调配泥子的托板。刮板较简单，市场上有专用刮板销售，也可以根据需要自制。

1）硬刮板

硬刮板适用于刮涂大的凹坑、大的平面缺陷部位，由于其刮口有一定的硬度，易刮涂平整，工效高，材料省，适用于要求平整的施工工序。常见的硬刮板和刮涂手势如图 4-2 所示，其中图 4-2（a）为牛角夹板，图 4-2（b）为油灰刀，图 4-2（c）为牛角夹板刮涂手势，图 4-2（d）为钢片刮涂手势。

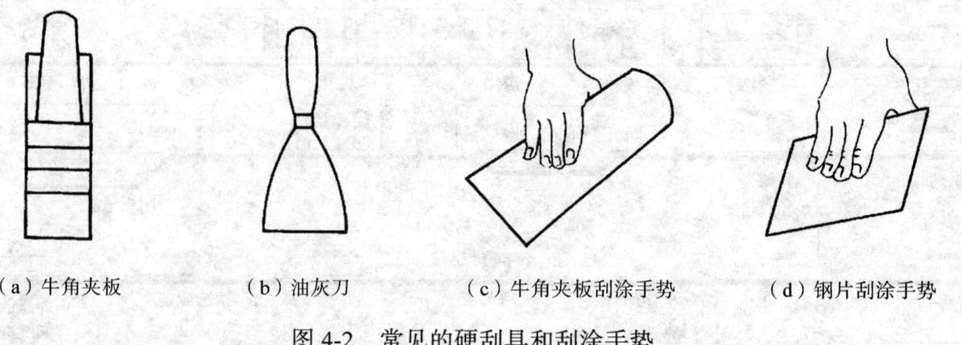

（a）牛角夹板　（b）油灰刀　（c）牛角夹板刮涂手势　（d）钢片刮涂手势

图 4-2　常见的硬刮具和刮涂手势

（1）塑料刮板。塑料刮板材料来源广、价格低，常用的有硬聚氯乙烯及环氧树脂板，也可根据需要选择稍软一点的材料制成半硬刮板。塑料刮板耐磨性较差，温度对其柔软性影响较大，目前使用较为广泛。

（2）金属刮板。金属刮板有钢片刮板和轻质合金刮板及其他金属材料制成的刮板。金属刮板具有一定的弹性，其弹性程度可根据个人使用习惯、刮涂泥子的对象来选择。如一般钢片刮板的厚度以 0.3～0.4 mm，大的刮板的刮口宽度一般以 12～15 cm 为宜，小的刮板的刮口宽度根据施工要求灵活制作。金属刮板是目前使用最多的一种。

2）软刮板

软刮板主要使用于刮涂圆弧形、圆柱形和曲面形状的部位。常见的软刮板和刮涂手势如图 4-3 所示，其中图 4-3（a）为橡胶刮板，图 4-3（b）为橡胶刮板手势。

（1）橡胶刮板。橡胶刮板是用耐油橡胶板制成，刮口面磨成斜口，俗称橡皮刮板。橡胶刮板一般自行制作，大的橡胶刮板厚度为 6～8 mm，刮口宽度以 100 mm 为宜，小的橡胶刮板厚度为 3～4 mm，刮口宽度根据施工需要制作。

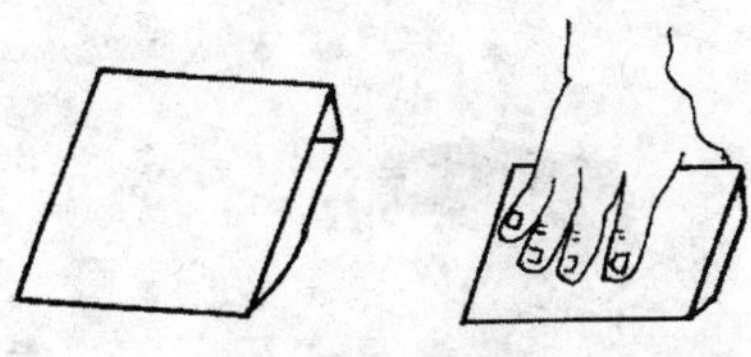

（a）橡胶刮板　　（b）橡胶刮板手势

图 4-3　橡胶软刮具和刮涂手势

（2）塑料刮板。塑料刮具一般用软性塑料制成，刮口面磨成斜口，形状大小根据需要制作，其基本要求与橡胶刮板相似。

3）使用刮板注意事项

（1）刮板的刮口要平直，不能有齿形、缺口、弧形、弓形。

（2）刮板使用完毕后，要立即用溶剂清洗干净，以免泥子聚积于刮板上，固化后不易清洗，影响下次使用效果。

（3）对于平面缺陷或凹坑较大部位应使用硬刮板。

2. 研磨设备和工具

在汽车修补涂装工艺中研磨工艺的主要作用有三种：

（1）清除构件表面已老化或过厚的旧涂层，确保涂装质量。

（2）对泥子进行研磨，达到整形修饰的效果。

（3）对平滑的表面进行恰当打粗处理，以增加涂层间的附着力。

过去，手工打磨是施工的唯一方法，这种方法又分为手工水磨和手工干磨。这种方法已有多年的历史，尤其是传统的手工水磨，至今仍在使用。但是新的双组分泥子与中间涂层越来越硬，非常难磨，费工费时，工作效率低，劳动强度大，污水造成环境污染，而且涂膜容易产生橘皮、气泡、砂痕、锈渍等质量缺陷。随着科技的不断进步，专业研磨设备和工具不断推出，无尘干磨诞生并得到迅速推广。

1）无尘干磨系统

无尘干磨系统由打磨工具、供气与吸尘管道、吸尘设备、磨垫砂纸和辅助系统几部分组成，如图 4-4 所示。

按驱动方式可分为气动与电动两种。气动工具因其寿命长、使用轻便、维修简单、安全性好而被广泛采用。

根据打磨工具的运动方式分为：单向旋转式研磨机、轨道式单振动研磨机和双轨道式偏心振动研磨机。

旋转式研磨机主要用于除锈、去旧涂层等粗磨工作。

轨道偏心振动研磨机主要用于粗打磨、泥子平面打磨。

除了打磨机的运动方式以及砂纸颗粒的粗细之外，振动幅度的大小是影响打磨速度与粗糙度的另一个关键因素。传统打磨机的偏心为 5 mm，它的主要问题是在细磨中间涂层表面时不能保证无划痕，而在粗磨泥子时速度又不够快，粗磨研磨机振动幅度为 7 mm，磨泥子速度更快，细研磨机采用 3 mm，以保证在精细磨时无任何划痕。图 4-5 所示为各种研磨机及其特点。

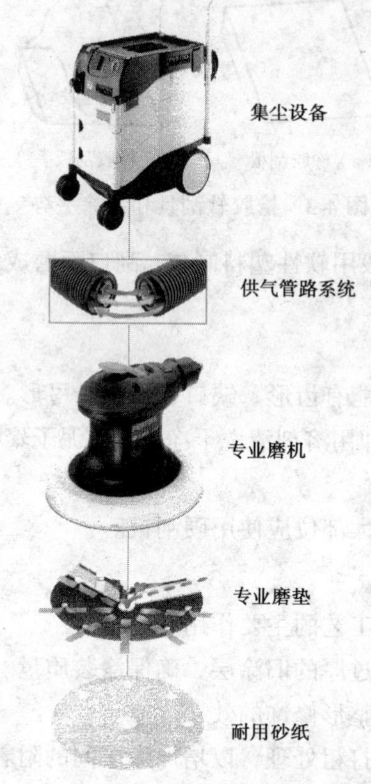

图 4-4　无尘干磨系统

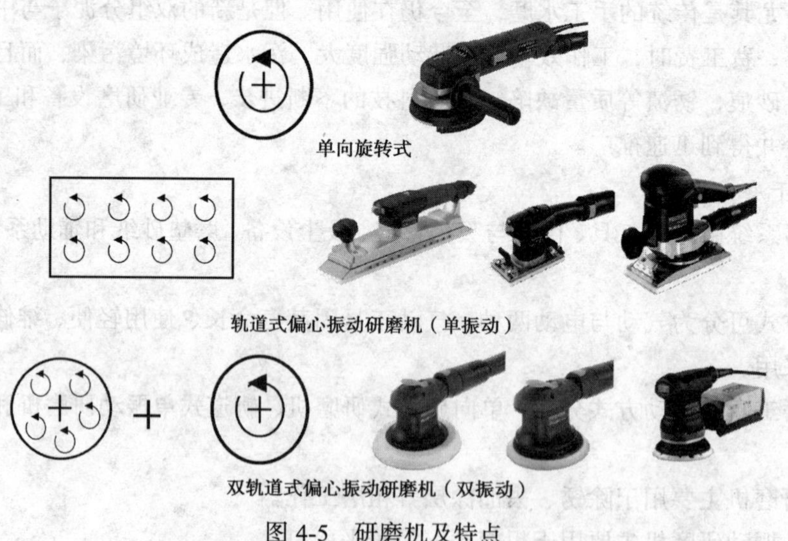

图 4-5　研磨机及特点

2）吸尘系统

常见的吸尘方式有三种，分别为中央式多工位吸尘、分离式单工位吸尘和简易袋式吸尘。

中央式多工位吸尘，使用大型吸尘主机，利用吸尘管路来进行对多工位研磨残留物的吸尘方式，吸尘效果好，设备使用寿命长，维护方便。适合大型维修站和工作量较大的维修使用，如图 4-6 所示的大型多工位维修车间。

图 4-6　中央式多工位吸尘车间

分离式单工位吸尘是使用移动式吸尘器对单工位研磨残留物的吸尘方式，吸尘效果好，使用方便，适合小型维修站使用，如图 4-7 所示。

简易袋式吸尘属于被动式吸尘，吸尘所需要的真空由转轴上附加的叶片轮的旋转产生，如图 4-8 所示。其吸尘功率受打磨机转速的影响，吸尘袋的透气性能也降低了吸尘效果。

图 4-7　分离式单工位吸尘图

图 4-8　简易袋式吸尘

3）供气、回气与吸尘管

电动工具的连接比较简单，除了电源线之外，只需要一个吸尘管。而气动工具一般需要有三个管道与接头，即压缩气的输入、输出以及吸尘管。这里需要特别指出的是压缩废气中有微量的润滑油，需要经过过滤才可以放出，否则容易在表面涂层上留下污点。

综合套管，是集压缩气的输入、输出与吸尘三种功能于一管，套管采用快速连接方式，并具有 360°的扭曲补偿。如图 4-9 所示。

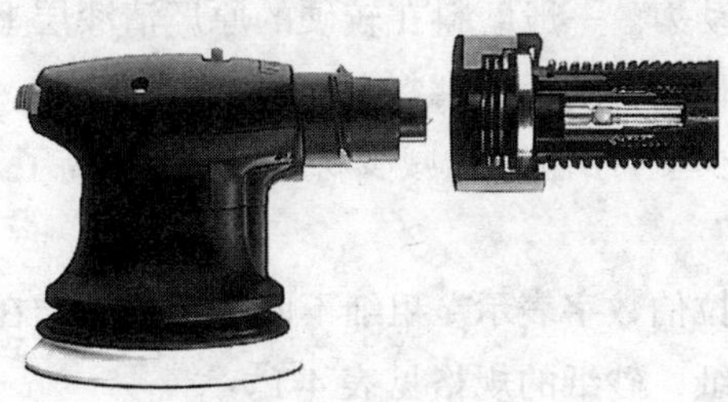

图 4-9　综合套管

4）磨垫

磨垫采用五孔、六孔或九孔吸尘系统。九孔系统采用喷射流技术通过对流原理避免传统六孔吸尘中央部分易封死的问题，吸尘效果更佳，砂纸的使用寿命延长近30%。

在研磨不同材料时，应用不同的磨垫，在研磨泥子时应采用硬磨垫，研磨中间涂层应采用软磨垫，研磨弧度较大、形状复杂的面时，应采用超软磨垫，长时间工作时应采用耐高温磨垫。磨垫结构如图4-10所示。

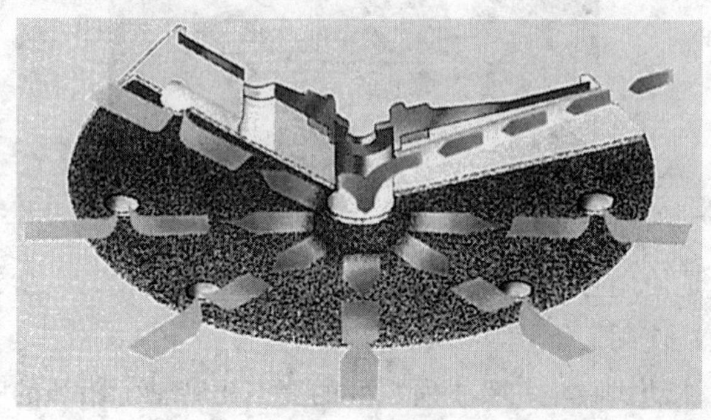

图4-10　磨垫结构

3. 打磨材料

砂纸是汽车维修中经常使用的打磨材料，用于除锈，砂磨旧涂层、泥子及面涂层。砂纸是用不同颗粒大小的磨料黏结于纸上，制成各种规格的砂纸。磨料黏结牢固程度是砂纸质量的一个重要标志。操作人员选择合适的砂纸规格并正确使用才能产生最佳效果。

1）磨料的种类

制造砂纸的磨料根据原料可分为氧化铝、金刚砂（碳化硅）和锆铝三种。根据磨料在底板上的疏密分布情况可分为密砂纸和疏砂纸两种，密砂纸上的磨料几乎完全黏满磨料纸面，用于湿磨；疏砂纸的磨料只占磨料面积的50%～70%。

（1）氧化铝磨料。氧化铝磨料是一种非常坚韧的磨料，能很好地防止破裂和钝化。根据粗细不同的选择可制成用于除锈、清除旧涂层、打磨泥子层、打磨新旧涂层的砂纸。氧化铝磨料硬度高、耐久性好、使用寿命长且不易在底层材料上产生较深的划痕，目前使用较广泛。

（2）碳化硅。碳化硅是一种非常锐利、穿透力极高的磨料，呈黑色，通常用于汽车旧涂层的砂磨，以及抛光前对表面涂层的砂磨。

（3）锆铝磨料。锆铝具有独特的自磨刃特性，在打磨操作过程中其自身不断地提供新的刀刃以提高工作效率和降低劳动力。一般磨料在较硬的原厂清漆层上打磨时，会产生热量，被打磨的材料也会迅速变软并堆积在砂纸面的磨料上而降低打磨效率，而锆铝的自磨刃特性和工作时产生热量少的特点大大减少了打磨阻力，减少材料消耗，提高了工作效率和涂层的打磨质量。

2）砂纸的规格

砂纸上颗粒的大小用阿拉伯数字表示。粗细不同的颗粒黏结在特制的纸板上，构成适应各种施工需要的粗细不同的砂纸，砂纸的规格见表4-1。

表 4-1　砂纸的规格

等级对照		粗细度	氧化铝		金刚砂		锆铝		车身修理的用途
老等级	“P” 等级		规格代号	粒度（目）	规格代号	粒度（目）	规格代号	粒度（目）	
600	P1200			2000 1500 1200					用于打磨抛光前的清漆层
500	P1000 P800		1000 900 800	800 700 600	1000 900 800	800 700 600			喷银底漆、珍珠漆前的中涂底漆打磨或旧涂层打磨
400 360	P600 P500	细	700 600 500 400	500 400 320 260	700 600 500 400	500 400 320 260	600 400	400 260	喷纯色涂层前的中涂底漆或旧涂层打磨
320 280	P400 P360 P320		360 320 300 280 260	240 220 200 180 170	360 320 300 280 260	240 220 200 180 170	280	180	喷中涂底漆前的泥子或旧涂层打磨
240	P280 P240		240 220 200	160 150 140	240 220 200	160 150 140	240	160	泥子中等细度打磨
220 180	P220 P180	粗	180 150	120 100	180 150	120 100	180 150	120 100	泥子一般打磨
150 120	P150		120 100		120 100		100		平整旧涂层和泥子打磨
100	P120		80 60		80 60		80		用打磨机粗磨泥子
	P100		60 40		60 40		60 40		用打磨机清除旧涂层和锈蚀

注：“P” 等级在欧洲使用的干湿式砂纸号，是国际间同意的分级法，在砂纸号冠以 “P” 字首以示识别，其级间砂粒规格的差异较老的等级要窄得多。

3）水砂纸

水砂纸是汽车修理厂最常用的砂纸之一，其大小规格约 23 cm × 28 cm。根据修理作业的不同，打磨部位的形状、大小的不同，可以将砂纸裁成适合打磨需要的尺寸，如图 4-11 所示。

图 4-11　水砂纸

水砂纸湿磨使用时应先浸水，使砂纸完全浸湿，这样可防止因为手工打磨折叠而引起的脆裂，特别是冬天气温低时，应用温水浸泡，以防止砂纸脆裂。

使用时应注意以下事项：

（1）对于一般常规打磨。将水砂纸竖横裁成 1/4 大小，约 11.5 cm × 14 cm，这种尺寸大小适中，适合手握操作，方便灵活，是修理时最常用的。打磨时包在垫块上，大约 1/2 为打磨面，如图 4-12（a）所示。

（2）对于小面积打磨。将水砂纸裁成 1/8 大小，约 5.75 cm × 7 cm，以这种尺寸配合小垫板适合小面积打磨及处理涂层表面局部流痕处的打磨，如图 4-12（b）所示。

（3）对于大面积打磨。将水砂纸横向裁成 1/4 大小，约 7 cm × 23 cm，这需要根据打磨板的规格而裁剪。一般打磨前把砂纸固定在标准打磨板上进行，对于较大平面上的缺陷有较好的平整作用，如图 4-12（c）所示。

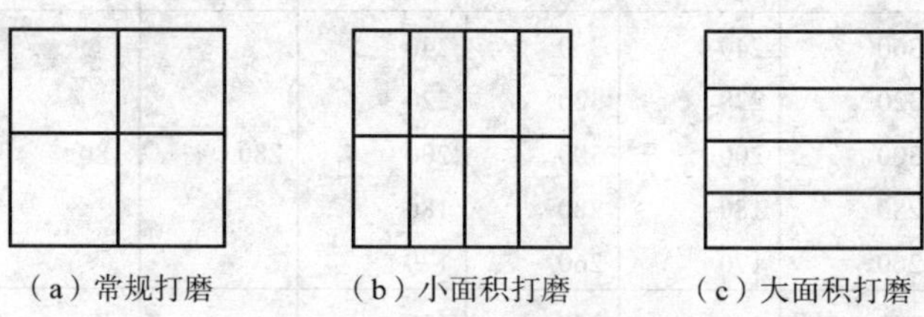

图 4-12　水砂纸裁剪法

4）搭扣式砂纸

目前国内市场上搭扣式砂纸以进口为主，使用时需与电动机或气动研磨机配套使用。根据作用分为干磨砂纸和表面涂层干研磨砂纸；形状有圆形和方形，圆形直径以 12.7 cm（5 英寸）和 15.24 cm（6 英寸）使用较多。

（1）搭扣式干磨砂纸。快速搭扣式干磨托盘，能紧扣研磨机，可重复使用，装卸方便灵活，省时省力。砂纸由特殊底材和磨料制成，研磨速度快而平整，耐磨性、耐潮性良好。砂纸规格一般为 P80～P500，如图 4-13 所示。

（2）搭扣式漆面干研磨砂纸。搭扣式漆面干研磨砂纸由高性能氧化铝磨料制成。使用时，一般汽车修理厂的圆形研磨机应配合 12.7 cm 和 15.24 cm 软托盘使用，具有易装卸、不易脱落、研磨速度快、耐磨性好的优点，用于清除面涂层的粗粒、橘皮等。砂纸磨粒规格一般为 P600～P1500。

图 4-13　搭扣式干磨砂纸

5）三维打磨材料

三维打磨材料是研磨颗粒附着在三维纤维上形成的打磨材料，这类材料有非常好的柔韧性，适合打磨外形复杂或特殊材料的表面，可用于各种条件下的打磨。如菜瓜布就是三维打磨材料中的一种。主要用于塑料喷涂前的研磨以及修补前去除涂膜表面的细小缺陷等。

6）手工打磨垫

打磨垫是使用砂纸打磨工件操作中必不可少的工具，有手工打磨垫和研磨机专用托盘。

手工打磨垫（见图 4-14）由硬橡胶、中等弹性橡胶及木板制成。打磨垫过去操作人员自己制作，目前由于汽车维修业迅速发展，市场上开发出了各种专用打磨垫。

图 4-14　手工打磨垫

（1）硬橡胶打磨垫。硬橡胶打磨垫使用时要外包水砂纸，一般用于湿磨泥子层，把物体高凸的泥子部分打磨掉，使物面达到平整的要求。其长短大小对磨平泥子层有一定的影响，自制的打磨垫一般取厚 2～3 cm 橡胶块裁剪成 11.5 cm × 5.5 cm 的长方形，此打磨块适用于一张水砂纸竖横裁剪成 4 份，即尺寸为 11.5 cm × 14 cm，既有利于水砂纸的充分利用，又灵活方便，是汽车维修业施工人员较普遍使用的操作工具。对于大面积波浪形物面的泥子层可适当使用加长的打磨垫（也可用平整的木板代替）。

（2）中等弹性橡胶垫。中等弹性橡胶垫（见图 4-15）是一种辅助打磨工具，利用它的柔软性，外包水砂纸打磨棱角和形状多变部位。

（3）海棉垫。海棉垫（见图 4-16）适用于面涂层处理，如抛光面涂层用细水砂纸磨平颗粒、橘皮等，不易对面涂层造成大的伤害。

图 4-15　中等弹性橡胶垫

图 4-16　海绵垫

7）电动、气动研磨机的打磨垫

用于电动、气动研磨机的打磨垫称为托盘。有以下两种托盘：

（1）快速搭扣式干磨托盘（见图 4-17）。托盘由母扣带制成，配合干磨砂纸，特殊磨菇头设计能紧扣砂纸，装卸快速、方便、牢固，打磨时省时省力。

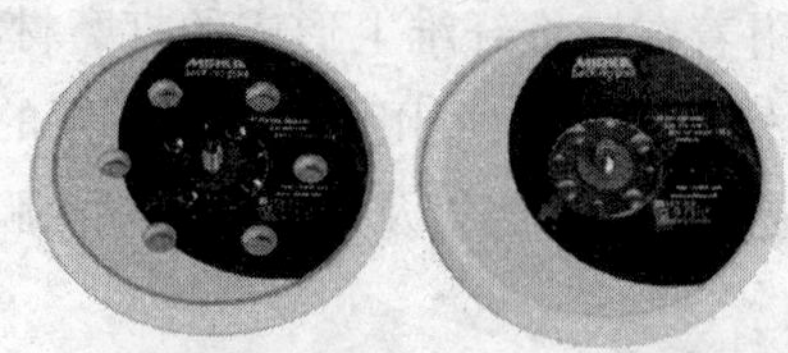

图 4-17　快速搭扣式干磨托盘

（2）软托盘（见图 4-18）。软托盘主要用于中间涂层打磨后较细研磨。

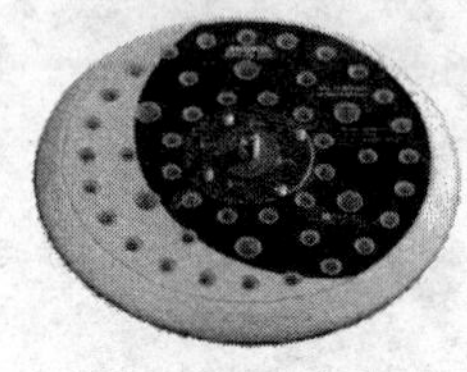
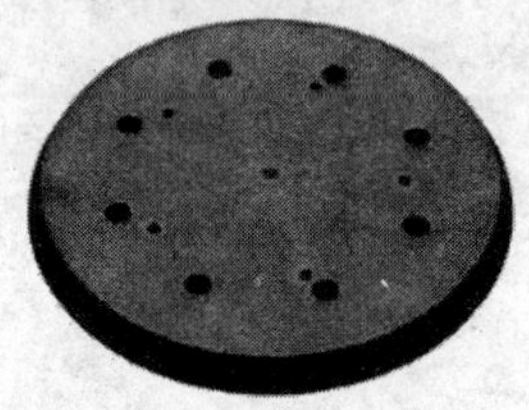

图 4-18　软托盘

4. 辊筒

辊筒是一种直径不大的空心圆柱，其表层由羊毛或合成纤维做成多孔吸附材料而构成。辊涂的涂面有一定的局限性，即只能辊涂平面。但因其工作效率高，对操作人员的技术要求低，故广泛应用于平面建筑的涂装，如高架桥、外墙及家庭内墙的涂装，汽车上用于面识较大的涂装作业，如隔声、隔热层涂刷等。辊筒涂装最适用于水乳胶涂料，但也适用于油性涂料及合成树脂涂料的涂装。

1）辊筒的组成

辊筒由辊筒本体和辊套组成，辊套可以自由地装卸。辊套由滚刷毛和芯材组成，如图 4-19 所示。辊筒辊刷毛的选择将影响涂装质量。辊刷毛黏结在芯材上，其材料有纯羊毛、合成纤维或两者的混合物。一般纯羊毛因耐溶剂性强，适用于油性涂料及合成树脂；合成纤维因耐水性好，适用于水性涂料。

辊筒的宽度有多种尺寸，常用的宽度有 18 cm 和 23 cm 及标准直径 4 cm，若辊涂量大也可用直径 6 cm 的辊筒。

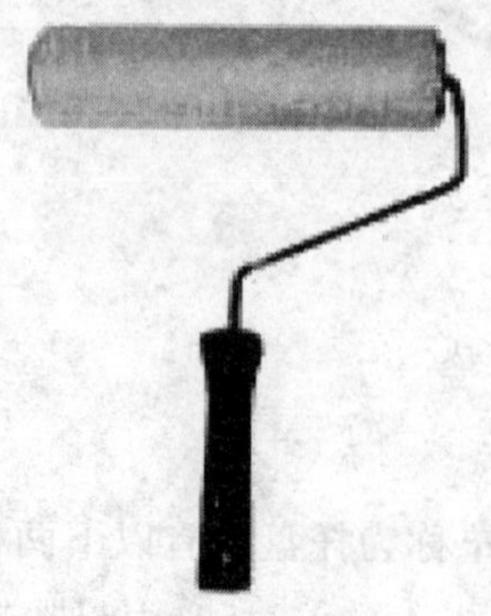

图 4-19　辊筒

2）辊涂的操作要领

（1）涂料放在容器中，将辊筒一半浸入涂料中，然后在容器中无涂料的壁上来回滚动几次，使滚筒完全浸透涂料并蘸浸均匀，即可开始涂装。

（2）在辊涂操作中，应使辊筒由损伤中心向边缘移动，并顺着移动的方向减轻压力抬起，使涂层中间厚，边缘薄。

5. 喷枪

1）常用喷枪的种类

常用喷枪的种类很多，用途各不相同。汽车维修行业主要有重力式、吸上式和压送式三种。

喷枪是喷涂的主要工具，要做好喷涂工作，保证喷涂质量，必须正确选用并维护好喷枪。目前，汽车修理厂的涂装使用较多的是吸上式和重力式喷枪。

吸上式喷枪如图 4-20 所示，优点是喷涂时稳定性良好，掉换涂料容易。缺点是涂料的黏度变化对涂料的喷出量影响较大，储存涂料罐限定在 1200 mL 内。

重力式喷枪如图 4-21 所示，优点是涂料的黏度变化极少影响喷出量的变化，操作容易。缺点是喷涂时稳定性不良，一般储存涂料罐在 500 mL 内，如大面积涂装时，需加涂料数次。

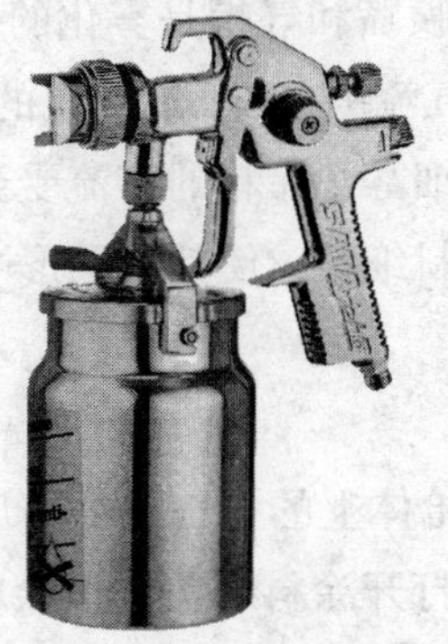

图 4-20　吸上式喷枪

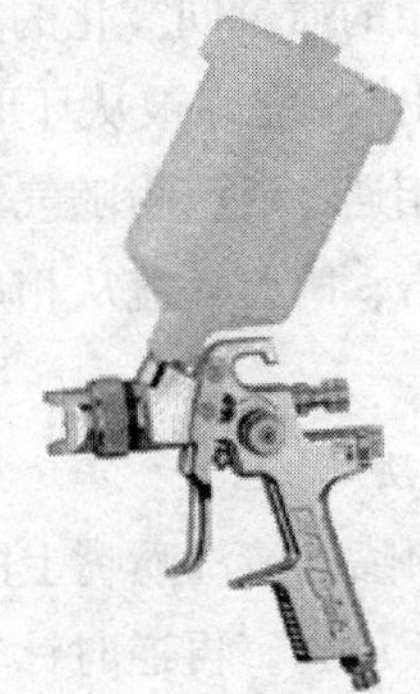

图 4-21　重力式喷枪

图 4-22 为喷枪风帽，喷枪中心有圆形主雾化孔、辅助圆形雾化孔、圆形扇幅控制孔（可以改变喷涂扇面的形状）等结构。

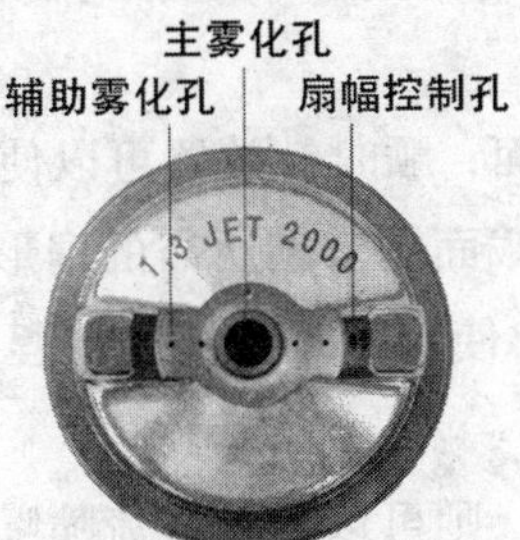

图 4-22　喷枪气帽

2）空气喷枪的构造

了解喷枪的构造及每一部件的作用，有助于对喷枪的选择、使用、维护及故障排除。无论哪种喷枪，其结构和原理基本相同。现以重力式喷枪为例，如书后附图 A-1 所示。喷枪配有 0.6L 容量的涂料壶，可以通过快速更换接口拆卸下加装涂料，壶上面有防漏塞。涂料通过通道，在压力气体的作用下，经喷枪涂料喷嘴雾化喷出。喷枪有涂料流量调节旋钮可以控制涂料喷出流量；喷枪可以通过喷枪气压调节旋钮调节进入喷枪的空气压力。喷枪还可以加装数字压力表，从压力表可直接了解工作时的喷涂压力。喷涂的幅面可以通过喷幅调节旋钮进行调节。为方便与压缩空气管的装卸，喷枪装有旋转接头可供快速装卸。

3）空气喷枪的工作原理

涂料在喷嘴处和压缩空气接触，在负压的作用下，被雾化后喷出。工作原理分解如下：

针塞和喷嘴可控制涂料和气流进入枪内，当稍微扣压扳机打开气阀门时，气流进入喷枪内的空气通道，到达气帽的各个出气孔喷出，其中从中心气孔（呈环行）喷出的气流，在涂料喷嘴出口处形成局部真空（负压）。此时针塞尚未打开只喷出高速气流。扣动扳机时，气流进入喷枪并将涂料喷出。当进一步压扣扳机，针塞后移打开涂料出口，此时高速气流才与涂料贯通。由于在涂料喷嘴出口处已形成真空（负压），而涂料罐内被涂料隔开的涂料面，受到大气压力（大气压力由涂料罐上小孔进入），两端形成压力差。由于大气压的作用，涂料被推向已被打开的喷嘴口喷出。喷涂的质量同雾化的关系非常密切，而喷嘴和气帽是雾化的关键。

涂料从喷嘴喷出时，立即被从环形气孔喷出的高速气流围在中间，气流的旋转使涂料分散。涂料的液流与气流相遇，液流附随气流方向，并分散成细雾。涂料的雾流受到气帽两侧犄角上气孔喷出的气流夹击，两股气流从相反方向交叉冲击涂料细雾，使其由圆形喷雾流成为扇形喷雾流。

4）喷枪使用方法

（1）旋下气流喷嘴并清洗喷嘴上的防锈油，然后将枪体上的空气接头与压缩空气的气管对接。逆时针松动盖板压脚，再逆时针转动法兰、拖勾后打开涂料罐盖，把涂料倒入涂料罐内，用稀释剂把涂料调配到适合喷涂的黏度 16～24 s（涂—4 黏度计），然后将盖板夹紧。

（2）手握喷枪柄，以食指与中指压扣扳机，压缩空气阀门首先打开，压缩空气沿管道到达喷气嘴，喷出气流，这时由于针塞套筒未打开，气流可用于吹去涂装面的灰尘，再向后压扣板机，针塞后移打开喷料嘴，高速气流产生负压，使涂料吸出喷嘴口，随同气流扩散成雾状微粒喷向涂面以形成涂装膜。

（3）旋转幅度针螺钉调节喷截面，顺时针放置可以使喷截面由扇形椭圆截面逐渐过渡到圆截面雾状，逆时针放置则可以使喷截面调节到所需的扇形椭圆截面宽度。

（4）顺时针旋转针塞调节螺钉，使针塞减少开启行程，减少涂料喷出量，反之逆时针旋转，增加涂料喷出量。

（5）要获得不同角度的喷截面，则可以旋转气流喷嘴。

（6）喷枪涂料罐盖板上的回气孔要保持畅通。

5）喷涂技术

要获得平整光滑、厚薄均匀、光照如镜的涂层表面，除了具备涂料质量、底层基础、合适规格的喷枪等因素外，喷涂人员还要掌握正确的喷枪操作方法。在喷涂中，操作人员要注意掌握喷涂气压、喷涂距离、喷枪移动速度、喷涂角度、喷幅重叠、喷涂路线等基本技术要领。

（1）喷涂气压。

喷涂前对喷雾的测试非常重要，一般来说，气压低，易造成涂料雾化不足，飞漆颗粒粗，易造成涂膜在物面上产生流痕；气压高，涂料雾化充分，飞漆颗粒细，易造成涂面不够湿润，产生涂膜光泽不足或粗粒（快干型涂料较明显）。因此，气压要调节在适当范围，确保雾化均匀且细雾化，一般喷涂气压为 0.35～0.5 MPa。喷涂前应先测试喷出的飞漆颗粒，调节喷涂气压至均匀细雾化。测试喷涂雾流是否均匀，可将喷雾流调节到水平状，喷涂于测试面直至流下，检查流痕的长度可判定喷雾流是否均匀。测试喷雾流如图 4-23 所示。

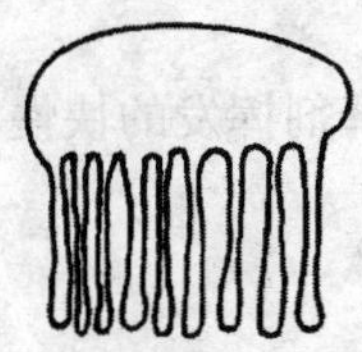
（a）流痕长度基本一致

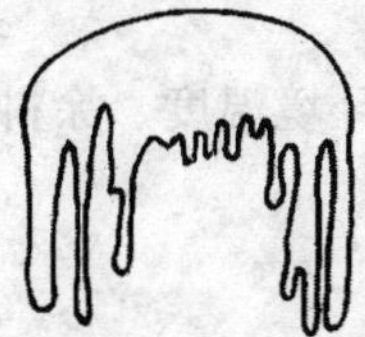
（b）流痕两边长中间短

（c）流痕中间长两边短

图 4-23　测试喷雾流

喷雾流的判断及解决办法如下。

① 流痕长度基本一致，说明喷雾流是均匀的，如图 4-23（a）所示。

② 流痕两边长中间短，如图 4-23（b）所示。一为喷幅开启太大，调节幅度针调节螺钉；二为气压太高，降低气压，反复调节这两项，直至喷雾流均匀。

③ 流痕中间长两边短，如图 4-23（c）所示。说明涂料流量大、气压低，应调节针塞调节螺钉，减少涂料流量及适当提高气压，反复调节，直至喷雾流均匀。

（2）喷涂距离。

应根据所使用的涂料干燥速度来决定，喷涂距离过远会造成涂层表面粗糙、橘皮、光泽不足，以及涂料浪费；喷涂距离过近会造成强气流使涂层表面产生波纹以及扇形喷幅变窄，单位面积的涂料量增加，易形成流痕。一般喷涂距离应保持在 20～25 cm。在实际操作中还需要根据施工环境温度、喷枪移动速度、涂料黏度等灵活掌握。在平行喷涂时，喷枪应与被涂面保持固定的距离。不正确的喷涂距离如图 4-24 所示。

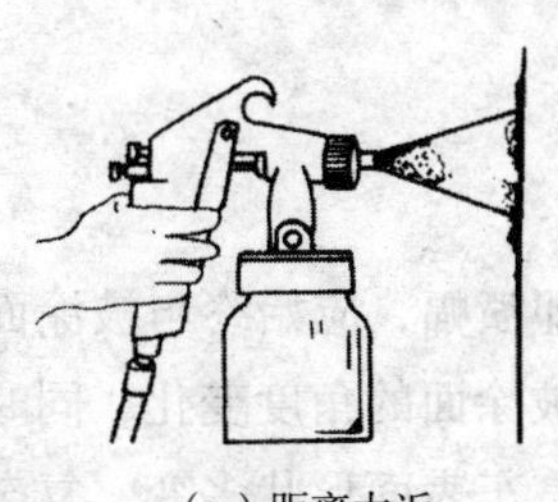
（a）距离太近

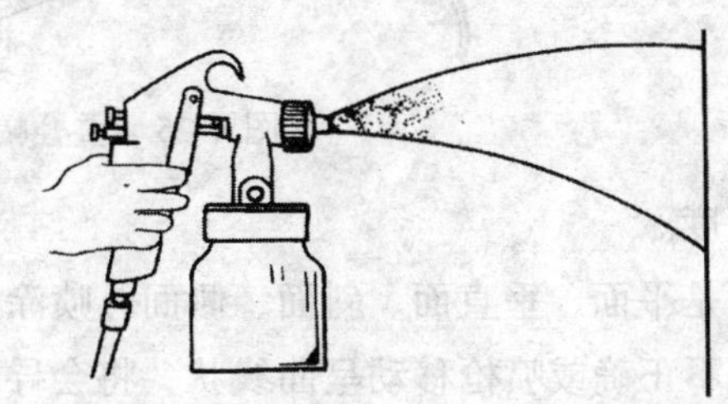
（b）距离太远

图 4-24　不正确的喷涂距离

（3）喷枪移动速度。

由于涂料的性能各不相同，干燥速度的差异，施工要求也各不相同，但喷枪移动速度都要保持移动速度均匀、稳定，否则会导致涂层厚薄不均匀。喷枪移动速度过慢会造成涂膜流痕；过快会使涂膜粗糙无光、橘皮以及涂层过薄。掌握喷枪移动速度的要点如下：

① 根据涂料的性能，一般干燥速度较快的涂料（如溶剂挥发型涂料的硝基漆、过氯乙烯漆、热塑性丙烯酸漆）的喷枪移动速度以 30～50 cm/s 为宜，干燥速度较慢的涂料（如烘漆、双组分涂料）的喷枪移动速度以 40～60 cm/s 为宜。

② 施工要求厚涂时，喷枪移动速度应减慢。

③ 一般第一道薄层预喷时，喷枪移动速度要快，最后一道喷枪移动速度应减慢，使涂层表面光滑、丰满。

在实际喷涂操作中，还应考虑喷涂环境温度、涂料的黏度、稀释剂挥发的快慢、喷枪喷出涂料量等因素，灵活掌握喷枪移动速度。

（4）喷涂路线。

喷涂方法有纵行重叠喷涂法、横行重叠喷涂法和纵横交替喷涂法，目前采用横行重叠喷涂法比较普遍。由于汽车物面形状不一，喷涂时应考虑到喷雾飞扬对涂膜光滑度的影响，因此在喷涂时应先喷高处（如车顶），后喷低处。先喷涂边角难涂的部位，再喷涂其他部位。喷涂距离稍近，喷幅稍窄，喷枪移动速度稍快，以使涂膜厚度保持一致，然后再喷涂平面，喷涂垂直面时，应由左到右、由上到下横行喷涂。

（5）重叠幅度（喷截面）。

每一层喷涂幅度与上一层喷涂幅度必须重叠 1/2～3/4，喷涂一遍即等于喷涂两次至四次，既提高了工作效率，又保证了喷涂质量，此方法较适宜大型物面的喷涂。重叠幅度如图 4-25 所示。

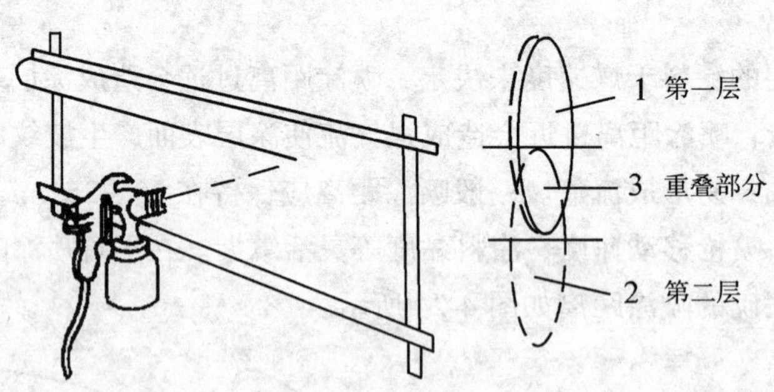

图 4-25 重叠幅度

（6）喷涂角度。

无论被涂面是平面、垂直面、斜面、侧面，喷涂的喷雾流即喷幅，应始终与被涂面保持垂直。若喷涂角度不正确或喷枪移动呈曲线状，将会导致喷幅与被涂面的角度变化，同时也会使喷枪距物面的距离不等，而产生涂膜不均匀。在实际操作中，汽车表面形状多变、复杂，较难避免产生涂膜不匀，但应力求正确。喷涂时喷枪转动是一种喷涂技巧，应用在一般局部补涂中，例如，在补涂边缘处及要求涂膜较薄时使用。喷涂角度如图 4-26 所示。

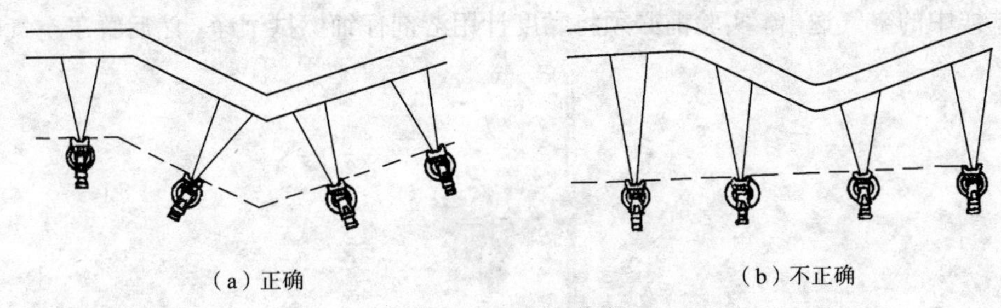

（a）正确　　（b）不正确

图 4-26　喷涂角度

6. 高压无气喷涂

高压无气喷涂自 20 世纪中叶开发以来，由于涂料喷出压力高，雾化效果好，漆雾飞散少，喷涂效率高，很快被推广采用。

为了适应各种涂装的需要，开发了各种形式的高压喷涂新工艺，例如静电无气喷涂、加热型无气喷涂。在喷涂高黏度和高固体分涂料时，改善了雾化效果，不仅可获得较厚的涂膜，也提高了涂膜的装饰效果。

1）高压无气喷涂设备的选用

高压无气喷涂设备按驱动方式、压力比、涂料的喷出量来区分，有几大系列多种型号，应根据所选用的涂料特性、被涂物的形状大小、生产批量规模等进行选用。

2）高压无气喷涂的工艺

高压无气喷涂的工艺适用于各种涂料，关键是合理地选择涂料喷嘴口径、喷涂压力等工艺条件。通常喷涂涂层薄、黏度低的涂料，应选择口径小的喷嘴；喷涂涂层厚、黏度高的涂料，应选择口径大的喷嘴；被涂物形状小、幅面窄的，应选择喷嘴喷雾图形幅宽较小的喷嘴；被涂物形状大、幅面宽的，应选择喷雾图形幅宽较大的喷嘴。

为了符合环境保护的需要，现推广高流量低压力（HVLP）的环保喷枪。其特点是降低气压减少过度雾化带来的溶剂挥发及尘埃散失，减少涂料从工件上回弹。这样既减少了涂料损耗，又减少了对工作环境的污染和对工人健康的伤害。

7. 黏度计

涂料的稀稠用涂料黏度的高低（大小）表示。汽车修补涂料一般适宜用涂—4 杯（涂—4 黏度计）来测量。

涂—4 黏度计用于测定黏度在 10～150 s 之间的各种涂料产品，涂—4 黏度计的黏度测定值近似于美国福特 4 号杯的黏度测定值。

涂—4 黏度计有金属和塑料两种。其上部为圆筒形，下部为圆锥形，底部有不锈钢制的可以更换的漏嘴，圆筒上沿有杯形凹槽，供多余试样溢出。黏度计容量为 100 mL，涂—4 黏度计如图 4-27 所示。

涂—4 黏度计的操作步骤如下：

（1）将黏度计装置于带有两个调节水平螺钉的支架上。

（2）每次测定前过滤涂料样品。将涂料试样搅拌均匀，温度至（25° ±1℃），然后静置 2 min 以上，使试样中的空气逸出。实验前必须将黏度计用溶剂仔细擦拭干净，然后置于空气中干燥。

图 4-27　涂—4 黏度计

（3）将黏度计放置在高水平位置。在黏度计漏嘴下面放置容量为 150 mL 的容器。用手指堵住漏嘴孔，将涂料试样倒满黏度计。松开手指，使试样漏出，并同时开动秒表，当试样漏出中断时，停止秒表。试样从黏度计流出的全部时间（s）即为试样的黏度。

（4）用同样方法再测试一次，两次测定值之差不应大于平均值的 3%，此平均值即为测试结果。

8. 抛光机

抛光机的分类方法很多，根据不同的使用要求和环境可选用不同的抛光机，以下介绍几种抛光机的分类方式。

（1）按动力分类，有电动和气动两种。抛光机一般有磨砂和抛光双效功能，安装砂轮可以打磨金属材料，换上研磨盘和抛光垫又能进行涂层表面抛光，转速一般可调整。

（2）按抛光盘的材料，抛光机可分为三种。

① 纯羊毛。纯羊毛为传统的抛光材料，一般用于普通漆面的抛光。由于其研磨力强，用于清漆层抛光时要谨慎操作。

② 人造纤维。人造纤维较羊毛柔软，一般用于普通涂层表面和清漆层的抛光。

③ 海绵。海绵一般用于普通涂层表面和清漆层的抛光。

以上三种抛光盘一般有三种颜色，各种颜色的抛光盘有不同的功能。

4.2　空气压缩机和空气分配系统

空气压缩机是气动工具的动力源。它以电动机为动力，将空气压力从普通大气压升到更高的压力，是汽车修理厂必不可少的设备。目前使用的空气压缩机根据机械运动的方式基本分为三种，即活塞式、螺杆式、隔膜式。

1. 空气压缩机的构造、工作原理

1）隔膜式空气压缩机

隔膜式空气压缩机适用于为小型喷枪或设备供气，但不适合汽车修理所需消耗较大气量和较高气压的设备供气。隔膜式空气压缩机的内部，有一张膜片绷在极浅的压缩腔的孔口处。电动机转轴上的偏心轮带动与膜片相连接的平板，进行推拉膜片，使膜片上下运动。当膜片被推向下时，空气被吸入膜片上方的小腔内，当膜片被推向上时，被吸下的压缩空气腔内的空气受到挤压，并被排进储气罐和供气系统内。

膜片式空气压缩机每一个工作循环只能压缩极少量的空气，压力范围在 0.2～0.3 MPa，但上下运动速度极快，每分钟能超过 500 个冲程。膜片式空气压缩机工作原理如图 4-28 所示。

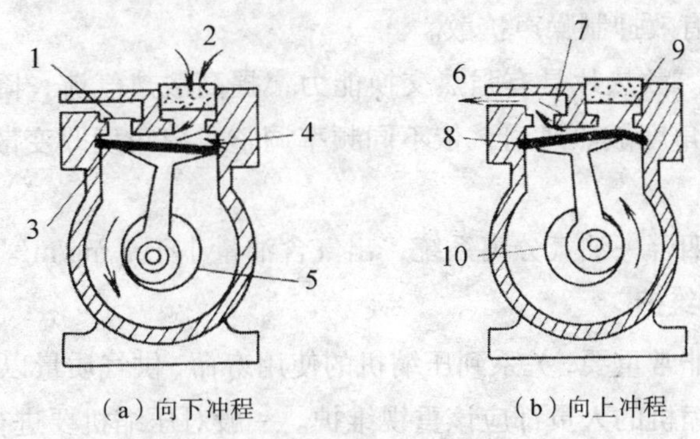

（a）向下冲程　　（b）向上冲程

图 4-28　隔膜式空气压缩机

1—进气阀门打开/排气阀闭合；2—空气进入压缩腔；3、9—膜；4、8—进气阀；5、10—偏心轮；6—压缩空气被迫进入空气管；7—进气阀门/排气阀打开

2）往复活塞式空气压缩机

活塞式空气压缩机是利用活塞的往复运动来压缩空气，并不断提高压力。其特性为气量中等；性能随寿命的延长而减退；油或油蒸气会进入空气管路。根据生产情况和需要，所需的空气量和压力值是各不相同的，可选择单缸及多缸及一级压缩或二级压缩的活塞式空气压缩机。压缩空气由进气阀直接进入储气罐，为一级压缩式；空气压缩后由排气阀再进入高气压缸，经二次行程压缩后，由高气压排气阀送入储气罐，为二级压缩式。

双级压缩机在 0.7～1.4 MPa 的压力范围内提供稳定压缩空气的性能，能很好地满足中等气量要求的单位使用。活塞式空气压缩机比膜片式空气压缩机更耐用，而且能提供足够的压缩空气。适合耗空气量较多和压力较高的喷涂设备、气动设备，可铺设气管供全厂同时使用。

3）螺杆式空气压缩机

螺杆式空气压缩机通过两个转子的高速运动产生压力。这种的空压机风压风量恒定，且噪声较小，气量大，是新一代空气压缩机，具有美观、高效、低速、低噪声、节能、自动化程度高等优点。螺杆式空气压缩机的工作效率和可靠性很高，在汽车修理行业将有逐步取代活塞式空气压缩机的趋势，适用于耗气量大的修理厂。

螺杆式空气压缩机的结构特点如下。

（1）计算机控制系统。控制面板的仪表板设计清晰、操作简易，并有灯光显示、电源指示、

运行指示、排气温度、排气压力、开机、关机以及电器故障、空气滤清器阻塞、油气分离器阻塞等故障自动显示，全自动安全保护。

（2）新型的滤清材料，双层尼龙进气过滤网，高温不易变形；能捕捉大量纤维丝及灰尘，避免异物吸入，堵塞冷却器；易拆洗，能重复使用而降低成本，减少污染，延长使用寿命。

（3）合金材料与螺旋转子。合金材料耐高温、耐磨损，具有耐用、低噪声、高效率的特性。螺旋转子出气量大，支撑结构减轻了轴承功率负载，轴承寿命延长，运转顺畅，振动大幅降低。

（4）降温设置保障安全。温度感应开关，可检测油槽内机油温度，为防止故障时，导致机件烧毁，特设有强制高温跳闸保护，并设有电器指示灯，方便检查检修。

（5）有效的消音装置。消音材料内衬及消音箱设计，有效防止了机械运转噪声外传；低转速高角度排热风扇，能有效抑制噪声扩散。

（6）铝合金冷却器。散热片具有强热交换能力，提高散热气流，降低气流噪声；轻量化减轻电动机负荷；可变角度散热风扇，依不同频率调整风扇角度改变散热风量达到最佳散热效果。

（7）油气分离器。四合一油气分离系统，出气含油量小于 3 mg/m^3。

2. 空气压缩机日常维护

空气压缩机的保养非常重要，关系到压缩机的使用寿命、供气质量以及修理厂的工作效率，因此每一位使用空气压缩机的人员都应该重视维护。一般对压缩机要进行日保养、周保养和月保养，使压缩机时刻处于最佳状态。

1）日保养

（1）放掉储气罐、油水分离器、气压调节器中的冷却水。

（2）检查曲轴箱的润滑油面的高度，确认是否在油尺标线之间。

（3）清洗或吹干净空气压缩机上灰尘。

2）周保养

（1）检查安全阀性能是否良好，若不能正常工作应立即检修或更换。

（2）清洗空气滤清器，用防爆溶剂清洗毛毡、海绵等过滤材料，晾干后重新装好。

（3）清洗或吹干净汽缸、汽缸头、电动机及其他易积尘部位。

3）月保养

（1）添加或更换曲轴内的机油，一般空气压缩机每工作 500 h 或两个月更换一次。

（2）检查压力开关的开机、关机设定点。

（3）检查空气压力表是否正常。

（4）检查 V 带状况，并调整合适松紧。

（5）查看电动机转轴有无松动现象，并予以调整。

（6）查看空气压缩机的飞轮有无松动现象，并予以调整。

（7）检查所有阀芯或汽缸盖，不能有松动现象。

（8）检查空气压缩机附件、油箱及供气管是否有漏油、漏气现象。

（9）关闭储气罐排气阀，检查泵工作是否正常。

（10）检查机器在运转中有无异常噪声。

（11）检查空气压缩机在全负荷运转中的温度是否正常。

（12）检查所有电器及开关是否正常。

（13）对水冷式空气压缩机检查水源畅通状况。

3. 空气压缩机常见故障及排除

空气压缩机工作中会产生自然磨损、老化或由于维护不周、使用不当产生人为的损坏。一旦产生故障首先要查明故障原因，才能采取有效措施排除。空气压缩机常见故障原因及排除方法见表 4-2。

表 4-2　空气压缩机常见故障原因及排除方法

故障现象	产生故障的可能原因	排除方法
工作声音不正常	1. 组合阀未压紧 2. 阀片及阀片弹簧损坏 3. 组合阀的螺钉未拧紧，掉进汽缸中与活塞碰撞 4. 活塞在上止点时，活塞与组合阀下面的间隙太小，活塞与缸盖发生顶碰 5. 连杆小头磨损太大，活塞环在活塞槽内上下冲击 6. 连杆轴瓦松动，工作时产生冲击	1. 拧紧组合阀螺母 2. 更换损坏零件 3. 检查排除 4. 调整活塞与组合阀的问题 5. 更换连杆小头 6. 更换活塞环 7. 更换轴瓦
排气温度过高	1. 排气阀漏气或阀片小弹簧损坏 2. 排气阀严重积炭 3. 风扇转向不对 4. 冷却水量不足，水套、中间冷却器内积垢堵塞	1. 修理与更换小弹簧 2. 清洗 3. 检查电动机线路，更换接反线头 4. 清除积垢，增加冷却水
排气量不足	1. 滤清器堵塞 2. 汽缸活塞或活塞环磨损，间隙过大 3. 组合阀漏气 4. 阀片弹簧坏或卡住 5. 排气管路漏气 6. 活塞在上止点时，活塞与组合阀下面的间隙过大	1. 清洗或更换 2. 检查更换活塞 3. 修理或更换 4. 检查更换阀片弹簧 5. 拧紧管接头 6. 调整垫片
润滑油温度过高	1. 油量过少 2. 活塞环咬住，汽缸发生硬膜 3. 连杆轴承咬住	1. 检查加油 2. 更换活塞环 3. 检查更换轴承
功率消耗增大	1. 活塞、活塞环与汽缸咬住 2. 连杆衬套、轴承、曲轴轴承烧坏 3. 吸、排气道不畅，阻力增大产生能量损耗	1. 更换配件 2. 更换配件 3. 疏通吸、排气道

4. 空气分配系统

空气分配系统由储气罐、空气管道和各种装置组成，其中包括软管、固定管道、接头、阀门、空气滤清器、油水分离器、气压调节器、空气干燥器等装置，如图 4-29 所示。

空气分配系统中各部位的设置要科学，以便达到使用效率高以及安全生产。

1）空气压缩机的安装应遵循的原则

（1）空气压缩机尽可能安装在通风、清洁、干燥的地方。最好放在室内，以利用清洁的空气。

（2）空气压缩机进口处避免靠近有蒸气排放或潮湿的场所；墙和其他障碍物应距离空气压缩机 30 cm 以上，以有利于空气流动及有助于散热冷却。

（3）空气压缩机应水平放置，压缩机脚下要垫放减振垫片防止振动而损伤机械，飞轮一边应靠墙，防止伤及人身。

（4）空气压缩机尽可能放置在用气工作点附近，减少压降。

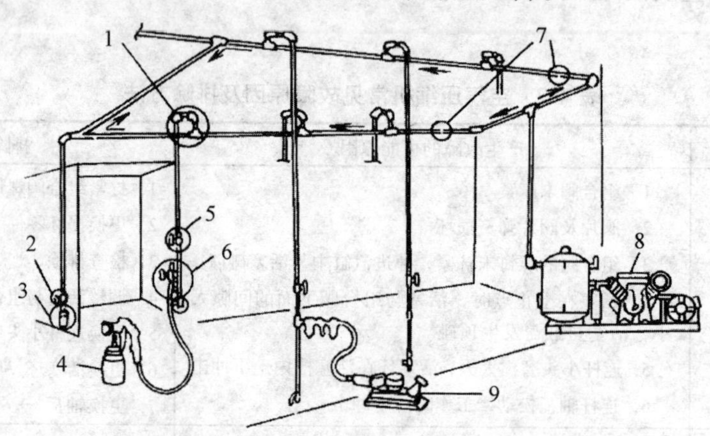

图 4-29　空气分配系统示意图

1—支供气管；2—截止阀；3—自动排水阀；4—空气喷枪；5—截止阀；
6—气压调节阀；7—主供气管；8—空气压缩机；9—轨道式打磨机

2）管路的设置

管路设置应考虑充分发挥设备的作用，以取得良好的效果。设置时应注意以下几点。

（1）主供气管道应逐步向末端倾斜，倾斜度为 1/100，以利于管道内的水排放干净。

（2）支供气管道应从主供气管道上方分出，可防止水进入供气管道。

（3）油水分离器应安装在主供气管道与空气压缩机相距 8～10 m 的位置，提高油水分离效果。

（4）主供气管道最低处应安装自动排水阀，支供气管道末端要有排气阀。

（5）供喷枪使用的支供气管管道应安装气压调节器。

3）空气控制装置

空气压缩机排出的气体中含有水、油及其他微粒，在喷涂时会使涂膜产生质量问题，而压缩空气的气压不稳定同样也会给喷涂工作造成麻烦。

（1）空气过滤器（油水分离器）。为确保获得高质量的修补涂层，除了涂料品质、涂装工艺、施工技术外，还必须配置必要的设备，以保证压缩空气干净、无水、无油、干燥。空气中含有水分，若直接用于喷涂作业，这些水分和油气会随着飞漆一起喷涂到工件表面上，使涂膜表面产生水泡和麻点，影响喷涂质量，因此，必须在空气压缩机的输送管道上安装油水分离器，起过滤空气的作用，目前已有集空气过滤与气压调节为一体的装置——空气转换器，也叫做油水分离或气压调节器，实际上就是把原来两个装置有机结合起来；它将油、水、脏物从高压气体中分离出来，输出清洁干燥的空气。气压调节阀可自动控制，确保气压稳定，同时还显示调节后的气压和进气管道的气压值；排水阀可排泄油、水及脏物。

油水分离器的类型一般有两种：圆柱形气筒油水分离器和叶片旋风式油水分离器，如图 4-30 所示。

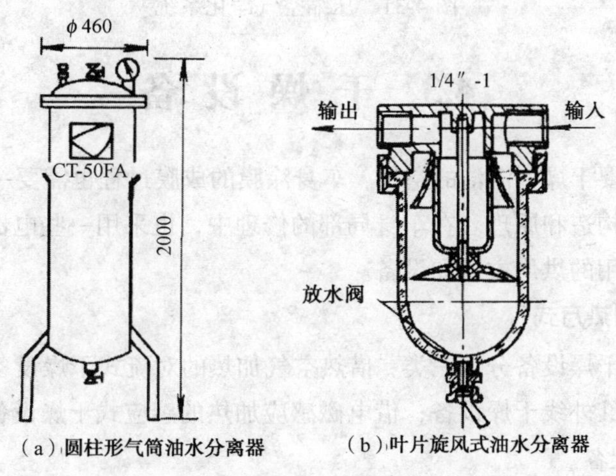

（a）圆柱形气筒油水分离器　（b）叶片旋风式油水分离器

图 4-30　油水分离器

圆柱形气筒油水分离器是一种有气密性顶盖的圆柱形气筒，气筒内放着几层薄薄的毛毡，在毛毡之间装满焦炭，或金属网、PVC 海绵等，当压缩空气通过时能去除细微的灰尘。水、气、油在筒内膨胀所导致的降温使水分、油气成为水滴、油滴。筒的底部有一个排放开关，水滴、油滴由此排出。此种油水分离器一般安装在排量较大的空气压缩机上。

叶片旋风式油水分离器利用叶片旋转产生离心力将油水从压缩空气中分离出去从而确保纯净而干燥的空气输送到喷枪。叶片旋风式油水分离器和微孔过滤器结合使用，效果会更好。

在使用时应注意保养，每日打开放水阀 1～2 次，将积存于杯中的油、水放掉，过滤杯和存水杯要定期清洗。圆筒式滤清器要定期更换滤芯或清洗金属网。

（2）压缩空气净化系统。由于经压缩机压缩的空气，通过排气阀的温度高达 100～150℃，气体降温后，混合在压缩空气中的油和水变成水滴和油滴就比较容易滤去，空气过滤器要安装在距空气压缩机 8～10 m 处，也基于这个原理，压缩空气净化系统如图 4-31 所示。

虽然质量好的空气过滤器能过滤掉大部分的水气、油气及微粒，但难免会有少量的无法滤去，会给高装饰涂层的喷涂造成涂膜质量问题，如涂膜表面产生缩孔、针孔及小凸点。降温空气干燥器组成的净化系统，能有效阻止水汽、油气及微粒通过。空气干燥器有多种类型，最常见的有化学式、除湿剂式（使用干燥器）和冷冻式。通过净化系统的一系列流程，能消除压缩空气中大于 0.1μm 的颗粒，水滴净化率可达 100%，油污净化率可达 99.99%。

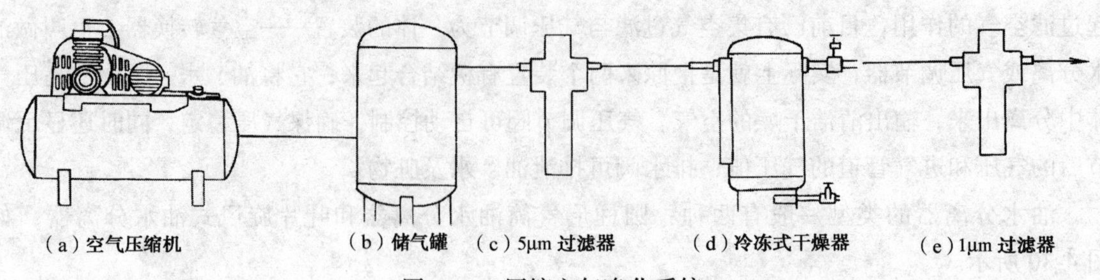

图 4-31 压缩空气净化系统

4.3 干燥设备

车身喷涂作业需要干燥、清洁的空气，车身涂膜的成膜过程也需要一定的温度，这里介绍常用的干燥的设备、构造和原理。在车身局部的修理中，也采用一些电器设备用来烘烤加温，所以这里也介绍了常用的烘烤方式和设备。

1. 干燥设备的加热方式

根据传热方式把干燥设备分为三类：借热空气加热的对流式干燥设备；借热辐射加热的热辐射式干燥设备，即红外线干燥设备；借电磁感应加热的感应式干燥设备。

1）对流式干燥设备

对流式干燥设备是利用热源以对流方式传递的原理制造的。

对流式干燥也称热空气干燥，利用空气为载热体，传递给涂层，加快涂层的干燥。一般来说，温度越高，涂层的化学反应越快，涂料干燥也越快。

对流烘干加热均匀，从而保证了涂层均匀干燥，烘干温度范围较大，设备使用管理和维护较为方便，运行费用较低。但是，对流烘干也有一定的局限性，如升温时间长、效率低；设备庞大，占地面积大；涂料表面成膜快，阻碍内部溶剂的挥发，易产生针孔、起泡、皱纹等涂膜病态。

2）对流式干燥设备的缺点

（1）热量的传导方向和溶剂蒸发的方向相反，涂层的表面受热后干燥成膜，而涂层下面的溶剂蒸气不易跑出，干燥速度变慢。如果溶剂蒸气的压力克服不了涂膜的阻力而留在里面，会使涂膜起泡或不干；溶剂的蒸气压力大于涂膜的阻力时会冲破涂膜表面而产生针孔，使涂膜的质量受到影响。

（2）烘干时，必须将烘房内的空气加热，热量消耗大。

（3）由于空气的导热性差，涂层的导热性也差，故对流式干燥的速度不快。

2. 干燥设备

涂料的干燥设备按其外形结构可分为室式（烘房）、箱式（烘箱）、通道式（烘炉）等几种。按其操作方式可分为周期式和连续式；周期式的干燥室，适于单件或小批量生产，干燥时用人工或传送装置将工件送入室内，干燥完毕再取出。连续式干燥室适宜大批量的流水作业生产。涂装工件置于传送装置上，由干燥室的一端以一定的速度通过干燥室，从另一端出来；这种干燥设备的利用率较高。

干燥室一般用双层铁板制成，中间填充矿渣、石棉等保温材料。如用砖砌必须注意隔热问题。干燥室内还要有通风装置，以排除溶剂蒸气，加速干燥和防止火灾；另外，还附有控制温度的指示仪等。

干燥室应根据干燥作业的方式、工件的外形尺寸、加热方式等要求进行设计。

干燥箱与干燥室的主要区别在于它的外形尺寸较小，一般为箱式结构，它适宜于干燥小型工件，如仪器仪表元件、零部件等。

1）对流烘干室

对流烘干室一般由烘干室体、空气过滤层、温度控制系统等组成。

图 4-32 是燃油式对流烘干室结构的简单示意图。

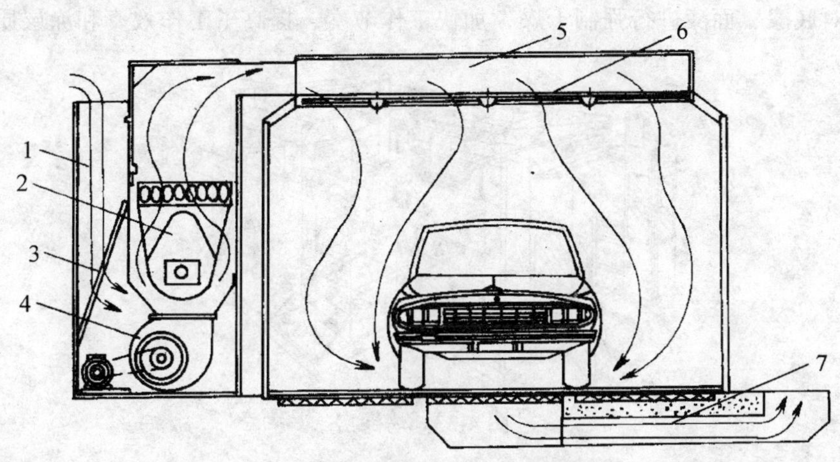

图 4-32　对流烘干室结构

1—进风；2—空气加热器；3—空气过滤器；4—风机；5—压力风道；6—空气过滤层；7—排风道

（1）室体。烘干室室体的作用是使循环的热空气不向外流出，维持烘干室内的热量，使室内温度保持在一定的范围之内，室体也是安装烘干室其他部件的基础。

（2）加热系统。对流烘干室的加热系统是加热空气的装置，它能把进入烘干室内的空气加热至一定的温度范围，通过加热系统的风机将热空气引进烘干室内，并形成环流在室内流动，连续地加热工件，使涂层得以干燥，为了保证烘干室内的溶剂蒸气浓度处在安全范围之内，加热系统需要排除一部分带有溶剂蒸气的热空气，同时，需从室外吸入一部分新鲜空气给予补充。加热系统一般由进风管、空气过滤器、空气加热器和风机等部件组成。

（3）空气帘装置。通道式出口始终是敞开的，为了防止热空气从烘干室流出和冷空气流入，减少烘干室的热量损失，提高其热效率，通常在烘干室进出口处设置空气帘装置，用风机喷射高速气流而形成空气帘。

（4）温度控制系统。温度控制系统的作用是调节烘干室内温度的高低和使室内温度均匀。对流烘干室温度控制有循环热空气量调节和循环热空气温度调节两种方法。

2）电热烘干室的结构

电热烘干室是一类最简单的热空气对流式烘干室，主要用于烘烤小型涂装工件。电热烘干室规格很多，烘干室内部装有 1000～3000W 的电热丝多根，分布在烘干室内部两侧及底层。室体分内外两层，层间填满隔热保温材料，如石棉粉、玻璃丝等。烘干室的顶部装有排雾管及测温用的热电偶。烘干室内部的底面，装有小钢轨两根，便于推盘出入烘干室。烘干室门上装有一个玻璃小窗，便于观察工件涂层在烘干室内的干燥情况。

用电热作为烘干室的能源不污染环境，但电量耗量大，使用成本高，目前汽车修理厂广泛使用燃油为能源的烘干室。

3. 汽车喷涂烤漆房

烤漆房集喷漆与烤漆为一体，常称为烤漆房，如图 4-33 所示。其优点是节约场地，使用方便，同时可对底漆、面漆进行强制干燥，加快工作节奏，提高了工作效率和涂层质量。

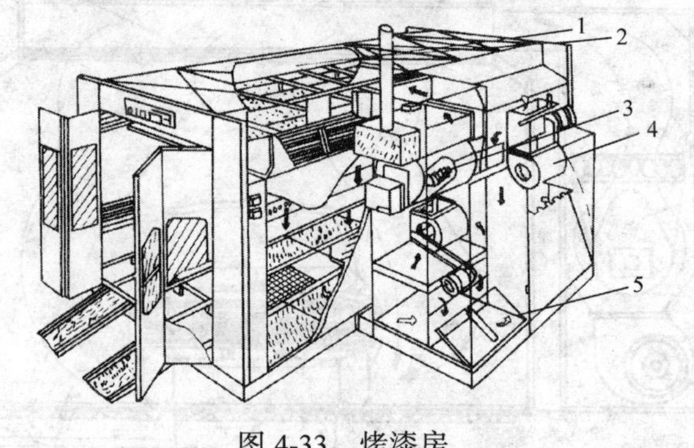

图 4-33　烤漆房

1—顶部过滤棉；2—日光灯；3—燃烤器；4—排风机；5—二次过滤网

烤漆房的种类繁多，根据能源来分有燃油型和电热型；根据干燥方式有热空气对流干燥、远红外线辐射干燥等。目前国内燃油式热空气对流干燥的低温烤漆房在汽车修理行业中使用较为普遍，该烤漆房采用高性能钢组件式房体，无接缝式无机过滤棉，配合进风过滤系统及正风压，可保证施工环境的洁净。房体采用夹心式隔热棉提供极佳的保温效果，烤漆房内的照明设备采用无影灯式日光照明灯管，其发出的光谱与太阳光线相似，为涂装工对颜色的辨别提供了良好的光源。应用计算机技术全自动操作控制，能自动控制风压、温度、时间。在结构上采用了过压原理，室内风压高于室外 4～12Pa，使灰尘不能进入室内，再加上进入室内的空气经多次过滤，因而空气净化度较高。在烘烤过程中空气循环加热，每次大约补充 10%的新鲜空气，这样热量利用充分，节约能源。废气经过过滤后排放于室外，排放浓度符合环保标准要求。适合于各种轿车和面包车在生产和维修涂层的喷涂和烘烤。

1）烤漆房特点

（1）空气流动好，新鲜空气不断进入，废气及时排出室外。根据喷涂状态和烘烤状态的需要调节排气管和进气管，在喷涂状态时排出废气，烘烤时则不断循环空气并将热空气反复使用，保持温度节约能源。

（2）室内温度可调节，烘干时最高 80℃。室内温度均匀，每一点的温度变化范围为 ± 2℃。升温迅速，一般室温从 20℃升高至 60℃不超过 20 min。

（3）空气循环量可达 12000 m³/h。喷涂室正压送风时，其送风气压一般保持室内高于室外 4～12 Pa，可通过调风门调节。

目前使用的烤漆房一般采用气流下行式，即空气从天花板进入，经三级（粗、中、细）过滤后干净、干燥。适温的空气，经过车顶向下从车身两侧的排气地沟排出，减少涂膜缺陷和喷涂操作人员可能吸入的飞漆和溶剂蒸气，有利于涂装工的身体健康。

由于喷涂烤漆房的喷与烤在同一室体进行，喷涂时与烘烤时空气流速是有差别的，一般喷涂时空气流速最好控制在 0.3～0.6 m/s。对涂膜进行加温烘烤时空气流速应在 0.05 m/s 左右。

在对汽车涂膜加温烘烤时，烘烤温度要适当控制，汽车修补涂装温度调节一般以被烘烤物体表面温度为 70℃为宜，若温度达到 85℃以上会造成仪表、塑料件变形等，若 90℃以上则可能引起燃油起火、爆炸等。

2）烤漆房的日常维护及遵循的原则

（1）烤漆房内不能进行任何泥子打磨及其他打磨工作，也不能进行抛光作业。

（2）必须经常检查过滤系统，按照规定时限更换各级过滤网或过滤棉，定期检查排风系统、加热系统、电器系统、控制系统以确保安全、正常运行。照明设备损坏应及时修复。

（3）喷涂工作结束后烤房内的喷涂工具、喷涂材料清理出烤房后，才能加温烘烤。

（4）烤漆房内工作结束，车辆驶离后应清除一切杂物，如遮盖纸、残留废弃物，并擦净地板、墙壁及烤漆房内的其他设备，压缩空气输送软管要盘好。

（5）除每天的日常清扫外，定期对烤漆房进行彻底保养。

（6）更换因高温而老化的门封条，防止因破裂而使灰尘吸入和热量流失。

喷漆房最重要的系统是空气滤清系统，它不仅关系到喷涂质量，还关系到保护涂装工的身体健康及环境保护。因此烤漆房的空气滤清系统的维护非常重要。目前喷漆房常用的空气过滤系统按去除飞漆和尘埃的方式主要分为湿式过滤法和干式过滤法两种。

3）湿式空气过滤系统

湿式空气过滤系统能滤清喷涂时产生的飞雾，并不受涂料黏度和干燥速度的影响，工作过滤容量大，能减少更换过滤网、棉的费用，并符合环保要求，广泛应用于气流下行式喷漆房。在湿式空气过滤中主要有喷淋式、水旋式、水帘式、无泵式等，其中水帘式处理效果最好，喷漆房的废气经过水帘式清洗，与空气混合在一起的飞漆被水从空气中冲洗掉而净化，同时导流板按与空气流动相反方向转动，利用离心力的作用收集小液滴，使空气干净、干燥。

4）干式空气过滤系统

干式空气过滤系统主要使用纸、棉、玻璃纤维、聚酯纤维等，对空气进行过滤，其工作原理类似于滤网，当空气通过这些过滤材料时，将其中的飞漆、尘埃及其他污物分离掉，有些过滤材料能粘住小纤维或捕获飞漆，如玻璃棉过滤材料具有捕获飞漆的特征。目前汽车修理行业广泛使用的喷涂烤漆房，以使用干式空气过滤系统为多，通过粗滤、中滤、细滤三级过滤的有效措施，去除飞漆率达到 99.8%，并能全部滤去人眼在涂膜表面所能见到的最小尘埃（10μm 粒径），有效防止在涂膜表面产生粗粒的缺陷。使用时要经常检查过滤材料的过滤状况，并清洗或更换过滤材料。虽然购置安装时费用比湿式过滤系统低，但更换过滤材料需要一定的费用。

4. 辐射式干燥

辐射是热传递的一种方式，这种加热方式是将热量转变为各种波长电磁振动的辐射能，其过程称为热辐射。利用热辐射干燥物体的方法，称为辐射式干燥，以红外线为辐射热源的干燥设备，称为红外线干燥。

辐射干燥原理是通过热辐射加热涂层加速涂膜干燥，通常使用的是红外线加热设备。

辐射式干燥的特点是辐射热不需任何中间介质（空气、液体），而靠电磁波传播热量。由辐射器发出的红外线（辐射能）直接辐射到物体表面被吸收后转变为热量。它不受周围介质的影响，因而有很高的热传递效果。与对流热干燥的区别是红外线穿透涂膜后，红外线能量被吸收在金属上，并且转化为热量。热的金属重新辐射热量于整个涂膜，而使涂膜中稀释剂、溶剂等蒸发而干燥。

日光通过三棱镜，可分为赤、橙、黄、绿、青、蓝、紫七色可见光，在红色和紫色光两端还存在着不可见光，即红外线和紫外线，它们都是电磁波，区别仅是波长不同。

红外线与可见光一样，都是直线传播的。当它辐射到达物体时，会出现以下三种情况，一部分在物体表面被反射，一部分被物体所吸收，其余部分透过物体。被吸收的红外线辐射能量就转变成热能，使物体温度升高，被吸收的能量越大，物体的温度升得越高。

到达被加热物体上的红外线辐射能量与红外线传播的距离有着密切的关系。红外辐射源至被加热物体之间的距离每增加一倍，达到物体的红外辐射能量便减少到原来的 1/4。所以应用红外加热时，辐射源与被加热物体之间的距离应小一些。

红外加热的效果，取决于被加热物体吸收红外线辐射能量的多少，这就需采用辐射率大的材料做辐射源和缩短辐射的距离，使到达被加热物体的红外辐射能量尽可能地大；同时，被加热物体的红外线吸收率也要大，以吸收尽可能多的辐射能量。

红外线辐射使涂料吸收能量产生热量，溶剂由内向外挥发，热能损耗小。涂层干燥内外一致、透彻，有利于提高涂层质量。远红外线比近红外线更适合用于涂料的干燥。远红外线辐射干燥速度快，时间是热空气对流干燥的 1/10、近红外线辐射干燥的 1/2。红外线辐射无气流的流动，减少了尘埃沾上涂面的可能性。设备投资费用低，高效、节能、无污染。但对形状复杂的物件，辐射距离会产生远近不同，导致同一物体不同部位干燥快慢有差异。

1）红外线干燥特点

（1）干燥速度快并由于自内层向外干燥，油漆溶剂易挥发，因而可大大缩短干燥时间，一般可提高效率 2～5 倍。

（2）干燥质量好，涂层干燥均匀，可避免或大大减少由于溶剂蒸发而产生的针孔、气泡现象。

（3）升温迅速，大大缩短了烘干的时间。

（4）红外线干燥设备结构简单，效率高，可节约设备投资和占地面积。

（5）红外线辐射具有方向性，可用于局部加热。

（6）红外线以直线运行，因此要尽量使工件表面受到红外线的直接照射，才能取得良好效果。

2）影响红外线辐射干燥速度的因素

（1）辐射源与受热面的距离应根据涂层厚度和环境等状况，并参照厂家设备说明书选择最合适的有效距离。

（2）受照射面的反射率和吸收率因物质的颜色不同，对红外线的吸收率不同，深色的比浅色的干燥快。用对红外线吸收率最低的抛光铝板做成干燥室的反光装置，可更有效地利用辐射热的效能。

（3）涂装工件的重量。工件越重，干燥时热量消耗越多，干燥越慢。

红外线干燥的温度，在不影响涂膜性能的情况下，应尽可能提高一些，这样可以缩短干燥时间。

3）红外线辐射器的种类

（1）红外线灯泡。红外线灯泡是利用钨丝加热到 2500 K 产生强烈的辐射线。目前市场出售的灯泡有 220 V、250 W 和 220 V、500 W 两种。红外线灯泡的热效率较低，成本高，但结构简单，控制方便。

（2）金属管状电热元件。在金属管内放入螺旋形的电热丝，管的空隙部分填充导热绝缘氧化物，通电后使金属管加热到一定温度而产生辐射线。这种辐射器的特点是坚固耐用、质轻、体积小、寿命长并可根据烘道形状和工件排列方式进行弯曲，配置成理想的形状。

（3）金属板式红外线辐射器。这种辐射器与管状电热元件组成基本相似，有所不同的是将管状改为板形，或者将管状元件装入板内。

电热板材料为铸铁和钢板，规格有方形 300 mm×150 mm×10 mm，200～1000 W；圆形 D125～D180 mm，500～1000 W；铁板表面温度约 600℃，产生波长为 3.3～10 μm 的红外线。它具有辐射面大、温度均匀等特点。

（4）碳化硅管红外线辐射器。这种辐射器的外管用碳化硅和陶土等烧制而成，管内装置氧化铝螺杆，两端各装有一个氧化铝堵头。在螺杆上缠绕电阻丝，通电后加热碳化硅外管而产生红外线。

这种辐射器的辐射效率高。使用结果证明这种辐射器对涂料烘干有较好的效果。

碳化硅管耐温最高，可达 1700℃，使用寿命长，同时其热惰性小，在 30 min 后即可达通常使用温度。另外，电热丝烧断后易于更换。

（5）碳化硅板状红外线辐射器。这种辐射器是将电热丝均匀分布在具有凹槽的碳化硅板内而成，它与管状辐射器有相同的特点。同时，辐射面大，适于大型工件烘干用。

（6）煤气红外线辐射器。这种辐射器是由通入煤气的多孔陶瓷板，外设点火电热丝组成。这种辐射器是利用经济的煤气作为热源，使用明火加热，可使烘道达到较高温度，但存在易燃和爆炸的危险。

4）远红外线加热干燥

所谓远红外，就是指在红外线波长的范围内波长较长的一段红外线，一般为5.6～1000 μm。由于远红外辐射的波长与涂膜物质的分子振动频率相一致，引起涂膜分子产生激烈的共振现象，因而远红外干燥比一般红外线干燥能取得更好的效果。

远红外干燥的特点：

（1）节约电力30%～50%；

（2）产量提高2倍以上；

（3）缩短干燥时间50%左右；

（4）质量大大提高；

（5）容易控制烘干温度；

（6）投资少，安装快；

（7）寿命长，维护方便，操作简单、安全，可改善劳动条件等。

5）各种干燥炉、远红外辐射材料的组成和配置

红外辐射源有：红外线灯泡、金属电热管、碳化硅电热板及煤气红外线辐射等。目前，使用较多的有金属电热管和碳化硅电热板两种。

在红外辐射源的外表面涂敷一层远红外辐射材料，即可作为远红外辐射源。

远红外辐射材料有硅溶液和水玻璃管等黏合剂和碳化硅、金属氧化物、氧化铬等。

（1）红外线辐射加热器。红外线辐射加热器虽有各种型号，但一般都由金属板、管，碳化硅板、陶瓷等组成。热源可用电力、煤气、液化气。红外线辐射加热器形状，一般分为管状、平板状及灯泡状三种。

辐射器一般包含两个基本部分——热源和红外辐射层。

热源的作用是给辐射层提供热能，使之辐射红外线。

辐射层的作用是在受到加热后，从其表面辐射出与其温度相对应的红外辐射能量，由有效辐射红外线的材料组成。

由于汽车修理行业的特殊性，要求干燥加热装置具有移动性、可变性，因此常使用可移动的红外加热装置（见图4-34）用于泥子层、底涂层、面涂层的局部强制干燥，提高工作效率。这种远外线加热器的性能特点主要有如下几个方面：独立开关控制；整个发射管可做360℃旋转；发射管支架由气压撑杆支撑，上下自如；电子计时器可分别控制预热、加热过程，自动转换；可烘烤汽车车身任何部位，如车顶、前后盖。

红外烤灯也可设计成方阵，用于局部修补加热用。由灯射出的红外线能展开成扇形，选择合适的有效距离，可使中心与外部的温度分布基本均匀，用多个组合可互补热量，以获得均匀的温度。

（2）连续式通道烘干室。连续式通道烘干室是广泛应用于大批量生产的一种烘干设备。目前，连续式通道烘干室大多采用远红外干燥或红外线干燥。根据输送带运行的路线和方向，可

分为单程和双程、水平单程和双程、垂直单程和双程的通道烘干室。在每个阶段的若干节烘干室内，配置数量不等的远红外线辐射装置。烘干室内设有排风装置，以排除烘干时蒸发的溶剂蒸气。由于在通道烘干室内，涂有涂层的工件是连续或间歇地移动的，移动装置可采用架空式单线和双线输送带、板式小车输送带、杆式输送带等各种不同的传送形式。

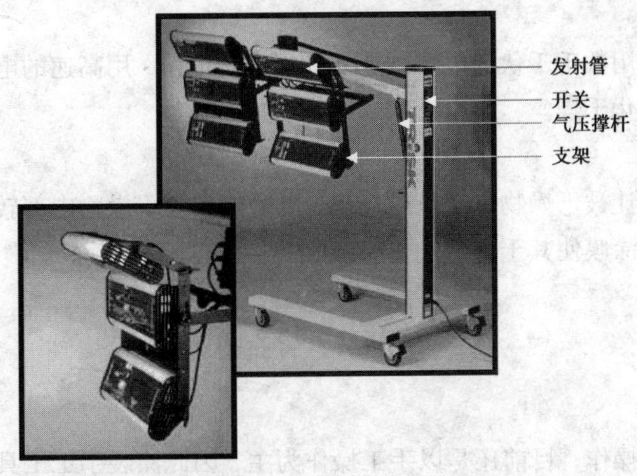

图 4-34　红外烤灯

（3）短波红外线烤漆房。短波红外线烤漆房，使用红外线的辐射原理加热，具有环保、高效、节能的特点。烤漆房为一工位轿车涂层烘干室，烘干室内短波红外线装置每边上下各一排，每排四个红外线装置，每个装置有 2 根红外线灯管的管状热源向涂层辐射热量。每个红外线灯管功率 1.2 kW，室内装有 16 个红外线装置，共 32 根红外线灯管，总功率 38.4 kW，辐射距离≥500 mm，可用于对整车涂层烘烤。独立式开关系统也可对汽车涂层的泥子层、底涂层、面涂层进行局部烘烤。短波红外线烘烤房如图 4-35 所示。

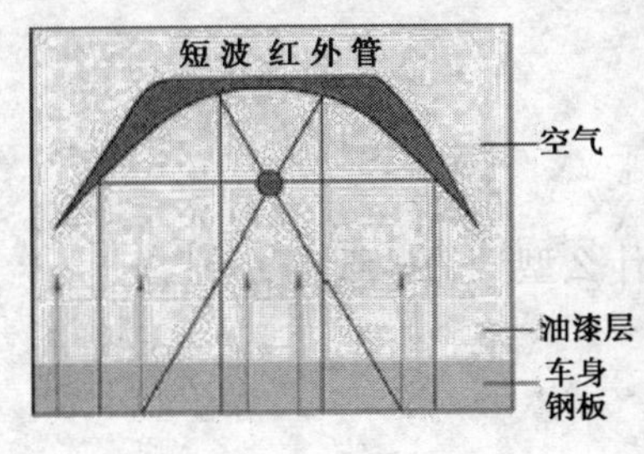

局部烤漆状态

烤漆状态

图 4-35　短波红外线烘烤房

该烤漆房升温快，在同样温度下比对流烘干效率提高 70%，可极大提高涂膜的干燥速度，并具有涂膜干燥彻底、内外一致的优点，提高涂膜质量，由于室内没有空气流动，干净无尘，减少涂膜沾尘的几率。

5. 其他干燥方法

1）紫外线干燥

紫外线干燥又称光固化，它是感光涂料——光敏漆的特定干燥形式。光敏漆是一种能在紫外线照射下几秒钟或几分钟内快速固化成膜的新型涂料。这种干燥技术可有效提高修补效率，适用于小修补或快修补工艺。

2）脉冲辐射固化

脉冲辐射固化指用能量很大的脉冲辐射器的脉冲射线照射涂层使之固化干燥。

3）电子束固化

电子束固化就是用数千千伏的电子加速器获得电子能量，用高速的电子束射线或称加速电子流辐射涂膜使之固化干燥。

4）感应式干燥

感应式干燥就是让被干燥物置于电磁场内，电磁能在被干燥物内部转化成为热能使被干燥物先受热，然后传向涂膜使其干燥。

小　　结

汽车涂层的修复操作，目前还是以手工操作为主，因此涂装手工工具和必要的设备仍是保证涂装质量的重要条件。涂装人员应了解、掌握涂装的主要工具的结构性能和使用方法。本章主要介绍了常用的涂装工具和设备以及操作中应注意的问题和适用场合。

在涂层修复过程中，涂料的成膜需要一定工作环境要求，例如，工作环境温度要求，工作环保吸尘系统，工作环境空气流动等。涂装操作人员应了解这些设备的使用方法，学会控制涂装作业的参数，从而保证涂层的修复质量。

思考题

1．涂装作业的工具有哪些？各类工具操作有什么特点？

2．空气净化器的原理是什么？

3．简述泥子打磨要领。

4．打磨泥子都有什么方式？其优缺点是什么？

5．简述打磨机的使用要领。在打磨不同的涂层时选用什么型号的砂纸？

6．简述各种打磨工具的运动轨迹。

7．供气系统由哪些主要部分构成？其作用是什么？

8．供气系统如何进行定期维护？

9．喷枪分为哪几类？各有什么特点？

10．喷枪由哪些部分构成？各起什么作用？

11．简述喷枪的使用要领。

12．常用油漆干燥有哪几种方式？其特点及使用场合是什么？

13．抛光机有哪些种类？如何选用？

14．辐射加热方式有什么特点？

第5章 汽车涂层修复

汽车修复的涂层状况是非常复杂的，车型、部位、使用的涂料、施工环境、操作人员的技术水平都不同，而且都直接影响涂层的修复质量。涂装管理人员和操作人员都应加强学习，熟悉各种类型的涂装工艺，提高操作技能，才能保证涂层的修复质量。

汽车涂层修复主要有以下几种类型：不需要使用涂料——打磨和抛光、零件更换后涂装、局部金属涂料涂层修复、局部素色涂料涂层修复、整车涂装等。

汽车涂层修复的主要工艺过程是涂装前表面处理、喷自干防锈底涂层、涂刮自干泥子、打磨、清洁、遮护、喷涂中间涂层、打磨、清洁、喷自干或烘烤型面涂层、喷双组分罩光清漆、抛光打蜡。

汽车车身涂装修复工艺过程是一个完整的操作过程，除了需要认真的工作态度以外，还需要科学的符合车身涂装特点的工艺手段。涂装修复人员应充分理解这些操作要点，才能保证涂装的修复质量。

5.1 车身涂装前表面处理

车身涂层的修复对需要进行涂装作业的车身表面必须进行表面处理，如图5-1所示，涂装修复人员用打磨机清理车身表面。

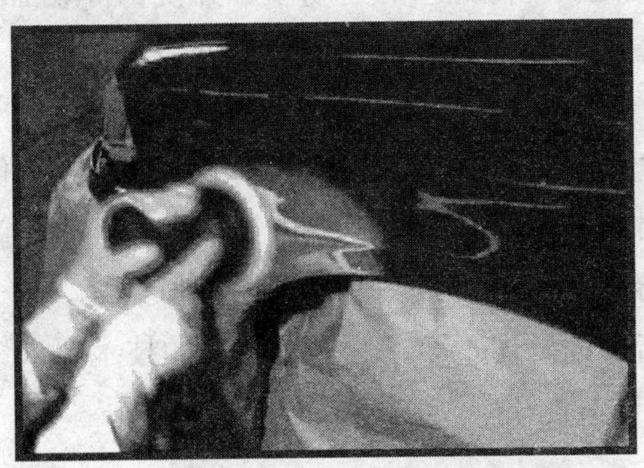

图5-1 涂层表面用打磨机清理

1. 涂装表面预处理的必要性

构件表面预处理是涂装工艺的第一步，表面预处理质量的好坏将直接影响涂层质量。表面经过预处理，使构件表面无油、无锈、无其他污物，并具有一定的粗糙度，能使涂料牢固地附着在构件表面上，表面预处理是保证涂层使用寿命及质量的重要环节。

1）保证涂层质量

涂装表面预处理的方法，应根据被涂物的用途、材质、要求和表面状况，采取不同的与之相适应的处理方法。如经脱脂、除蜡、除锈的黑色金属，可首先在其清洁的表面进行磷化处理，这样既可防止金属腐蚀，又能增强对涂膜的附着力；铝、镁等轻金属，可进行阳极氧化处理；铝及镀锌板也可做磷化处理。总而言之，表面处理完善，再加上合理选择涂料、正确的施工工艺、适合的使用环境，能在很大程度上提高涂膜质量，延长涂膜的使用寿命，充分发挥涂料的保护作用。用同一种材料的底材，采用不同的表面处理方法，涂以相同的底涂层和面涂层进行对比，其损坏期限和腐蚀情况各不相同。

表 5-1 是对铁材进行不同方式的表面处理，经过一段实验时间后涂层生锈情况的比较。

表 5-1 不同表面处理方法的锈蚀情况

序 号	处理方法	涂层锈蚀情况
1	不经除锈	60%
2	手工除锈	20%
3	机械除锈	15%
4	酸洗除锈	10%
5	喷砂磷化处理	仅有个别锈点

2）增强涂膜在构件表面上的附着力

附着力的强弱虽与涂料品种质量及合理选择配套有关，但表面处理好坏也是一个关键，若表面不清洁，存在水、油、粉尘、氧化层、锈、蜡及其他污物或不牢固的旧涂层，就会使新涂层附着不牢、起泡、开裂、脱落，进而使金属与空气中的有害气体、水分接触，而发生腐蚀造成损坏。表面处理的目的就是要清除这些有害物质，并使构件表面具备涂装所要求的粗糙度，增强涂层与构件表面的附着力，从而提高涂层的使用寿命。

3）提高涂膜的耐腐蚀能力

金属表面的水、油、锈及其他污物会降低涂料的耐蚀性能，它们存在于涂层与构件表面之间，会起到腐蚀金属表面和破坏涂层的作用。如铁锈不清除干净，就会在涂膜下促使钢铁进一步腐蚀并逐渐膨胀，最后导致涂层开裂或剥落，让钢铁与空气、水分、有害气体接触，加速钢铁腐蚀，如图 5-2 所示。若表面处理干净，达到涂装前的技术要求，就会提高表面耐蚀能力，延长涂层寿命，更好地保护构件。

4）改进涂层的外观

车身构件表面未予处理或处理不彻底，涂装后会产生许多病态，如被涂面有残留油污会使喷涂的涂层产生缩孔（鱼眼）、脱皮；蜡质会使新涂层不干、回黏、产生针孔；铁锈、氧化物会使涂层起泡，影响车辆外表美观，使涂料失去装饰作用和保护作用。良好的前处理也会减少面涂层的橘皮，提高涂层的外观质量。

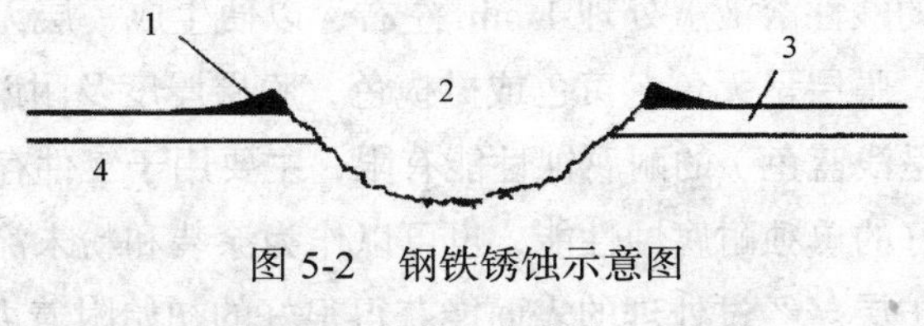

图 5-2 钢铁锈蚀示意图

1—锈蚀；2—潮气；3—涂层；4—钢铁

2. 汽车构件常用材料的特点及表面处理

汽车车身构件主要是以钢铁为主，随着现代汽车工业的发展，其他金属材料和非金属材料也越来越多地被使用，如铝及铝镁合金、镀锌及锌合金、镀铬、各种塑料等。由于不同材料各有其特性，要充分发挥涂料的保护作用，就必须了解其特性及相应的涂装表面预处理。

1）钢铁材料

钢铁产生锈蚀的主要原因是钢铁本身不稳定，容易氧化。车身表面会由于涂层开裂、脱落、碰撞使钢铁曝露在空气中，空气中的水分、氧气、工业污染物等就会使钢铁表面产生锈蚀。另外，涂层一般都有渗水、渗氧、渗离子的弱点，水、氧和离子等到达金属层表面，会在涂层和金属材料之间形成亲水层，导致涂层的附着力下降，甚至起泡，锈蚀也随即形成。

为了增强金属的耐蚀能力，构件表面用酸性金属处理液进行处理，形成化学处理涂层如磷化、钝化等以提高耐蚀能力。

（1）清洗构件表面。

用脱脂除蜡剂湿润后的干净抹布，在构件表面上擦洗，面积控制在 0.2～0.3 m^2，一小块一小块地进行，当构件表面还湿润时，用另一块干净抹布把它擦干，可以有效清除油污和蜡质。

（2）用金属磷化液清洗。

在无锈的表面上用抹布、海绵涂抹或用喷涂工具喷涂（非涂装表面需用耐溶剂型材料遮护），当表面仍湿润时，用干净的抹布擦干。

2）镀锌金属材料

为了提高汽车车身构件的耐腐蚀性，用镀锌板制造车身构件的比率越来越高。镀锌的构件表面平滑，涂层附着不牢。锌是一个活泼金属，会与涂料的基料反应生成锌的化合物（金属盐），如图 5-3 所示。这层锌化合物破坏了镀锌表面与涂层的附着力。为使涂层与锌表面结合牢固，使镀锌层的表面粗糙，并形成一个保护膜，常需进行处理。

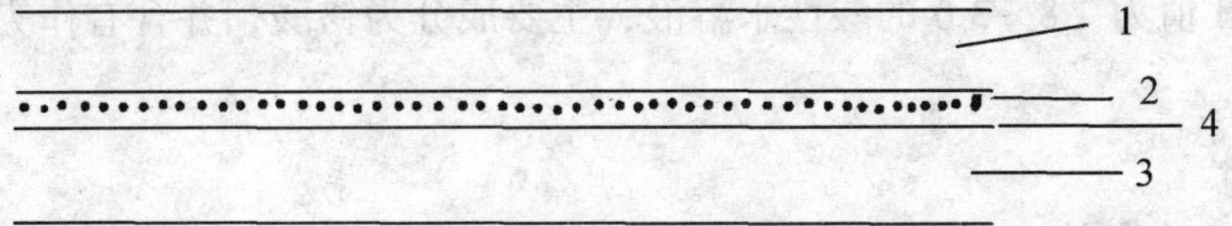

图 5-3 镀锌层上生成金属盐

1—泥子层；2—金属盐；3—钢板；4—镀锌层

构件镀锌金属表面有以下处理方法。

（1）黄膜铬酸盐处理。

将镀锌材料在含铬的酸性溶液上处理 1 min 左右，以便生成一层无机铬酸盐膜。根据实际使用的处理液配方不同，膜层呈无色、黄色或橄榄色，膜层厚度及耐腐蚀性能也依次增加。

无色膜层（也可能呈浅蓝色）的耐腐蚀性能有限，主要用于工件存放和处理过程中的暂时防护。黄色涂膜具有良好的单独耐腐蚀性能，也可以作为涂装和粉末涂料的良好基底。橄榄绿色膜专门用作耐腐蚀保护层。经过处理的表面能获得很好的初始附着力，外观符合要求。

（2）磷酸盐膜。

镀锌材料表面的磷化前的清洗一般同钢材的处理方法一样。

在汽车工业中，为了改善易受伤部位的耐腐蚀性能，广泛采用镀锌薄板。但是在镀锌钢板与钢板的连接处会发生电化学腐蚀，特别是有盐存在时，结果碱性物质在金属连接处聚积，导致涂膜严重的破坏。在钢材与铝材的连接处也会发生类似情况，但程度轻些。

采用正确的前期处理工艺能大大改善或消除这些影响。适当的锌盐磷化工艺配合铬酸盐处理能减少腐蚀。

3）铝及铝合金的材料

铝是一种比较活泼的金属，银白色具有光泽，纯铝的机械强度较低。若加入少量的其他金属元素，如 Mg、Cu、Zn 等，则可制成各种类型的铝合金，机械强度大为提高。

纯铝在常温、干燥空气中比较稳定，这是因为铝在空气中与氧发生作用，在表面生成一层薄而致密的氧化膜，其厚度为 0.01～0.015 μm，起到保护作用。在铝中加入 Mg、Cu、Zn 等虽然机械强度提高了，但耐蚀性却下降了。这需要根据使用环境的要求，经过一定的表面预处理，再涂装所需的涂料加以保护。

铝及铝合金板材比钢铁表面光滑，涂膜附着不牢，在进行化学处理前，与其他金属材料一样，先要进行清洗，去掉油污和杂物。清洗时应注意铝制品不像钢材能耐强碱的侵蚀，不能使用强碱的清洗液清洗，一般采用有机溶剂脱脂法、表面活性脱脂法，或由磷酸钠、硅酸钠等配制的碱性液清洗，其方法有以下几种。

（1）化学氧化膜法（碱性溶液氧化法）。

将铝或铝合金置于含碳酸钠、铬酸盐等碱性溶液内在高温下处理 5～20 min，使表面生成一层氧化膜，氧化处理后要进行钝化处理，目的是使氧化膜稳定，并中和残留在构件表面的碱性溶液，进一步提高防锈能力。

（2）铬酸盐膜（黄膜铬酸盐法）。

处理液是 pH 值为 1.8～3.0 的酸性水溶液，主要成分为铬酸，并含有作为浸湿剂的氟化物及其复盐。

4）塑料材料

塑料正式用于汽车始于 20 世纪 60 年代石油化学工业的兴盛期。到了 70 年代汽车制造开始大量采用塑料，但主要是软质、泡沫类和衬垫类等缓冲用材料。汽车功能性零件塑料化是以

1978 年的石油危机为契机，为了节能致力于汽车车身轻量化的研究后发展起来的。

尽管塑料制品不会生锈，易于着色，本身就具有耐腐蚀和装饰性，但并不是没有保护的必要。随着塑料制品的广泛应用，人们认识到在塑料制品上涂一层合适的涂层，可以延长使用寿命，提高各种良好性能，从而扩大它们的使用范围，提高经济效益。

但绝大多数塑料的极性小、结晶度大，表面张力低，湿润性差，表面光滑，所以对涂层的附着力较低。涂装前对塑料表面处理的目的，是通过一系列化学的或物理的方法，提高涂层对塑料制品的附着力和减少塑料涂层的各种缺点，提高塑料涂层的质量，其方法有以下几种。

（1）物理处理。

① 火焰处理。火焰处理是将火焰喷到塑料制品表面，使表面接触温度达 1000～2000℃，但处理时间很短（以秒计），所以塑料制品不会损伤熔化。这样使塑料表层分子局部氧化，从而改善其润湿性和附着力。可采用氧乙炔吹管、空气喷灯，但要注意调节空气与可燃气体的混合比例，以保持适当的氧化程度。

② 紫外线辐射处理。塑料经紫外线处理后，表面结构发生变化。这些变化有利于附着力的提高。

（2）除静电。

由于塑料均为绝缘体，在其表面容易积累电荷，喷涂涂料时，会由于静电作用使涂料喷涂不均匀，降低涂层的附着力。所以喷涂涂料前塑料表面一定要用除静电剂进行处理。

（3）表面脱脂、除尘、退火。

塑料表面的油污及脱膜剂（多采用蜡、硅硐或硬酯酸作为脱膜剂），会大大降低涂层的附着力和引起涂层缩孔等弊病。为此，可采用与金属脱脂相类似的碱性水溶液、表面活性剂溶液脱脂。耐溶性差的塑料，如聚苯乙稀等可采用低级醇（如甲醇、乙醇），以及挥发速度快的脂肪族溶剂（如已烷）等擦拭，或用中性洗涤剂的溶液清洗。

由于塑料是绝缘体，容易产生静电，吸收灰尘，用表面活性剂溶液清洗，虽然也有除尘、除静电的作用，但在洗涤和干燥的过程中，还有可能再次粘上灰尘，因此常常采用离子化空气来除尘。用压缩空气通过装有高压电极的喷嘴，利用电晕放电使空气电离，离子化的空气吹到塑料制品表面，中和灰尘的电荷，因而容易被清除。

由于塑料制品成型时易产生内应力，因此，在涂装时与溶剂接触，如果产生溶胀，会在应力集中处产生裂纹。为了消除内应力，防止开裂，应采用退火处理。退火处理就是把塑料加热到低于热变形的温度维持一定的时间。

（4）化学处理。

塑料件表面化学处理的目的是通过适当的化学物质，例如酸、碱、氧化剂、溶剂等对塑料制品表面进行处理，使表面粗化具有多孔性，从而改善涂料在塑料制品上的附着力。

① 酸性氧化处理。用铬、硫酸混合液使其表面氧化，从而提高表面润湿性，使表面蚀刻成为有控制的多孔结构。

② 溶剂处理。溶剂处理塑料制品表面，可以除去表层的油污、脱膜剂使表面粗化，具有

多孔性，从而提高表面的附着力。如聚碳酸酯类塑料，采用乙二胺的异丙醇溶液浸渍处理，能提高表面的附着力。

3. 典型的表面预处理工艺

汽车修补中的表面预处理，应根据涂层的表面状况、不同的构件材料采用相应的方法。如涂层状况良好，未发生开裂、粉化、附着牢固，就没有必要铲除旧涂层。一般表面预处理包括清洗、除油、除蜡、除粉化的涂层及打磨工作。表 5-2 介绍了典型的汽车修补涂装表面预处理工艺。

表 5-2 汽车修补涂装表面预处理工艺

步骤	目的	工艺	注意事项
清洁	清除车身上的油污、盐分、鸟粪、污泥及其他脏物	使用能控制喷水量开关的专用清洗水管 先用清水冲洗，再用中性肥皂水或专用清洗剂配合海绵进行擦洗 最后用清水彻底冲洗干净 用压缩空气吹干表面，再用干净的抹布擦干	戴好相应的防护用具，如橡皮手套、防护眼镜或面罩 选择微碱性清洗剂，若清洗剂为浓缩型，按标准配制，忌用强碱性清洗剂 清洗车身外部前要关好车窗、车门 用软海绵专用清洗剂擦车，应先擦车顶，后擦前盖和后盖，再擦车辆两侧 对缝隙处不易清洗的部位要特别注意清洗干净
除油、除蜡	去除防锈油、油脂、矿物油、油脂蜡和树脂蜡等	方法一：使用专用脱脂剂（有机溶剂）擦涂、清洗旧涂层。擦涂一般适用于汽车大面积修补，外表光滑平坦，缝隙、凹角较少，形状并不复杂，并且油污和蜡质不太多之处 方法二：刷涂有机溶剂进行脱脂、除蜡的清洗。刷涂一般适用于汽车凹角处及形状复杂处，如引擎盖下发动机四周、门框内侧等，这些地方一般形状复杂，油污又较重。使用小毛刷醮有机溶剂或清洁剂能起到一定的效果，但达不到较高的要求，只能做一般要求的清洗 方法三：用碱液和乳化剂配合清洗除油，对高光泽及高精密度的器材，不宜采用碱液清洗法	对旧涂层脱脂、除蜡要使用专用脱脂、除蜡清洁剂 对旧涂层打磨之前，应用专用清洁剂彻底清洗工作表面 旧涂层打磨完毕后，应再用脱脂、除蜡剂清洗一遍 对易积聚蜡质的边框、凹槽、把手要注意特别清洗干净 用一块清洁抹布侵湿脱脂、除蜡剂后，在旧涂层上擦洗，当表面还湿润时，用另一块抹布擦干净，以保证最佳清洗效果 一次擦洗面积不应大于 0.2～0.3 m^2，应一块一块地进行，在进行大面积清洗时要注意经常更换抹布

续表

步　骤	目　的	工　艺	注意事项
金属表面除锈		方法一：手工处理 这是一种最简单的处理方法，由于其对被涂物的形状、施工条件限制较小，能适应任何结构和施工条件，因此目前仍在广泛使用 手工处理主要靠锤凿、铲刀、钢丝刷以及砂布、砂轮等工具，靠手工敲、铲、刮、刷、磨的方法清除铁锈 方法二：机械处理 用风动、电动刷，靠转动、冲击和摩擦把铁锈或氧化物清除干净。电动砂轮体积小，手工操作方便，高速转动摩擦磨去锈迹。用打磨机打磨，对车况较好锈迹较少的车身表面，是一种高效、质量高的除锈方式	操作时要戴防尘口罩、防护眼镜、棉纱手套，穿工作服及防护鞋

安全提示

安全操作是非常重要的，只要按这些要求认真做到，就可以防止各种危害。

涂装作业由于工作环境产生的污染不同，防护也不同。

手工清除铁锈、旧涂层、焊渣、打磨及抛光均应该戴护目镜、棉纱手套、防尘口罩，穿工作服和带钢头的防滑皮鞋，如图 5-4 所示。

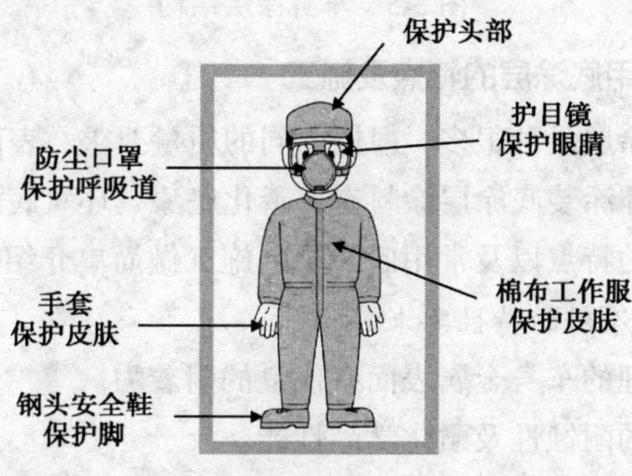

图 5-4　表面处理、打磨、抛光时的穿戴

5.2　底涂层的施工

车身的涂层结构如图 5-5 所示，车身保护层应由金属保护层（镀锌层、磷酸锌层）、阴极电泳底漆层、中间涂层（填充漆层）、面漆层、透明清漆层等组成。车身底涂层在汽车制造过程中一般都采用机械化作业，只是在各总成装配以后，对涂层局部损坏部位进行修复。

1. 底涂层的作用

底涂层的作用主要是提供附着力和防腐蚀。底涂层一般不具备填补车身表面缺陷的能力，但能使裸露的金属表面适合使用泥子、中间涂层涂料及面涂层涂料，它作为被涂表面与涂层之间的媒介层，使两者牢固结合。底涂层涂料的种类繁多，针对不同的材料要选用适当的底层涂料，如汽车上的构件材料除钢铁外，还有铝、镀锌铁板及塑料等，正确选择合适的底涂层材料是非常关键的。它不仅可以降低成本，方便施工而且可以延长涂层耐久性，充分发挥涂层的作用，达到汽车涂装的质量要求。另外，施工方法与涂层的质量也有相当大的关系，如涂层的厚度、均匀度、干燥程度、稀释剂的使用。施工环境（温度、相对湿度）、涂装表面预处理等也会影响底漆的涂装质量。

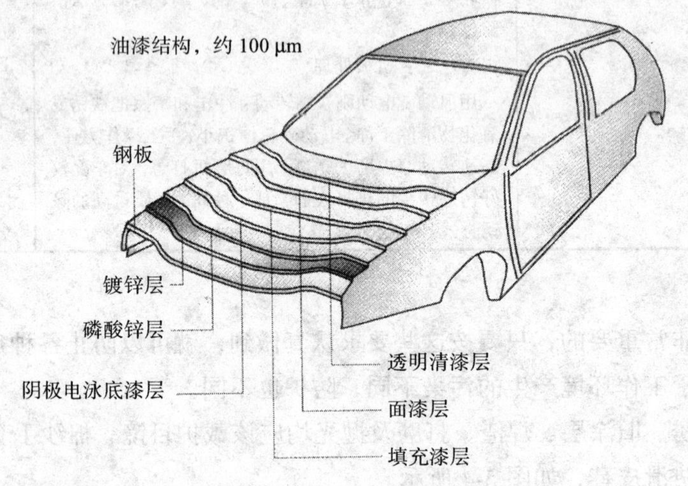

图 5-5　车身涂层结构

2. 汽车涂层修补中常用底涂层的特点及施工

汽车涂层修补用的底涂层品种很多，根据不同的质量要求、表面材料及配套的面涂层涂料进行选择。常用的汽车修补涂装底涂层涂料有：磷化底漆、环氧底漆、聚氨酯底漆等。下面就汽车修补涂装底涂层涂料的特点以及常用底涂层的施工做简单介绍。

1）汽车修补用底涂层涂料的特性要求

（1）对经过表面预处理的车身金属表面有优良的附着力。

（2）底涂层具有极好的耐蚀性及耐化学品性能。

（3）底涂层应具有钝化金属表面的性能及对外界有优良的封闭性，即防“三渗”性能（渗水、渗氧、渗离子）。

（4）底涂层除了对金属配套性好之外，还要具有对泥子、中间层涂料或面涂层涂料兼容性好的特点。

（5）底涂层应有良好的施工性能。

2）汽车涂层修补用底涂层的施工

（1）磷化底漆。磷化底漆是将金属表面通过化学反应生成一层不导电、多孔的磷化膜，一般称为转换涂层。磷化膜具有多孔性和不良导电性，使上层涂料能渗入这些孔隙中，而不良导电性也预防了电化学腐蚀的形成。

磷化底漆能提高底涂层对金属表面的附着力、耐蚀能力及热老化性能，可代替磷化处理，适用于各种金属（如钢、铁、铝、铜及铝镁合金等），并能耐一定的温度，可做烘烤面漆的底漆，但由于成膜很薄，一般不能单独作为底漆使用，必须与其他底漆配套使用。

磷化底漆的使用方法以及注意事项如下：

① 磷化底漆可喷可刷，喷涂工作黏度为 16～18 s（涂—4 杯，20℃），漆膜以 10～15 μm 为宜，厚了效果反而差。

② 磷化底漆是双组分涂料，一般分为漆料和活化剂。使用时应将两个组分混合后才可使用，而活化剂是专做磷化底漆配套使用，不是溶剂，用量不能任意增减，要严格参照供应商要求的混合比例调配。

③ 使用前应将磷化底漆搅拌均匀，然后放入非金属的容器内，边搅拌边慢慢地加入活化剂，调配后一般要放置 20 min（20℃）再使用（参照供应商的要求）。调配后的磷化底漆必须在混合寿命内用完。

④ 施工环境要求比较干燥，以防止涂膜发白，影响涂膜附着力和使用效果。

磷化底漆喷涂的底材应经过表面预处理，达到无锈、无水、无油、无旧涂膜，最好是经过喷砂处理的底材。

⑤ 喷涂了磷化底漆的底材，一般干燥一定的时间（参照供应商的要求）后即可喷涂其他底漆。

（2）环氧底漆。以环氧树脂为主要成膜物质制成的底漆，品种较多，有高温烘烤底漆、双组分底漆、单组分常温自干底漆。环氧底漆附着力强，涂膜坚韧耐久，对许多物体表面有较强的黏合力，但涂料耐光性差，易粉化，因此只适合用做底漆。

在要求较高或湿热环境下使用的车辆一般应使用环氧底漆。由于汽车经常受强烈的冲击、振动及磨损，还要受到各种多变的气候条件及酸、碱、盐的侵蚀，需要有一种很好的保护层来抵挡，当汽车涂层面要进行较大的整修工作时，双组分环氧底漆就是最佳的选择。其附着力、耐蚀性能、封闭性、耐化学品性能及耐碱性能非常突出，而且涂膜柔韧性好、硬度高、对铝镁合金及轻金属、钢铁、玻璃钢等有极好的附着力。

双组分环氧底漆的使用方法和注意事项如下：

① 适用于无尘、无油、无蜡、无锈、无水，并具有涂装允许粗糙度的裸露金属（钢板、铝材、不锈钢、镀锌钢板）表面及玻璃钢表面的涂装。

② 双组分环氧底漆以喷为主，也可刷涂。

③ 严格参照供应商的要求调配漆料与固化剂，并在混合寿命内用完；当喷涂黏度需要调节时，一定要使用供应商提供的溶剂。

④ 底漆中涂漆合一的环氧底漆，喷涂一道，涂层厚度达 30～40 μm 可做防锈底漆，喷涂二道，涂层厚度可达 50～60 μm。干燥后可研磨，具体时间可参照供应商的要求。

⑤ 双组分环氧底漆能与多种面漆配套，如硝基漆、过氯乙稀漆、热塑性丙烯酸漆、醇酸漆、聚氨酯漆、氨基漆、热固性丙烯酸漆等。

5.3 泥子的施工

1. 泥子及其作用

泥子是一种以颜料、填充料、树脂、催干剂调配而成的呈浆状的材料，用在涂装底涂层上，以填平物体表面凹坑、焊接缝及擦伤、锈蚀等缺陷，直至形成平整光滑的表面。

泥子的施工程序可以按图 5-6 工序进行。

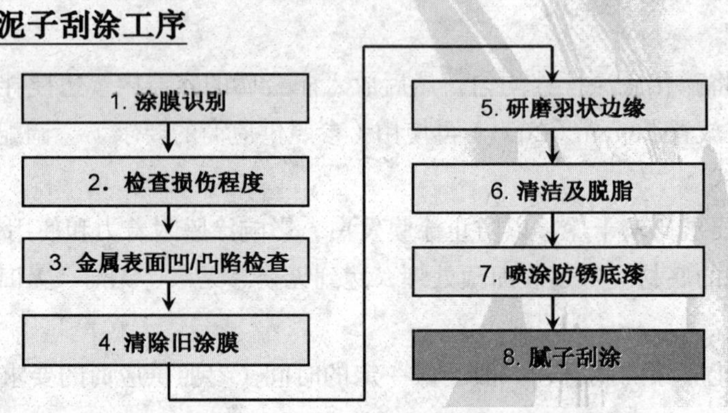

图 5-6 泥子刮涂工序

泥子能使受到损坏的构件表面恢复到原有的形状，是一种快速而低成本的修补方法，如图 5-7 所示。刮泥子不能代替钣金的所有修理工作，在涂装泥子前构件表面要达到一定的要求，如合理的钣金件安装，表面平整度的变形量应不超过 2 mm，底材不应有裂口或未焊接的接缝等，否则，过厚的泥子层会降低涂层的性能，裂口和缝隙会吸进潮气，导致锈蚀的产生，最终会破坏泥子和构件表面的结合。汽车在行驶中的振动，会使过厚的泥子层及处理不当的钣金件变形，造成泥子层的开裂、脱落。除此以外，根据汽车涂层的质量要求，合理选择泥子及正确的施工方法也是非常重要的，它关系到发挥泥子的填补缺陷的能力、施工性能、施工进度和涂层的使用寿命。

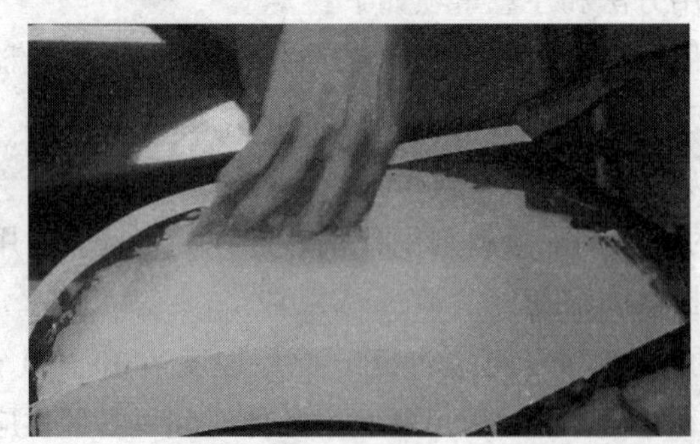

图 5-7 车身表面涂刮泥子

2. 汽车涂层修补中常用的泥子种类、特性

汽车涂层修补中使用的泥子种类很多，根据被施工件的质量要求、表面材质以及泥子的功

能进行选用。

1）汽车修补用泥子的特性

（1）与底涂层、中间涂层及面涂层有良好配套性，不发生咬底、起皱、开裂、脱落等现象，有较强的层间黏合力。

（2）具有良好的涂刮性能，垂直面涂装性能良好，无流淌现象，有一定韧性，附着力好，涂刮时泥子不反转，薄涂时泥子层均匀光滑。

（3）打磨性良好，泥子层干燥后软硬适中，易打磨，不粘砂，能适应干磨或湿磨。打磨后泥子层边缘平整光滑且无接口痕迹。

（4）干燥性能良好，能在规定时间内干燥、打磨。

（5）形成的泥子层要有一定韧性和硬度，以防汽车行驶中的振动引起泥子层开裂或轻微碰撞引起低凹或划痕。

（6）具有较好的耐溶剂和耐潮湿性，否则，会引起涂层起泡。

2）泥子的发展

在车身修理行业发展的前期，修复金属板件表面损伤使用的都是含铅的泥子。这种含铅的泥子或填实剂是一种铅和锡的合金。使用时，需要用焊接喷灯将这物质软化后，才能使其黏结到金属表面上。在第二次世界大战之前，汽车都是使用很厚的钢板制成的，这种“镀锡”的办法产生的热量并不会对其产生影响，但在 19 世纪 40 年代末和 50 年代初，汽车的结构发生了巨大的变化。美国人追求更大更豪华的汽车，开始采用更大更薄、柔性更好的钢板制造汽车。然而，这种比较薄的钢板，使得原来传统的含铅泥子几乎不能用了。因为软化含铅泥子所需的热量会导致薄板变形，而且经过锻锤和冲压后延伸了的金属板件变得太薄，不适合再锉平。于是就需要寻找一种廉价、更节省时间的替代物。

到了 20 世纪 50 年代中期，又出现了一种以聚酯为主要成分的泥子。它所用的树脂和制造钢化玻璃船的树脂一样，需要和液态硬化剂或加速剂混合使用。由于玻璃纤维树脂硬化后很脆，因此早期的这种聚酯泥子也非常脆、硬，泥子也不能存放过久。泥子和硬化剂混合后，变干有很高的硬度，锉起来很困难，以致不得不使用研磨器进行平整，导致车身修理车间的地面常常会积有一层很厚的粉尘。

最终，研制出了一种使用柔性更好的聚酯树脂制成的泥子和一种乳状的过氧苯甲酰硬化剂，并在树脂和滑石的混合物中加进了黑色颜料，而在乳状硬化剂中则加进了白色颜料。这两种相反的颜色提供了可以确保两种成分正确混合。

随着科学技术的不断发展，泥子也越来越软，越来越容易使用，而且也越来越容易成型。并且很快出现了不同对比色，红、白、蓝的乳状硬化剂。这些比较软的泥子可以在半凝固状态下进行研磨，因此减少了大量打磨的工作。值得一提的是，添加的这些颜料并不影响泥子的工作性能。

传统的车身修复用泥子经过多年的改进开发，才发展到现在的水平，那些优质的重型泥子使用颗粒极细的滑石，可以保证良好的可塑性、可磨性和边缘可打薄的性能。高品质的树脂材料确保了良好的附着性和快速凝固特性。

3）成品泥子种类

（1）聚酯泥子（原子灰）。

聚酯泥子由不饱和聚酯树脂、填料、少量颜料及苯乙烯配制而成，使用时要和固化剂调配后才能使用。由于聚酯泥子干燥速度快，受气候影响小，泥子层牢固，附着力强，不易开裂，刮涂、堆积、填充性能好，硬度高，打磨性好，表面细滑光洁，固化后收缩性小，能与多种面漆配套使用，可以大大提高施工速度和产品质量，因此深受汽车修理行业的欢迎并被广泛使用。

（2）硝基泥子。

硝基泥子由硝化绵、醇酸树脂、顺酐树脂、颜料、大量体质颜料和稀料制成，干燥后易打磨，在汽车修补中，常用于喷涂中间涂层后，刮涂小的砂孔用。

（3）塑性泥子。

塑性泥子是由树脂、颜料和溶剂构成的。大多数泥子中含有起黏结剂作用的聚合树脂。当使用泥子时，随着溶剂的挥发，黏结剂便将颜料牢牢地黏结成坚固持久的薄膜。

塑性泥子也是通过化学反应而硬化的。泥子硬化，或称凝固，其后形成一种不会收缩和软化的分子结构，该化学反应实质上是一种氧化过程。如果把装有泥子的容器打开，使泥子与空气中的氧气接触的话，它就会慢慢地硬化。涂料生产厂家还提供一种化学催化剂，可以加快硬化的速度。这种催化剂呈液状或乳状，通常称为“硬化剂”。硬化剂的基本成分是一种过氧化物。过氧化物中的氧元素能急剧地加快凝固的速度。在泥子中加入硬化剂几分钟之后就开始变硬了，硬化剂起作用的时间随不同的环境温度而定。

在凝固和硬化的过程中，氧化反应会产生大量的热量。因此，不用的泥子不要丢进装有蘸过有机溶剂的棉纺品或纸制品的垃圾桶内。

凝固后的泥子会在其表面出现一层石蜡。在泥子中加入石蜡的目的是形成一层隔膜，防止泥子吸收空气中的氧。石蜡悬浮在泥子溶液之中，当溶剂挥发后，石蜡就浮到表面。在对泥子进行打磨之前，应先使用清除蜡或油脂的清洗剂把这层石蜡清除掉，或使用磨光机将其磨掉。

（4）玻璃纤维型泥子。

由于在汽车的修复中，钢板的锈蚀成为日益突出的问题，尤其是在那些冬天往路面洒盐的农村地区，需要一种能够修补锈蚀的产品。为满足防水的需要，人们开发出了一种玻璃纤维加强型泥子。这种泥子用玻璃纤维代替滑石粉作填充剂。与传统的泥子相比，其韧性和强度都有很大的改善。由于这种泥子可以防水，所以能用于修补小孔、裂缝和锈穿。

玻璃纤维型泥子有两种基本类型。一种是用短纤维造成的，而另一种是用长纤维造成的。短纤维型泥子一般用于修补小孔。

长纤维型泥子是用于修补大的裂口。这些比较长的纤维相互交织，可以形成许多高强度的“补丁”。长纤维型泥子也可以与玻璃布配合使用修补面积更大的锈穿部位。然而，这种长纤维型泥子只能用于底层的修补。最终的修补层必须使用更光滑的泥子，如短纤维型泥子或传统泥子。

（5）加铝型泥子。

一些生产厂家尝试用铝粉替代部分滑石粉以提高其产品的防水性。但由于泥子中仍然含有大量滑石粉，所以加入少量的铝粉无法改变其容易吸湿的缺陷。铝本身可以催化聚酯树脂的凝固，所以这种加铝的泥子不宜长期存放。

后来，英国首先开发出完全不含滑石粉，百分之百使用铝粉的车身修理用泥子。这种产品将树脂和铝粉分开包装，从而解决了其存放的时间问题，使用时由涂装工混合均匀即可。

到了 1965 年，又出现了第一种事先混合好的百分之百使用铝粉的车身修理用泥子，这种产品防水性非常好，使用一种红色液态硬化剂，可存放很长的时间。但其价格非常昂贵，所以这种全铝型泥子除了某些特殊情况，如修补老爷车外，几乎很少使用。现在已有很多种类似的全铝泥子。这些金属泥子不起皱，可防水，而且非常光滑，固化后的硬度比滑石粉型和玻璃纤维型的都高。

（6）轻型泥子。

20 世纪 70 年代中期，研制成功了一种微型球状玻璃颗粒的泥子，到了 80 年代产生了现代轻型车身修补用泥子。轻型泥子用微型球状玻璃颗粒代替了一半的滑石粉。另外还增加了树脂的含量，从而显著提高了材料的可锉性和可磨性，而且其附着性和防水性也都有所改善。大多数轻型泥子质地均匀，小玻璃球悬浮在树脂中，不会沉淀到容器的底部。由于质地均匀，轻型泥子可以存放在塑料袋或金属罐中，使用时可以很容易地用辊子或压缩气将其挤出，或用橡胶刮板将其刮出。使用塑料袋包装可以保持泥子的新鲜，而且减少了使用罐装时有可能造成的浪费。

到了 20 世纪 80 年代中期，大多数生产厂家都掌握了生产轻型泥子的技术，而且各主要品牌的工作特性也非常类似，轻型泥子很快成为最流行的产品。在美国，轻型泥子现在已经占到所有喷涂车间泥子用量的 80%以上。

（7）优质泥子。

20 世纪 80 年代中期，一些泥子生产厂家利用新技术开发出了质量更好的车身修复用泥子。优质泥子的性能远高于一般的轻型泥子。优质泥子湿润且呈乳状，延展性好，用于垂直表面也不会出现流挂的现象。干燥时不粘手，而且不会产生针眼。最值得一提的是，优质泥子适于打磨。平滑的表面和良好的打磨性可省去大量修补和成型所需的工作和时间。

（8）上光二道浆。

由于泥子在调制、涂抹和成型的过程中，会形成一些极小的针眼和砂痕，因此研制出一种上光二道浆可以填补修理表面的小缺陷，获得光滑的效果。直到 20 世纪 80 年代中期，使用的几乎都是硝基纤维型上光二道浆，像是一种非常稠的清漆一样，随其中溶剂的蒸发而凝固。上光二道浆只适用于填补深度很小的针孔。尽管上光二道浆可以打出非常好的薄边，但它不能达到泥子的硬度。如果在其上喷涂底漆或其他涂料，二道浆会吸收涂料中的溶剂而开始膨胀。在进行表面打磨之前需要一段足够的时间，使其充分凝固变干。如果打完二道浆之后立刻打磨，就会在修理表面形成砂痕，当二道浆完全干燥后就会出现起皱的现象。

（9）聚酯上光二道浆。

20 世纪 80 年代欧洲开发出一种基层/透明层组合涂料，并很快在美国得到广泛的应用。但这种新型的基层/透明层组合涂料，为了达到一种特殊的喷涂效果，需要使用浓溶液和进行多层喷涂，这就导致泥子中乳状硬化剂的颜料会渗出来，弄脏浅色的表面涂层，通常车辆在阳光下暴晒几天后就会出现这种现象。随着这种基层/透明层组合涂料和其他多层组合的广泛应用，这个问题已经越来越普遍了。

因此需要开发出一种工作性能可以被大多数车身修理技术人员接受的不会产生渗色现象的泥子。目前，唯一一种保证不会产生渗色的泥子是一种以液体硬化剂作为催化剂的铝型泥子。

为了解决上述的渗色现象，泥子生产厂家开发出一种颗粒极细的、催化过了的聚酯上光二道浆。聚酯上光二道浆不会起皱，成型稳定，并能防止溶剂渗透（这正是产生渗色现象的原因）。当在传统泥子上使用时，聚酯上光二道浆能有效地解决渗色的问题。另外还可以使用一种可喷涂式聚酯泥子防止渗色出现。这种底层填实涂料含有聚酯树脂和滑石粉，使用时都需要液态硬化剂进行催化。这种聚酯型底层涂料使用重力供料式喷枪进行喷涂，可填补表面小缺陷和密封泥子层和旧涂层。

3. 汽车涂层修补中的泥子的施工

泥子一般用刮具施工，刮涂的次数（层数）主要取决于底材的表面状况、施工质量要求、操作人员技术水平，一般刮涂 1～4 层，直到底材达到涂装的要求。由于被施工件的平整度和光滑度主要由泥子来实现，因此不管什么种类的泥子都应采用正确的操作工艺方法，才能达到施工目的和实现使用价值。

1）聚酯泥子的施工

（1）调配泥子。先将罐内的主剂调和均匀，底面黏度一致，以利于刮涂和固化。固化剂要先打开管盖将空气挤出，然后拧上管盖，用手掌在管外揉搓使固化剂均匀。调配时用刮刀把主剂拨在托板上，固化剂按主剂的 2%～3%的比例加入（参照供应商的要求调配），用刮刀来回刮抹主剂和固化剂，如图 5-8 所示，使之混合均匀（从颜色混合均匀度观察），混合不匀则会产生固化不匀、附着力差、起泡、剥落等现象。

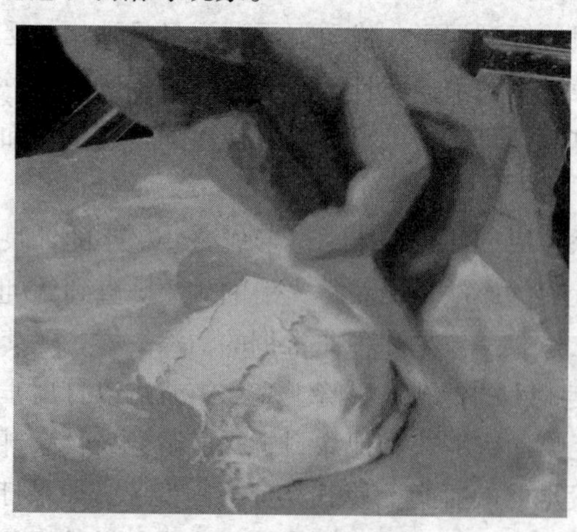

图 5-8　泥子的调制

调制泥子的操作，如图 5-9 所示，第一次应用刮刀上下混合，并将调配的泥子堆集在中间，第二次仍应用刮刀上下将泥子混合，并注意泥子的混合密度；调配泥子一定要用多少配多少，配好的泥子不可以放置很长时间再使用。

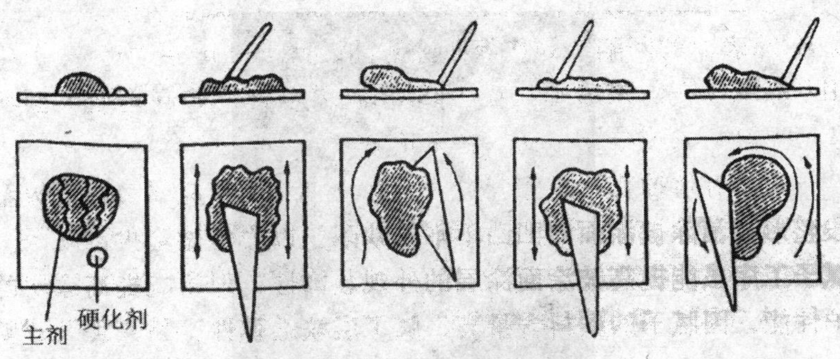

图 5-9　双组分泥子的调配

（2）刮涂第一层泥子。用硬刮板刮涂，对较大凹坑可选用较宽的硬刮具。刮刀与底材倾斜角以 50°～60°比较适宜。刮涂泥子时，以构件表面高处为准，对特别高的部位，应由钣金工敲平，以减少泥子层的厚度，方便施工。不要为了一次刮平而使泥子层厚度超过 2 mm。刮涂第一层泥子时只求平整，不求光滑；对汽车车身表面较大的凹坑刮涂只需基本平整。刮涂方向横、竖均可，以利于填平凹坑为准，如果是孤形车身表面应按图 5-10 的方向施工操作。

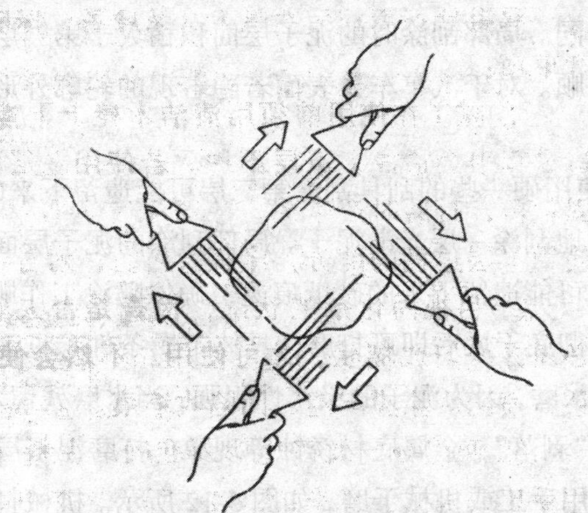

图 5-10　孤形表面刮涂操作

对汽车车身表面折线及轮廓线的损坏处，刮涂时要注意造型及平直性，如图 5-11 所示，为以后刮涂各层泥子操作奠定良好的基础。

（3）刮涂第二层泥子。汽车车身平面处仍用硬刮具刮涂，但对圆弧较大部位也可适当使用橡皮刮具或塑料刮具。此层泥子仍以填平为主，不求光滑。该层泥子厚度应比第一层稍薄，局部刮涂时的面积应略大于第一层泥子的面积，满刮时要注意物件边缘泥子的平直性。较大底材刮涂时与上一层泥子的接口应错开，即不要使各层泥子的接口在同一部位，以免产生缺陷。满刮泥子层应注意刮涂方向，应顺着流线型方向（按汽车造型水平方向），并遵循从上到下、从右到左的原则，刮涂时尽可能拉长一些，以减少刮涂接口。注意泥子层的厚度与原涂面基准点平齐。由于补刮泥子层范围逐渐扩大，对邻近的补刮泥子层，视具体情况可在第二层或第三层刮涂泥子层时连成一片，以减少泥子层边缘，利于打磨。

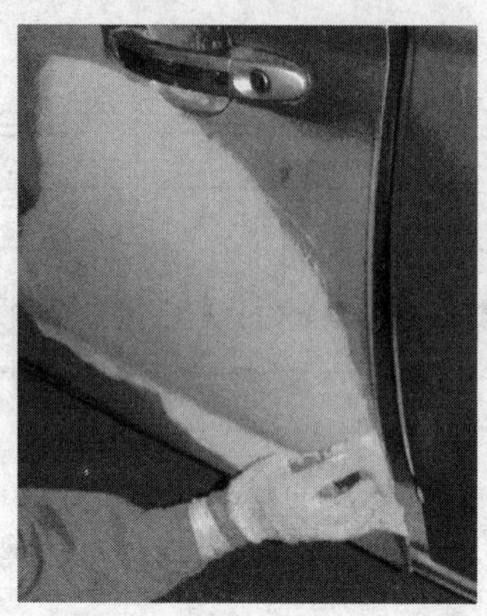

图 5-11　车身轮廓面泥子的刮涂

（4）刮涂第三层泥子。应使用弹性较好的橡皮刮具或塑料刮具，平面处也可用硬刮具。这一层泥子主要填充前两层泥子留下的砂孔、砂纸痕迹以及遗漏的轻微凹陷。施工原则是以光滑为主兼顾平整性。刮涂时以手的压力与刮具弹性相结合，使刮涂的泥子层平整光滑。满刮泥子层方向与第二层泥子操作相同。局部刮涂时的泥子层面积稍大于第二层泥子的面积，同时注意泥子层边缘与旧涂层过渡平顺。对于汽车车身表面若隐若现的轮廓外形线，刮涂时要注意其平直性。

（5）刮涂第四层泥子。使用硬一些的刮具刮涂第三层可能遗留下来的微小砂孔及砂纸痕迹。利用硬刮具的刮口薄薄均匀地刮涂一层光滑泥子。局部刮涂的泥子层面积可扩大一些，以消除旧涂面上打磨前几层泥子时可能遗留下来的砂纸痕迹，确保喷涂工作顺利进行。

（6）打磨泥子。泥子层彻底干燥后即可打磨，具体干燥条件参见泥子使用注意事项。打磨泥子时注意只能干磨，不能水磨，因为泥子的吸水性很强，当水磨残留水分不能很好地挥发时，会导致漆膜起泡、“痱子”、“剥落”，金属底材锈蚀等现象。打磨泥子层主要是为了取得平整光滑的表面。打磨泥子层可采用手工或机械干磨，如图 5-12 所示。机械打磨适用于修补面积较大以及平整的底材，可降低劳动强度，提高工作效率。手工打磨适用于一些形状复杂的底材，如转角、折口、外形线、弧形，凹形部位等，打磨时两种方法可结合进行。

① 泥子第一道打磨只要求初步平整，不求光滑。

手工打磨可使用 P60～P80 目砂纸打磨，直至构件表面最高点露底后，即以该最高点为基准，再修整平整度。手工打磨时注意方向应顺车身流线形水平方向做来回往复运动。打磨来回幅度要适当长一些，以利于打磨平整，绝不能做圆周运动打磨，动作要平稳，用力要均匀，注意与表面的平整性，防止过度打磨再次形成凹坑。打磨呈曲面形的大平面，应选用长一些的手刨。打磨局部刮涂的泥子层，要注意泥子层与旧涂面的羽状边的平整度及边缘的平整性，以防产生泥子层边缘痕迹。打磨筋、折线、外形线、圆弧形时要注意图形及线条的平直性。

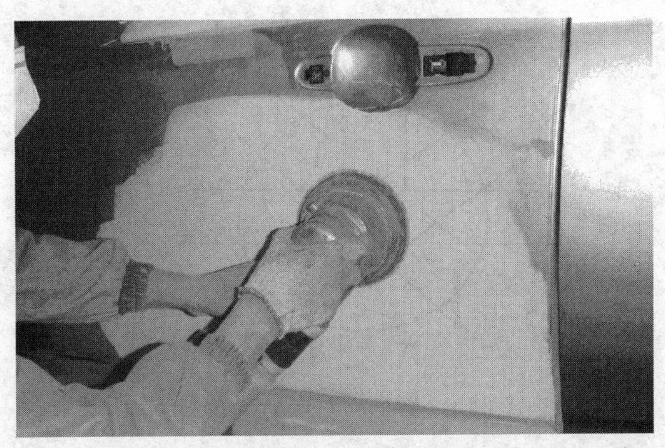

图 5-12　用往复式打磨机打磨泥子表面

机械打磨泥子层用的打磨机有双动偏心距圆盘式和板式两种。打磨第一层泥子一般采用双动偏心距圆盘式打磨机，应将其平放在打磨面上，而不是倾斜放置，在泥子涂刮的范围内以连续直线移动。当打磨到与四周基准点接近时即可，以留出修整打磨的厚度。

② 泥子第二道打磨要求达到基本平整，无明显低凹，构件表面筋、折线、外形线、弧形面造型与原形一致，注意线条的平直性。

机械干磨用 P120 砂纸，打磨机选用双动偏心距圆盘式打磨机为好。

图 5-13　吸尘手刨

手工打磨时要选用恰当的吸尘手刨，如图 5-13 所示，如大面积则可选用长的吸尘手刨，对于棱角或较窄小的部位则应选用小的手刨，而对于一些圆弧、凹弧或有型线的部位，则需选用或仿制与其形状相似的手刨。

打磨满刮泥子层时，以车身流线形水平方向为主，垂直方向、斜交叉方向为辅，注意水平方向与垂直方向、斜交叉方向的平整性，动作要平稳，打磨时磨具的移动方向可参考图 5-14 所示。在水平方向打磨时来回幅度要大一些；在打磨中要经常用手抚摸打磨后的表面，以测定打磨程度，防止将泥子层磨穿。底材边口残余泥子要用砂纸磨平，以防边口呈齿形现象。打磨局部刮涂的泥子层时，要注意打磨面的厚度与旧涂面的平整度，既不能高也不能低，打磨难度比满刮泥子高。泥子层的边缘要既平整又和顺。

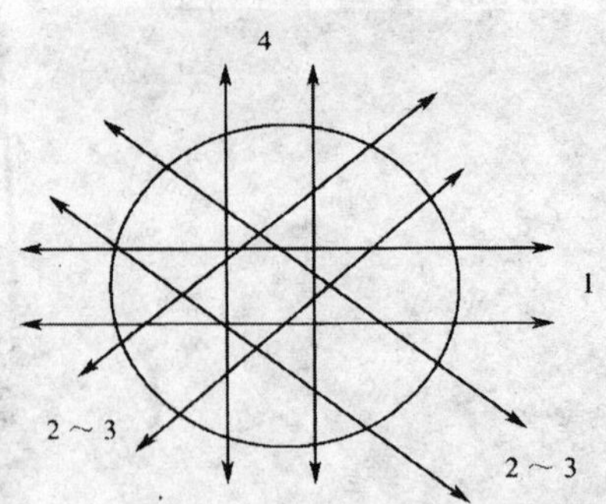

图 5-14　磨具在打磨时的移动方向

③ 泥子第三道打磨基本要使构件表面上微弱的凹坑、砂孔全部消除，达到既平整又光滑，无缺陷、无砂孔、局部刮涂泥子边缘无接口，外表图形恢复原样。此时以手工打磨为宜，有利于对弧形面的修正，宜使用 P120～P240 目砂纸。以车身流线形水平方向为主，要注意凸出底材的折线、外形线的平直性，一般不要垂直方向或斜方向打磨，若表面因具体情况需垂直方向打磨，最后也要以车身流线形水平方向打磨修整，以防产生垂直方向的打磨痕迹。垂直方向稍有砂磨痕迹即会明显地显示出来。对构件表面的圆弧、凹角等不宜用手刨砂磨的地方，可用拇指夹住砂纸，四指平压于构件表面上，然后均匀地来回摩擦底材做修理打磨。

④ 泥子第四道打磨使用 P240 目砂纸配合手刨。若通过以上三道泥子的刮、磨后已达到喷涂要求或底材本身精度要求较低，则第四道可省略。但若构件表面精度要求较高或三道泥子刮、磨后还不能达到施工要求则要进行第四道泥子，甚至第五道泥子的刮磨工作。

打磨后应使用菜瓜布清洁，然后吹净表面灰尘，不能使用除油剂或类似清洁剂清洁表面。这时构件表面应平整光滑，无砂孔、无缺陷，边缘无锯齿形，局部涂泥子边缘平整光滑且无接口痕迹，否则要进一步刮涂和打磨。

2）使用泥子注意事项

普通泥子不能直接用在镀锌板上，要用专用的钣金泥子。固化剂太少会导致泥子干燥慢，干燥后与金属结合力差，易起泡、剥落，打磨时泥子边缘平滑性差；固化剂太多会导致反应过快产生热量不能及时散出而产生气孔，还会使面涂层产生泥子印，影响整个涂层的质量。

泥子主剂与固化剂配制后，要在可使用时间内（一般为 7～10 min）用完（使用时间受温度与相对湿度的影响）。刮涂后的泥子层在干燥后（一般为 20℃时经 1 h）才可打磨，相对湿度高、温度低时干燥时间要适当延长，也可用红外线灯烘烤 3 min 左右来缩短干燥时间。经过配制后的泥子不能再装入原来的容器中。工具使用完毕后，应立即用稀释剂清洗干净，以免凝结而损坏工具。不要把泥子刮涂在酚醛底漆、醇酸底漆和磷化底漆上，以免产生脱落、起泡现象。泥子可直接刮涂于黑色金属表面、高温烤漆和双组分底漆上。打磨泥子时，不要在周围的旧涂面上留下打磨痕迹。泥子刮涂层间不需要涂底漆，第一层泥子稍干即可重叠刮涂第二层泥子，不会发生面层封闭而使底层泥子不干的现象。

3）快干泥子的施工

快干泥子俗称填眼灰、小灰等，有硝基型及双组分型，既可用于刮涂操作，也可用于喷涂操作，颜色有白色、红色、黄色等，可根据需要选用。快干泥子主要适用于填补泥子施工后产生的砂痕、砂孔以及物体表面上的微弱凹陷。此类泥子颗粒细腻、快干、易打磨、泥子边缘平滑。硝基型快干泥子在汽车修补涂装中使用普遍。

下面以硝基型快干泥子来说明快干泥子的施工及注意事项。

（1）快干泥子适宜刮涂砂孔、砂痕及微弱凹陷的小面积作业。

（2）快干泥子在托板上调匀后，应迅速刮涂。在刮涂操作中要快而灵活，泥子层以薄而均匀为宜，若需适当厚度，以薄层多刮操作来实现，即刮一层薄的，待干后再复刮一层的操作方法。刮涂面积过大，则刮涂操作有一定的难度。

（3）快干泥子在薄涂时干燥很快，但在厚涂时表面易封闭，溶剂挥发受到影响，干燥很慢，且堆积性差，因此快干泥子不能替代填充泥子。

（4）一般快干泥子刮涂在中间涂层上，打磨后直接喷涂面漆，因此，砂纸的选用应视涂层表面精度要求及喷涂面漆的种类而定。一般选用 P400～P500 目干磨砂纸为宜，如面涂层是银底色漆或珍珠漆，则选用 P500 目干磨砂纸较为适宜。

4. 干磨流程

现今汽车修补工艺流程已经进入新时代，为提高质量、效率和降低成本，有必要大力推行干磨工艺。通常喷漆技工对干磨工艺会有一些疑问和忧虑，认为干磨技术困难，而且感觉水磨比干磨平整、效果好。但这些顾虑只是单方面基于技术层面的考虑，缺少对整体效率、质量和降低成本的考虑。

1）工具和设备

干磨工具车及吸尘桶、单动作打磨机、3 mm 和 5 mm 双动作打磨机、吸尘手刨、吸尘软管、打磨机保护垫、红外线灯。

2）打磨物料

（1）干磨用手刨砂纸。

泥子打磨 P40～P180；中途底漆打磨 P180～P320。

（2）机磨用砂纸。

机磨用砂纸应根据涂层采用不同的规格，除旧涂层用 P80，泥子羽状边打磨用 P120～P240。中涂底涂层打磨（单工序）用 P400，底涂层打磨（双工序）用 P500。旧涂层喷涂后打磨用 P1000～P2000，喷涂面涂层后清除细小尘点打磨用 P1500～P4000。

（3）研磨指示剂（打磨指示层专用，必要的）。

3）干磨施工流程

车身局部损坏在钣金工序修复完工以后，损坏部位表面应该符合可以进行涂装作业的表面（各种车型的要求略有不同，但需符合国家标准或行业标准）。在涂装作业前应进行损伤部位的检视：目视、手触摸和直尺样板检查，并对维修与损伤部位确认，然后按以下工序进行修复作业。

（1）清洁表面。

使用除油剂彻底清洁工件，如图 5-15 所示。表面应清洁、无油迹、锈迹，平面符合车身构件弧形。

图 5-15　涂装作业前构件表面

（2）清除旧涂层。

使用 7 mm 双动作偏心距或单动打磨机配合 P80 干磨砂纸，除去旧涂层至裸金属，如图 5-16 所示。在进行清除旧涂层前应遮蔽打磨可能影响到的区域（做业时请佩戴安全防护用品）。

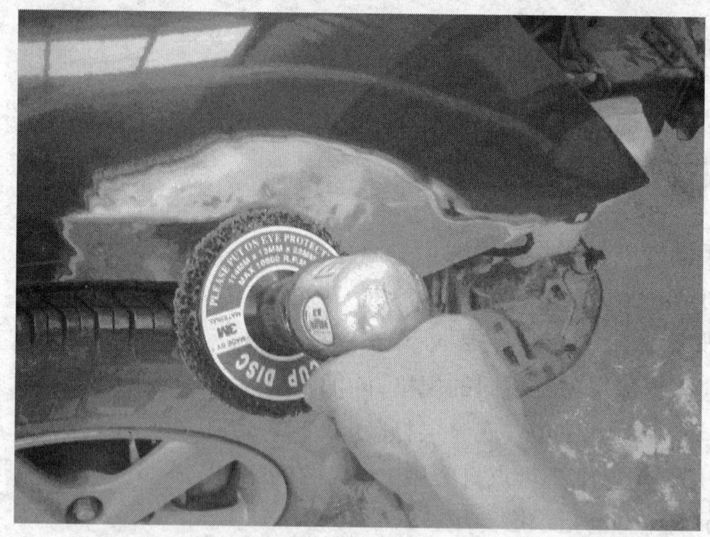

图 5-16　清除旧涂层

（3）羽状边打磨。

使用 P120 干磨砂纸打磨羽状边，距离裸金属凹陷至少 7～8 cm，羽状宽度至少 10 mm。（砂纸选择：根据涂层特性和作业面积的大小选择合适的砂纸号数，使修理区域尽可能小）如图 5-17 所示。

图 5-17　选择合适的砂纸型号

打磨机选择：根据作业面积的大小及破坏层的厚度选择不同的机种，第一次作业选择双作用打磨机 8505，装配 1057 系列砂纸 P80～P120，如图 5-18 所示。

图 5-18　选择合适的打磨机

（4）清洁打磨过表面。

使用除油剂清洁要刮涂泥子的位置。准备两片擦拭纸，一片沾湿（除油/清洁剂）再以另一片，将整片清洁的部位一前一后单向擦拭，如图 5-19 所示。

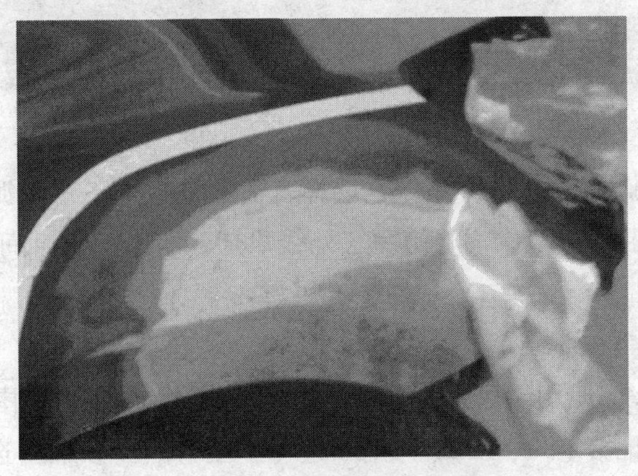

图 5-19　清洁打磨过的表面

使用风枪吹扫缝隙或板件凹陷部位的所有物质与灰尘，注意：不得用裸露的手触摸经过脱脂的表面，如图 5-20 所示。

图 5-20　吹扫构件凹陷部位

（5）刮涂泥子。

先进行泥子调配，应估算损坏面积，尽量用多少就调多少，用刮刀将泥子搅拌均匀，因所加入固化剂颜色不同，一般调至颜色变均匀即可，如图 5-21 所示。

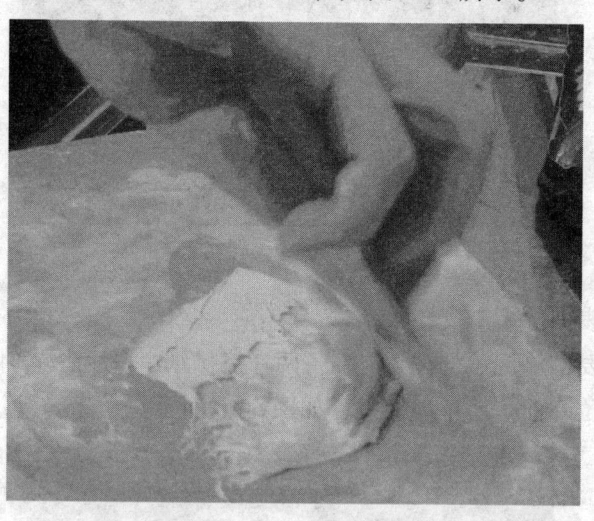

图 5-21　调配泥子

刮涂泥子应按工艺操作方法进行操作，选择合适的刮板，不得将泥子一次堆放到位，应分多次刮补，刮涂范围在羽状边范围内（使用红外线烘烤，加速固化时间，提高效率），如图 5-22 所示。

（6）泥子打磨步骤。

在涂层完全干燥后， 使用干磨机配合 P80 干磨砂纸，在泥子范围内进行粗磨，然后再涂抹碳粉，使用吸尘手刨配合 P80、P120、P180 进行手刨打磨（砂纸可选择粗磨 P80～P120，细磨 P180～240），如图 5-23 所示，选双轨式打磨机。

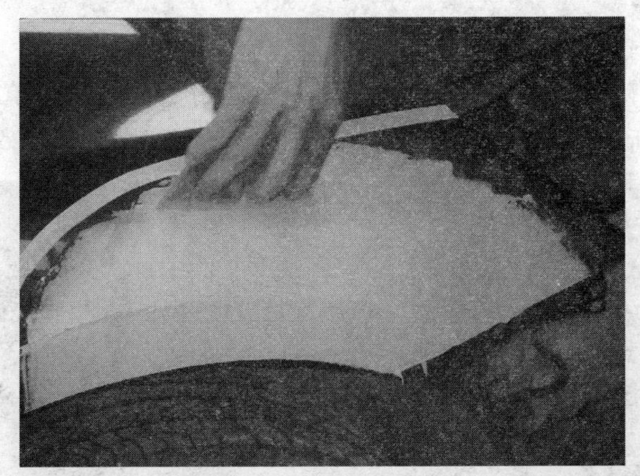

图 5-22　刮涂泥子

操作目的是把泥子范围整平，使用碳粉的目的是显示未打磨区域及砂眼，方便矫正。

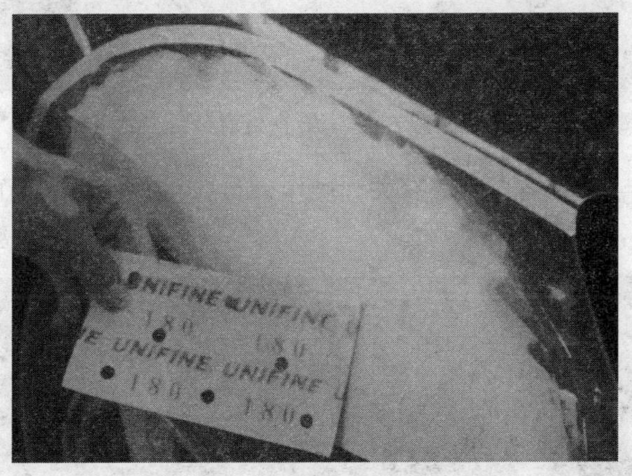

图 5-23　选择合适砂纸打磨

（7）检查平整度。

用手感觉泥子区域长及宽是否平整，与构件弧形符合。如果修补区域不平整，可再进行泥子刮涂（返回刮涂泥子工序），如图 5-24 所示。

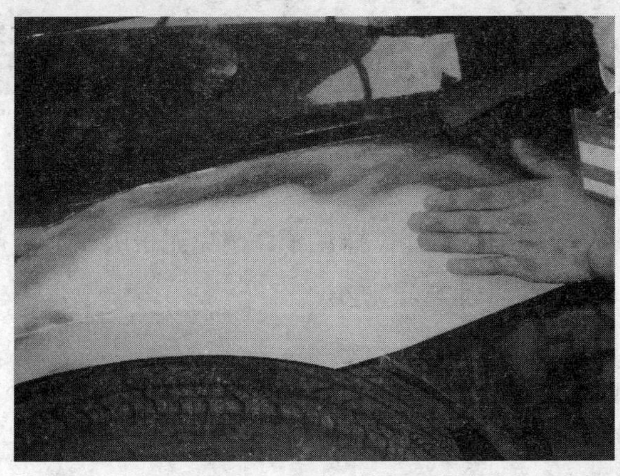

图 5-24　检查平整度

（8）检查针孔。

彻底清洁，吹掉修补区灰尘，如果有针孔，用双组分的泥子进行填补并重新使用 P120～P180 打磨，如图 5-25 所示。

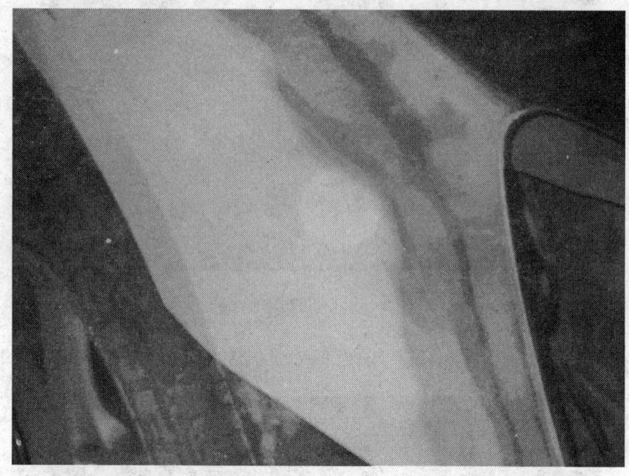

图 5-25　检查针孔

涂层的修复质量常与清洁是否彻底有关，操作人员应重视涂层表面的清洁工作，如图 5-26 所示。

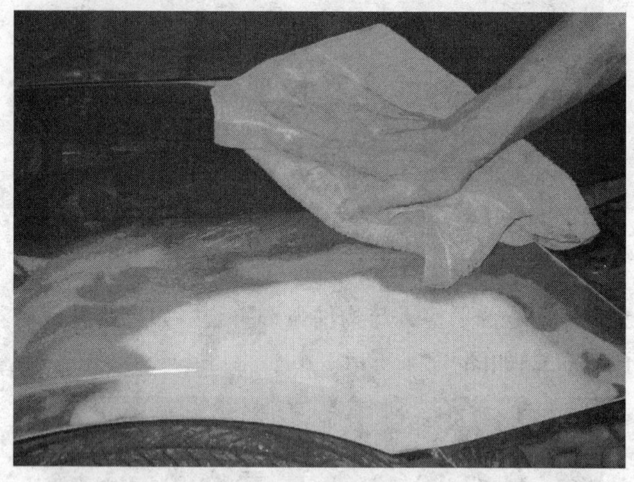

图 5-26　清洁表面

（9）遮护。

在贴遮护纸前清洁修补区周围，不要擦抹泥子，避免泥子吸收清洁剂产生喷涂后的溶剂气泡。然后按喷涂范围进行遮护，如图 5-27 所示。

（10）喷涂双组分中间涂层涂料。

均匀喷涂双组分中间涂层，每层喷涂需闪干，如图 5-28 所示。修补工作区域温度在 25 ℃以下时，用红外烤灯烘烤 3 min。

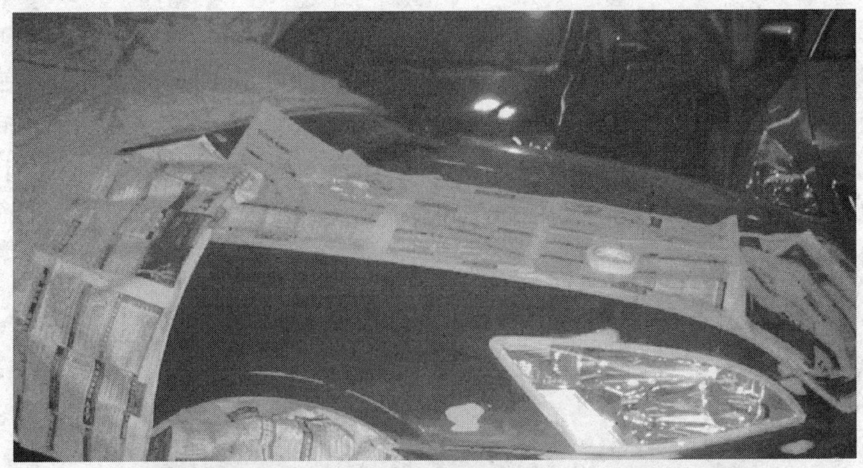

图 5-27 遮护

图 5-28 喷涂中间涂层

（11）红外烤灯烘烤固化（烘烤时间参考技术资料）。图 5-29 所示为烘烤后的表面。

图 5-29 中间涂层烘烤后的表面

（12）手刨打磨中间涂层。

手刨打磨先使用 P180 砂纸打磨再使用 P240～P320 打磨，如图 5-30 所示。手刨打磨目的是把修复范围整平，每次转换打磨砂纸型号均使用指示涂层。使用的 3 mm 带有中间软垫的偏心距打磨机，如果要喷涂单工序面漆用 P400 号砂纸打磨，如果要喷涂双工序面漆用 P500 号砂纸打磨，难以打磨的位置使用 P500～P1000 海棉砂纸垫打磨，使用 P1000～P1200 海棉砂纸垫或自洁布打磨其他喷涂位置。

图 5-30　打磨中间涂层

（13）用手感觉修补表面是否平整。

用手感觉修补区域，如不平整，持续用手刨打磨直至平整，如图 5-31 所示。

图 5-31　检查修复表面

（14）在贴遮蔽纸喷涂面漆前，清洁所有区域（见图 5-32）。

图 5-32　清洁所有区域

（15）对汽车进行面涂层喷涂前全面遮护（见图 5-33）。

图 5-33　进行全面遮护

（16）面涂层喷涂。

进入喷漆房，最后除油及除黏尘，如图 5-34 所示，最后进行面涂层喷涂。

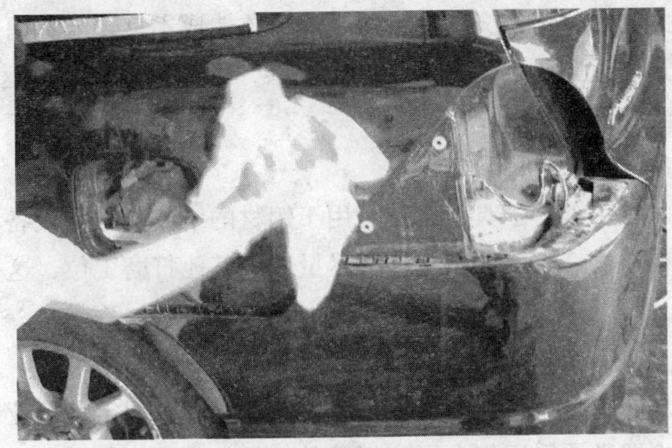

图 5-34　除油、除黏尘

（17）抛光和打蜡。

面涂层喷涂后再进行烘烤（时间参阅技术文件），然后进行抛光、打蜡，如图 5-35 所示。

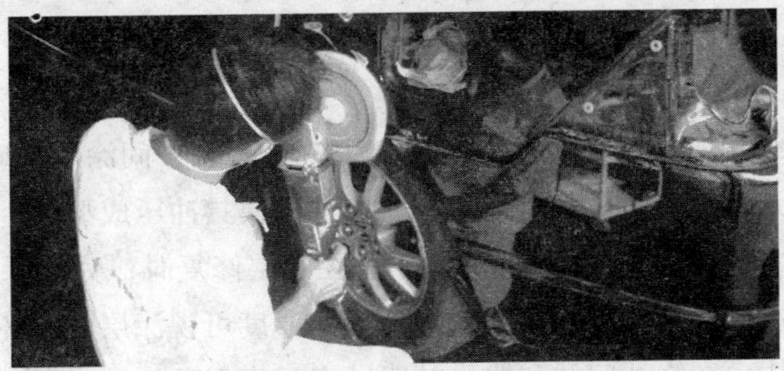

图 5-35　抛光、打蜡

5. 铝合金车身的打磨

目前，为了不降低轿车行驶安全性的同时，减轻轿车的质量，以提高轿车行驶经济性，奥迪、宝马、梅赛德斯、奔驰、美洲虎等越来越多的高档轿车在其某些车型中采用复合结构，即钢板、人造材料板、铝合金板等不同材料的板材组合，甚至采用全车身铝合金材料结构。由于铝合金具有其特殊的物理化学性能，使干磨工艺遇到了新的问题。

1）打磨过程中的隐患

（1）爆炸隐患。

铝尘属于易燃、易爆物，在空气中漂浮时会在一定条件下引起爆炸，威胁生产和人身安全。干磨过程中产生的铝粉尘，会长期漂浮在空中，当其浓度达到某一临界值，在气压、温度、氧气浓度都达到一定条件时，就很容易被微弱的明火或者瞬间火花所点燃，并且燃料在空中急剧扩散，最终导致剧烈的爆炸。

（2）接触腐蚀。

化学元素铝在元素周期表中的位置比较靠前，属于活性较高的金属元素，比铁元素的活性高，所以铝材具有接触腐蚀。

这种接触腐蚀有时在喷涂后几个小时内就会显示出来，导致返工，延长涂装的作业时间，浪费设备、耗材和人力资源，延长交货期，对企业形象造成不良影响；而有时会在交车后很长时间以后才会出现，这时返工更加耗时，手续也复杂，增加了客户的往返次数，损害更大。

2）预防隐患发生的方法

（1）有效隔离。

用于钢材等材料的常用维修工具、设备与用于铝材的维修工具和设备不得相互混用，而且必须严格隔离，最好有铝材打磨工位，并且要尽量远离其他打磨工位，这样才能有效地防止接触腐蚀的可能。

（2）有效防爆。

为了有效消除爆炸的隐患，必须严格遵守有关防爆的国家规定和行业规范。干磨必须采用气动式的工具，而集尘器必须采用符合国家标准的铝材打磨专用集尘器。

（3）更高标准的要求。

建议设立专用的铝材打磨隔离或封闭间，最好设有铝材打磨专用车间。

5.4 中间涂层的施工

汽车车身的涂层结构如图 5-36 所示，图中 4 为中间涂层。中间涂层在底涂层与面涂层中间。汽车车身结构件，特别车身覆盖件都是用薄金属板件经模具冲压成型的，因此，车身涂装时车身泥子（原子灰）、中间涂层都是很薄的涂层，但在涂层修复时，为了保证涂层表面质量和提高与原涂层的附着力必须涂装中间涂层，中间涂层的厚度可视涂层的损坏程度来决定。

在涂层修补工艺中，在修补区域和非修补区域之间建立颜色过渡带，人的眼睛无法判别出修复部位颜色与车身原颜色的不一致，常称为驳口漆，这种喷涂手法称为驳口喷涂。

1. 中间涂层的作用

中间涂层在涂层组合中是在面涂层之下，主要起增强涂层间附着力的作用，加强底涂层的封闭性和填充细微痕迹的作用，因此，中间涂层要有一定的附着力、耐溶剂性及填充性，以保证为面涂层提供一个完美的施工表面，并突出面涂层的装饰性。作为面涂层与底涂层、泥子层、旧涂层之间的媒介层，中间涂层还应具有对底涂层、泥子层、旧涂层、面涂层的良好配套性。目前在汽车上使用的底层涂料、泥子及面涂层涂料品种繁多，性能各异，正确选择中间涂层涂料非常重要，这不仅关系到合理使用涂料，发挥中间涂层涂料的品质，还关系到节约面涂层涂料、降低成本、方便施工以及提高面涂层的装饰性等一系列问题。另外，中间涂层的施工方法和条件如涂膜厚度、干燥条件、喷涂技术、稀释剂选用、涂料黏度、施工设备、施工环境、泥子作业的质量等都会影响中间涂层涂装后的质量，进而影响面涂层的质量。因此，我们必须重视中间涂层在涂层中的作用，重视中间涂层的施工质量。

1—钢板/铝板（镀锌处理）；2—磷化模；3—电泳涂料；
4—中间涂层；5—面涂层；6—清漆

图 5-36　车身涂层结构

2. 中间涂层的特点及施工

汽车涂层修补中的中间涂层涂料品种多，分类方式也多种多样，如根据组分分为单组分和双组分；根据树脂种类分为环氧、硝基或双组分聚氨酯丙烯酸等。

1）中间涂层涂料的特性

（1）与底涂层、泥子、旧涂层及面涂层有良好的配套性，同时与底涂层和面涂层有良好的附着力。

（2）干燥后涂层硬度适中，有良好的打磨性能及耐水性，湿磨后表面平整光滑，无起皱、脱皮等，局部喷涂边缘平滑性好，无接口痕迹。

（3）有良好的填充性能，经打磨后能消除构件表面上的轻微划痕、砂痕、小砂孔等。

（4）有良好的隔离性能，防止底涂层、泥子层、旧涂层不良物质向面涂层渗出而污染涂膜表面，破坏面涂层的装饰性，同时也阻止面涂层的溶剂渗透到底涂层、泥子层、旧涂层。

（5）能提供给面涂层一个吸附性一致的表面，同时由于其本身具有良好的防渗透性，可以提高面涂层的光泽度，因此可以极大地提高面涂的装饰性。

（6）中间涂层应具有良好的施工性能，如温度适应性、干燥迅速、施工容易等。

2）中间涂层的施工及注意事项

（1）环氧中间涂层涂料。氨基固化的双组分环氧中间涂层涂料，一般是底涂层、中间涂层涂料二合一的涂料。该涂料用于涂装有底涂层或泥子层的表面，对底层附着力好并有填平泥子层砂孔、砂痕的能力，可防止面涂层的光泽被底涂层吸附。

（2）硝基中间涂层涂料。硝基涂料是单组分涂料，干燥迅速、易于打磨，经打磨后表面平整光滑。硝基涂料的使用方法及注意事项如下：

① 硝基涂料含颜料较多，易沉淀，使用时应彻底搅拌均匀，其黏度用硝基稀释剂调整。

② 工作黏度以 15～20 s（涂-4 杯，20℃）为宜，喷涂压力以 0.4～0.5 MPa 为宜。由于树脂含量较低，一般需喷 3 道以上，每层间隔 10 min 左右。

③ 硝基涂料在常温下表干 10 min，实干 1 h，具体产品参照供应商提供的参数。

④ 可与各种硝基面涂料以及双组分丙烯酸聚氨酯面涂料配套使用。

（3）双组分丙烯酸聚氨酯底漆。双组分丙烯酸聚氨酯底漆的固化剂为异氰酸酯，一般小面积修补直接用于金属面或磷化底漆、环氧底漆等表面。其附着力、耐水性、耐热性、耐化学性很好，而且干燥快，打磨性及对面涂层的保光性都非常好，因此，在汽车修补涂装行业有着广泛的应用。

双组分丙烯酸聚氨酯底漆使用方法及注意事项如下：

① 一般以喷涂为主，也可刷涂或滚涂。

② 直接用于金属表面时，构件表面必须经过处理，处于无水、无油、无酸碱、无机械杂质、无灰尘的状态。

③ 严格按照供应商的要求配比，搅拌均匀后方可使用，并在使用时效内用完。干燥温度一般为 60℃（指金属表面温度），时间 30～35 min，具体情况参照供应商要求。

5.5 遮　护

如图 5-37 所示，在车身涂层局部损坏的修复中，为了不让涂装作业时污染其他不需要涂装的车身，就必须将车身这些部位遮护起来；因为涂装以后的工艺一般会采用喷涂的方法，所以操作者应做好个人防护。

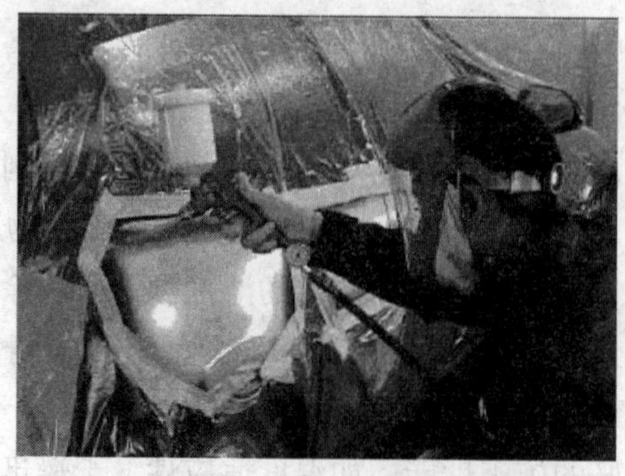

图 5-37　喷涂双组分丙烯酸聚氨酯底漆

1. 遮护的目的

车身后门外板重喷时的遮护方法是使用胶带或纸盖住不需修饰的表面，以便在打磨、喷漆或抛光时保护相邻的表面。

一般情况下，如果给车身后门喷涂面漆，它的漆雾可以扩展至车门以外 1～2 m。所以我们在做局部喷涂时，一定要对不需喷涂位置进行遮护，如图 5-38 所示。

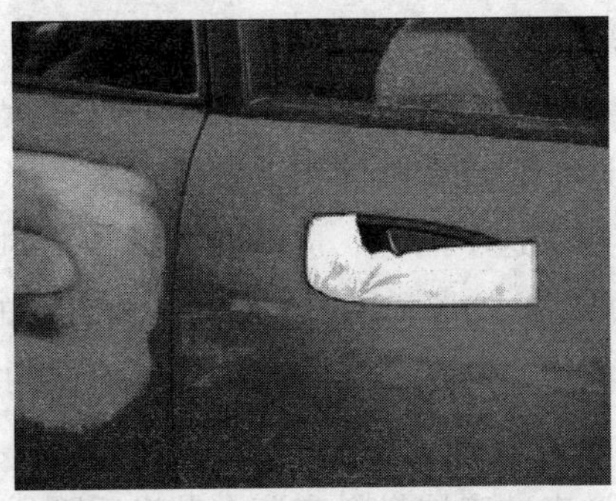

图 5-38　后门外板重喷时的遮护

2. 遮护方法

1）喷涂中间涂层时的遮护

由于喷涂中间涂层时所用的空气压力低于喷涂面涂层的空气压力（以尽可能减少喷涂外逸），所以构件表面的遮护工序比较简单。通常使用反向遮护法，以防止产生喷涂台阶。所谓反向遮护方法是指遮护纸的敷贴时里面朝外，所以沿边界黏有一薄层涂料。这种方法尽可能减小了涂层台阶，使边界不明显。

2）较大面积喷涂时的遮护

进行较大面积喷涂时，如喷涂翼子板或车门之类的构件时必须单独遮护。如果构件有孔、凹坑等结构，或板件之间的缝隙，都必须进行遮护，以防漆雾进入这些区域。

3. 遮护边界

1）选择边界及遮护方法

分隔重喷区与非重喷区的区域叫边界。必须根据修理的范围及旧涂料的状况选择边界。

（1）构件间缝隙上的边界。为了重喷一块用螺栓安装的外板，必须在板间的缝隙上贴边界，进行遮护。

（2）车身有封闭剂（板缝）上的边界。车身后侧板件或其他焊接部件之间，采用了车身封闭剂，这些部位也需要遮护。遮护胶带可以折成车身封闭剂的宽度，从而可以使边界处的涂层台阶不明显。

（3）在特征线凸出部位上的边界。通常可以采用反向遮护方法，它使边界处的台阶尽量不明显。

（4）平面部分上的边界。这些部位的边界必须采用反向遮护。

2）遮护时注意事项

（1）清洁和除油。在将车辆开上工作车位以前，先要清洗车辆，特别脏的部位要彻底清洗。

用除油剂清洁要贴遮护胶带的区域，以防止在吹风或涂装时遮护胶带脱落。

（2）遮护的范围。使用的喷涂方法和喷枪不同，要遮护的面积和范围也不同。开始最好先遮护面积略大的部位。在喷涂以后，查看遮护纸上是否有喷涂外逸的迹象，在随后的施工中，可以逐步缩小要遮护的面积。

（3）不可拆卸部件的遮护。将遮护胶带贴在不可拆卸的部件上，并留一个小小的间隙（等于涂层的厚度）。如果不留间隙，涂料形成的涂层将会粘连新涂表面和遮护胶带，从而使遮护胶带难以脱落。如果间隙太宽，那么遮护胶带便不能很好地遮护部件。

（4）圆面积的遮护。如果遮护胶带在圆面积上贴得很紧，那么它会在转角周围缩进去，从而暴露需要遮护的面积。为了解决这个问题，应该在接近转角的地方将胶带贴得稍稍松一点。

（5）双重遮护。通常使用的遮护胶带和纸，对涂料中所含有的溶剂的抵抗力不很强。因此，在涂料易于聚积的地方（例如板边、沿特征线或要喷涂厚涂层的区域），贴双层遮护胶带和纸，可以防止涂料透入遮护构件表面。

（6）剥除遮护材料。一般说来，遮护材料应该在抛光后除去。但是，沿边界的遮护胶带应在涂装后，趁涂层还是软的时候小心地取下。这是因为一旦涂料变干变脆，它会变得不容易分离。在抛光后要剥除遮护材料的原因是保护周围的部位在抛光中不受磨光剂的影响。如果一个面积使用密封条的遮护材料，遮护材料必须在密封条刚干时就进行剥除。如果密封条在冷了以后才剥除，那么密封条就会变形，并且难恢复至原形。

（7）缝隙胶带。缝隙胶带可以使工作简化，而且可以缩短重喷所需要的时间。但是，如果使用不当，可能引起很大的问题。

！安全提示

遮护作业一般应在车间的专门区域进行，如仍需要在车间进行，也需要进行个人防护。并要注意以下事项：

① 遮护工序通常是在工作车位进行的。在该工序完成以后，车子便开入喷涂室。阻碍汽车运动的部位不要遮护，在进入喷涂室后再遮护。例如，阻止进入汽车内部的遮护，如果车门完全遮护，那么汽车便无法开动。

② 运动部件周围的遮护，例如车轮，当遮护汽车的外面时，一定不要让遮护材料太长，要保证汽车轮胎能自由转动。

③ 遮护操作时应按图 5-39 所示穿戴防护用品。

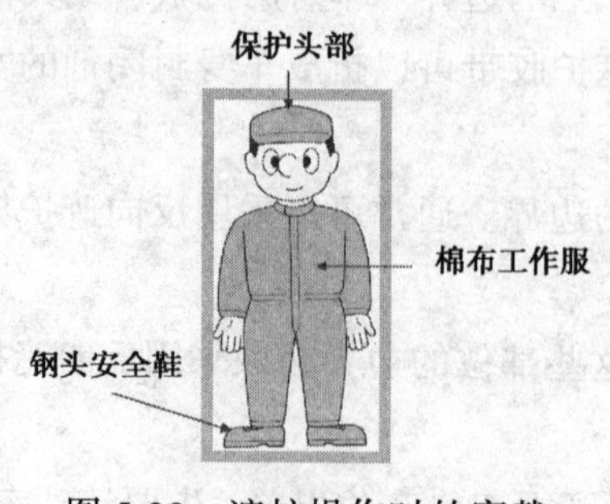

图 5-39　遮护操作时的穿戴

5.6　面涂层的施工

车身面涂层的涂装是涂装作业最后的涂装工序，因此，面涂层的作业质量将直接影响涂装质量的好坏，如图 5-40 所示。面涂层的操作质量影响因素较多，不像前面几道涂装工序影响的因素较为单一，所以这里进行了较为详细的介绍。

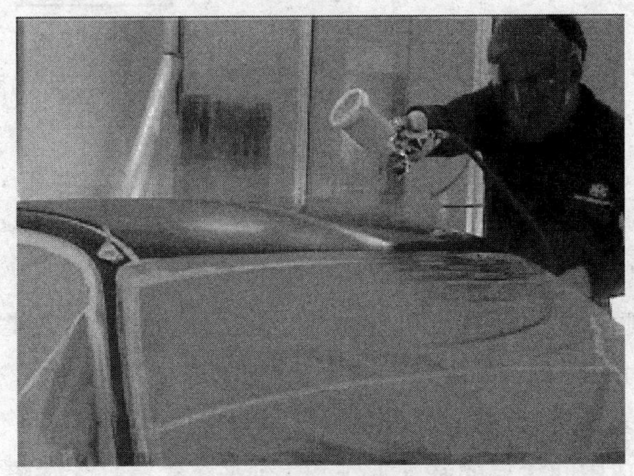

图 5-40　车身面喷涂操作

1. 面涂层的功能

面涂层指涂于构件最外层的涂膜，是涂层组合中唯一可见的部分，起着装饰、标志和保护构件的作用。它直接与各种气候条件（如雨、阳光、雪、寒冷、酷暑等）及有害物质（如酸、碱、盐、二氧化碳、硫化氢）接触，是阻挡这些侵蚀的第一层，配合其他涂层起到对构件的保护作用。当然，不同的汽车涂层质量因等级要求及使用环境等因素，面涂层的装饰性和保护性也会各有侧重，如轿车对装饰性要求高；装载油料、酸、碱化学物品的载货汽车，对面涂层的耐油、耐酸、耐碱等化学性的要求很高，将装饰性放到第二位。由此，为适应各种需要，涂料工业也生产出各种性能的面涂层涂料。

2. 面涂层的分类

面涂层的分类方法很多，按颜色效果可分为纯色漆、金属漆和珍珠漆；按成膜物质种类可分硝基漆、醇酸漆和丙烯酸漆等；按固化机理可分溶剂挥发型、氧化型和交联反应型等。按施工工序可分单工序、双工序和三工序等。而每一种分类方法互相的界线不是绝对的，可以相互交叉。图 5-41 所示为汽车涂层修复分类。

（1）单工序面涂层指喷涂同一种涂料即形成完整的面涂层的喷涂系统。

（2）双工序面涂层指喷涂两种不同的涂料才能形成完整的面涂层的喷涂系统，通常是先喷涂色漆，然后再喷涂罩光清漆，两种涂层结合在一起才能形成有质量保证的完整的面涂层。

（3）三工序则更为复杂，如三工序珍珠漆通常是先喷一层打底色漆，然后喷一层珍珠漆，最后喷罩光清漆，三个涂层结合才能形成完整的面涂层。一般单工序面涂层的颜色比较单调，而三工序面涂层的效果比较丰富，但工序越多，施工及修复越复杂。

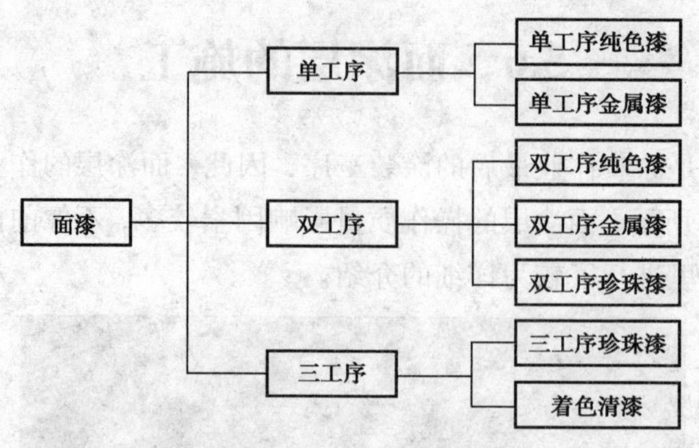

图 5-41　面涂层的分类

3. 单工序面涂层的施工

在汽车修补中常用的单工序面主要为双组分纯色涂层。

双组分纯色涂层的喷涂是目前在汽车修补行业使用最为普及的一类。

1）喷涂前对被涂构件的表面准备

（1）汽车车身构件表面要求。

车身构件表面已完成中间涂层的基础工作，达到平整光滑且无缺陷，表面轮廓外形线清晰完整，用 P400～P500 砂纸干磨后，符合涂装允许的粗糙度，不涂装部分应小心用专用封闭纸加胶带封闭。被涂构件表面要用专用除油剂进行脱脂、除蜡，用黏尘布轻擦整个被涂面以清除浮尘。

（2）对喷涂环境、工具、设备的检查和准备。

双组分涂料干燥较慢，易沾尘，故要求施工环境清洁，喷涂工作要在有排风设备的喷漆房内进行。固化剂异氰酸酯对水、油敏感性极强，要求空气压缩机能提供纯净而干燥的压缩空气。喷枪喷出的喷雾流要均匀，注意选用合适口径的喷枪，过大的口径会造成出漆量大，而使被涂面的漆膜产生流挂和橘皮。要用专用过滤网在喷涂前对涂料进行过滤，确保喷涂后的涂层上无肉眼可见的颗粒。

2）喷涂程序和方法

对于整车喷涂的路线没有一个硬性规定或规则。有许多不同的喷涂程序方案，每个操作人员也有自己的操作思路，但有一点是一致的，即如何防止喷涂时产生的漆尘落到已喷涂的涂面上，以及喷涂时保持涂装面的湿润度。目前汽车修理厂使用下降式（空气由房顶进入，由地槽排出）通风喷漆房较为普遍，使汽车的三个面（车顶、前盖、后盖）获得最佳的湿润度，以及喷涂中添加涂料后尽可能避免再喷涂时漆尘飞扬到邻近已涂装的涂面，可见喷涂程序的正确对喷涂获得最佳效果是极为重要的。如图 5-42 所示的喷涂程序，在位置 1～3 和 4～6 两个阶段喷涂，可以获得较好喷涂质量。

（1）喷涂顺序主要步骤。

① 第一步是喷涂车顶。在车顶从挡风玻璃到后窗之间，首先从靠近操作人员的车顶边缘乘客侧前门一侧开始，采用带状涂装法进行喷涂，喷枪与车顶表面距离为 15～20 cm，从左到

右，再从右到左逐步向车顶中心线移动，每层喷幅重叠 1/2～2/3。喷雾流尽可能与被涂面垂直，直到喷涂面超过车顶中心线后，操作人员移向驾驶员一侧，自车顶中心线（接前喷涂面边缘）从左到右，再从右到左逐步向车顶边缘靠近操作人员车身的一侧移动。

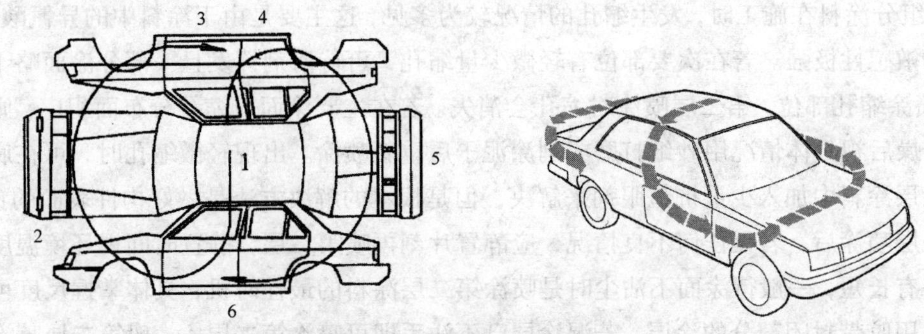

图 5-42　车身整体喷涂程序

1—车顶；2—前部；3—乘客侧面前门；4—乘客侧面后门；5—后门；6—驾驶员侧面后门

② 第二步是喷涂驾驶员一侧前门。从左到右，再从右到左带状喷涂，垂直由上逐步向下移动，直至全部覆盖。接着喷涂相邻的前翼子板，从左到右，再从右到左带状喷涂，垂直由上逐步向下移动，直至全部覆盖。

③ 第三步是喷涂发动机前盖。首先操作人员站在车的前部喷涂前盖的前部，然后操作人员站在驾驶员一侧的前翼子板一边，从靠近翼子板的前盖边缘开始，喷枪从左（前盖前部）到右（前盖靠近挡风玻璃处）移动，再从右到左采用带状喷涂法逐步向前盖中心线移动，直到喷涂面超过前盖中心线后，操作人员移向另一边（乘客一侧），喷枪沿前盖中心线（接前喷涂面边缘）从左到右移动，再从右到左逐步向乘客一侧的前盖边缘移动，直至前盖平面被全部覆盖。

④ 第四步是喷涂后盖。采用带状喷涂法沿后窗玻璃的底边喷一道，由于后盖长度较前盖短，操作人员可站在车后部，沿后窗玻璃的底边从左向右，再从右向左，由后窗玻璃一端逐步向后（操作人员身边）移动，每层喷幅重叠 1/2～2/3，直至覆盖整个后盖。

⑤ 第五步是喷涂驾驶员一侧的后翼子板和后门。在喷涂后门时应把前门打开，防止漆尘飞扬到已略干的前门涂面，产生粗粒现象。

（2）喷涂方法。按说明书规定比例混合漆料和固化剂，静置 5～10 min 后喷涂，若喷涂黏度需要调节，应添加配套的稀释剂，施工黏度宜调节至 18～21s（涂-4 杯，20℃），应选用与喷涂环境温度相适应的快干或慢干型稀释剂。

双组分涂料一般喷 2 层即可达到要求的厚度。若颜色遮盖力较差，则需喷 3～4 层，直到全部覆盖。

在全车整喷施工中，应该用中间涂层涂料封闭表面，以防止新旧漆膜间的不配套问题，并可提供良好的耐久性。若在全车整喷施工中有局部构件表面是有原车旧涂层表面部位，则要充分确定旧漆膜的性质，保证全车旧涂膜与新喷涂料不会发生咬底、吸光、起皱等问题。在第一层面涂层喷涂前，首先对局部喷涂中间涂层的涂面先薄喷一层，减少中间涂层与旧涂面之间的色差，为以后的全车喷涂打下基础。

第一层喷涂时以 0.35～0.45 MPa 的喷涂压力、中等湿度薄薄地喷涂一层，检查涂面情况后以确认有无缩孔。一般被涂面如有油、蜡会导致第一层喷涂后立即出现缩孔，若底层涂面与新喷涂料不配套也会立即产生咬底、开裂等现象，这时应立即停止施工，采取相应的补救措施或返工。双组分涂料在施工时，发生缩孔的情况较为多见，这主要是由于涂料中的异氰酸酯对油、蜡、水的敏感性极强。若在次要部位有轻微少量缩孔，可待溶剂挥发且一部分涂面略干后，分 2～3 次喷涂缩孔部位，第二层喷涂时缩孔会消失。若在主要涂面或缩孔分布面积广，则应停止施工，干燥后视具体情况用砂纸打磨或刮涂泥子后重新喷涂。出现轻微缩孔时，可在底涂层涂料或面涂层涂料中加入少量抗鱼眼剂来解决，但是根本的解决方法是做好构件表面的预处理。

第一层喷涂后，若无任何不良情况，应静置片刻再喷第二层，静置时间视环境温度、涂料品种而略有长短，一般待涂面不沾尘时是喷涂第二层涂料的最佳时机，具体掌握尺度可用手指轻轻抚摸用胶带封闭部分的涂层，若湿涂层已不沾手即可喷涂第二层。一般第二层喷涂后喷涂工作即结束，此层喷涂要求涂面光滑、光亮，无流痕、橘皮。因此在配制涂料时，黏度应比第一层涂料略微降低，喷枪移动速度也略慢，喷涂压力可适当提高 0.02～0.03 MPa，使漆粒雾化得更细，以得到满意的光滑涂面。

3）施工中的注意事项

（1）双组分涂料用多少配多少，现配现用，已配制好的涂料要在供应商提供的使用时间内用完。

（2）拉开前门喷涂门柱或后门时，前门内侧要求用专用的遮护纸加胶带封闭好，以防喷涂时产生的漆尘飞进车内，造成污染。

（3）在喷涂车顶和前盖由边缘向中心移动时，注意工作服不要触及边缘已喷涂部位，以免造成不必要的返工。

（4）遮盖纸应在喷涂后立即小心去除，注意手和工作服不要触及未干的涂面。若是强制干燥，应在涂面还是微湿的时候及时去除；若涂膜完全干透则胶带较难去除，容易留下黏结斑点或漆膜可能会被胶带揭起。

（5）双组分涂料中的异氰酸酯漆尘对人体有害，喷涂时要在通风良好的环境下进行，并做好个人安全防护，如穿工作服、戴防毒面具等。

（6）喷涂完毕后应立即清洗喷涂工具，以免胶结。

（7）双组分涂料喷涂后可自干，也可低温烘烤强制干燥，一般在 20℃时经 16 h 后（隔夜）可投入使用，60℃（金属温度）时经 30 min 烘烤，冷却后可投入使用，但彻底固化则需一周时间，具体产品严格参照供应商的要求。

4. 双工序面涂层的喷涂

双工序金属涂料的喷涂有以下要点：

（1）喷涂前对被涂面的准备及对喷涂环境、工具、设备的检查和要求参照双组分纯色漆。

（2）喷涂前对金属涂料要搅拌均匀，按涂料规定比例加入固化剂、稀释剂，一般把涂料黏度调整到 15～17 s（涂—4 杯，20℃），过滤后再喷涂。使用慢干型固化剂和稀释剂要谨慎。

（3）金属涂料一般喷涂 2～3 层，以全部均匀遮盖为准，每层间隔 10～15 min，以 0.4～0.5 MPa 喷涂压力、中等湿度均匀喷涂。金属粒子易沉于喷枪罐底，每次加料都要注意搅拌均匀，在喷涂中也要经常晃动喷枪，以防止银粉粒子沉淀。

（4）最后一层喷涂可适当降低涂料黏度，略提高喷涂气压，薄而均匀地喷涂，以利于银粉粒子分布均匀和提高涂面光泽度。

（5）喷涂完毕后不能立即去除遮护纸、胶带，应当等烤干之后（一般为 60℃时经 30 min 烘烤，具体烤干条件参见油漆供应商的产品说明书），尚未完全冷却之前去除。

以上数据仅供参考，具体产品参照供应商的要求。

5. 三工序珍珠漆喷涂

三工序珍珠漆需喷涂三种不同类型涂料，即纯底色漆、纯珍珠漆、清漆，称为三工序珍珠喷涂，各工序涂料调配比例参照涂料供应商资料。

（1）喷涂前吹尘，贴护，使用除油剂清洁喷涂区并配备安全措施。

（2）喷涂纯底色漆覆盖中间涂层，喷枪距离 20 cm、气压为 0.3～0.6 MPa，每层喷涂间隔闪干时间，需使用粘尘布清洁每层的漆尘。使用粘尘布时，每层纯底色漆需要干燥及避免干喷。

（3）确保底色漆干燥后约 30 min 左右，然后喷涂 3～4 层纯珍珠漆，视车体颜色决定，喷枪距离为 20 cm，气压为 0.3～0.6 MPa，每层喷涂间隔闪干时间，需使用粘尘布清洁每层的漆尘。使用粘尘布时，每层纯底色漆需要干燥及避免干喷。

（4）因经过多层纯色漆及纯珍珠漆喷涂后，漆膜厚度增加，从而溶剂挥发减慢，因此喷涂清漆的静置时间应适当延长，确保珍珠漆干燥 30～60 min，而且视天气温度决定，天气冷干燥时间更长。

6. 清漆喷涂

清漆作用是保护底色漆、银粉漆、珍珠漆，抗紫外线及提高光泽度，使车体显出饱满、艳丽的色泽。

（1）喷涂前配备安全措施，如戴供气面罩和防溶剂手套。

（2）喷涂清漆前需使用粘尘布清洁喷漆位置漆尘，避免漆尘停留在表面，增加抛光劳动力。

（3）喷涂 2～3 层清漆，喷枪距离为 20 cm，气压为 0.3～0.6 MPa，每层喷涂间隔闪干时间，需要 5～10 min 或用手感觉边缘位置是否表面干燥，然后喷涂第二、第三道清漆。

（4）清漆喷涂完成后，需静置 5～10 min，待清漆溶剂挥发，调节烤漆房温度达到 60℃烘烤 35 min。具体要求，见供应商提供的工艺说明。

（5）如果喷涂的是含异氰酸酯固化剂的双组分涂料，必须带供气式面罩，如图 5-43 所示。

7. 防毒措施

涂料施工中所使用的涂料和溶剂部分是有毒有害物质，吸入会危害人体健康。空气中各种有机溶剂最高浓度允许值国家有关标准都有明确的规定。空气中的溶剂的有害物质超过一定浓度时，对人体中枢神经系统有严重的刺激和破坏作用，会引起抽筋、头晕、昏迷等症状。为了防止发生中毒事故，施工中应该注意以下几点：

（1）施工场地应该有良好的通风或者安装排风设备，使空气流通，加速溶剂气体散发，降低溶剂在空气中的浓度。要有吸尘装置，可以及时抽走磨料粉尘。

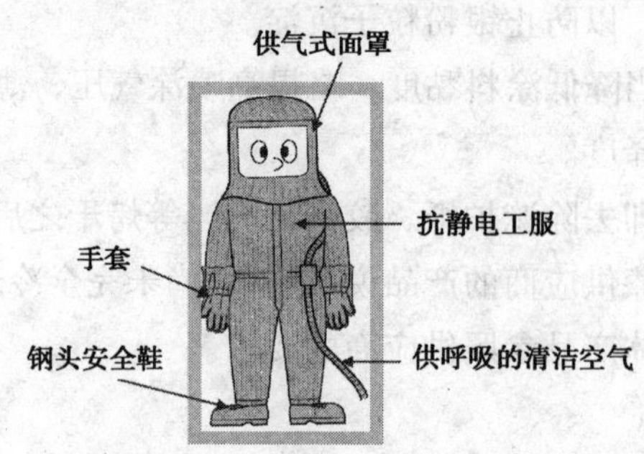

图 5-43　喷涂含毒涂料时的穿戴

（2）施工时如果感到头痛、眩晕、心悸、恶心，应该立即停止工作，到室外空气新鲜的地方休息，严重的应该及时治疗。

（3）长期接触有毒涂料和有机溶剂气体的人，有可能发生慢性中毒，所以涂装施工人员要定期检查身体，发现有中毒迹象，应该调离原工作岗位。

（4）涂料及有机溶剂通过肺部吸入人体，因此在喷涂时要戴供气式面罩或活性炭口罩。如果喷涂含有异氰酸酯固化剂的涂料，或者空气中的氧气含量低于 19.5%时必须戴供气式面罩。供气式面罩根据气源的种类分为两类：自带气源和车间供气系统提供的气源。自带气源是带一台小型气泵，该气源可为一套或两套供气式面罩提供空气。气源入口必须安装在空气清新干净的地方，可以将气源入口安装在车间的外墙上，远离车间操作产生的粉尘和废气。如果不得不使用车间供气系统的气源，必须配备空气过滤器，过滤掉空气中的油、水、颗粒和异味。空气供应系统中还必须配备气压调节阀和自动控制装置，当面罩内空气温度过高时会自动报警或者直接关闭压缩机。

（5）有机溶剂蒸气可以通过皮肤渗入人体，因此在喷涂完毕后，要用肥皂洗脸和洗手，条件允许时，喷涂完毕后应该淋浴。为了保护皮肤，施工前暴露在外的皮肤要涂抹防护油膏，施工后洗干净，再涂抹润肤霜以保护皮肤。在施工场地，必须安装紧急淋浴器，当溶剂或化学药品大量溅在人体上时，立即冲洗身体。

（6）有些含铅质颜料（如红丹）毒性很大，不可以喷涂，只宜刷涂。一些含重金属如铬、镉的底漆，打磨时一定要注意防尘。

（7）施工中溶剂溅入眼睛内时，应立即用清水冲洗，然后送医院治疗。

（8）喷涂完毕后要多喝开水，以湿润气管，增强排毒能力。平时多喝牛奶，有利于排毒。

5.7　抛光打蜡

新制造的汽车车身涂装后要采取涂蜡保护，在汽车使用的各个阶段车身涂层也需要使用保护蜡。因此、要让汽车车身保持新车时的光彩照人涂层，抛光打蜡是重要的工艺手段，如图 5-44

所示，正确的抛光打蜡才能使汽车车身获得新车的涂层效果。

图 5-44　新喷涂面抛光

1. 汽车涂层抛光

1）抛光的作用

抛光主要是为了增加涂层的光泽度与平滑度，消除涂面的粗粒、轻微流痕、泛白、橘皮、细微砂纸痕迹、划痕、泛色层等涂膜表面细小的缺陷。抛光处理既适用于旧涂面翻新，也适用于新喷涂面及修补施工。

2）抛光类型

（1）旧涂面翻新抛光。汽车是一种室外交通工具，长年受到阳光、风沙、雨雪、温差、大气污染物、化学品等不良环境影响，涂面受到的侵蚀程度既复杂又严重。光靠简单的水洗不能将其消除，而要进行翻新抛光处理，通过摩擦和抛光的作用来消除涂面的缺陷。抛光盘配合抛光剂与涂面摩擦，去除涂面的老化层和细微擦痕，抛光剂中的部分成分渗入涂膜，使涂面变得光滑、靓丽。

（2）新喷涂面抛光。全车喷涂面漆或部分喷涂面漆过程中可能产生各种缺陷，如流痕、粗粒、橘皮、发白、失光、丰满度差，以及局部喷涂时飞溅于旧涂面的漆尘和新旧涂膜交界处的痕迹均可通过抛光处理得到及时的纠正。

（3）抛光剂的类型。抛光所使用的材料主要是由大小均匀的细微砂粒组成。其形态有粉末状、软膏状（不流动）、稀泥浆状（流动）。根据组成，有由微细砂粒粉末、硅藻土、矿物油、蜡、乳化剂、溶剂混合而成的软膏；也有由微细砂粒与蜡、硅氧烷、溶剂组成的混合液，以及不断涌现的含还原剂、去污剂、釉剂而不含蜡、硅氧烷的新型高质量抛光剂。按抛光剂材料颗粒大小大致可分为粗、中等细度、超微细粒子。

2. 打蜡

1）打蜡的作用

汽车涂膜经过抛光后，一般均需在其表面打蜡，蜡质在涂膜表面干燥后会形成一层薄的保护膜，该保护膜可以反射阳光中的紫外线，降低对涂膜的破坏。蜡质的光滑度能有效防止水分子对涂膜的渗透并具有抗污能力，蜡膜有一定的硬度，可减轻划伤涂膜，蜡膜的光泽能提高涂膜的光泽度、丰满度，弥补抛光处理后的不足。

2）车蜡的类型

（1）含研磨剂蜡。该蜡为黏稠的乳状物，内含抛光剂和蜡，具有抛光和上蜡的双重功能，可消除涂膜表面泛色、轻微划痕及抛光后产生的光环，是一种抛光、上蜡二合一的用品，既可作为抛光使用，也可作为上蜡使用。此品虽有上蜡的效果，但保持时间不长，一般应再涂一层高质量的蜡。该品种简化抛光、上蜡的多道工序，适用于车辆上光，不能用于重新喷涂部位的抛光处理，以防新喷湿膜上产生缩孔。

（2）几种常见的保护性封蜡。

① 油脂型保护蜡。蜡膜呈半透明状态，可提供极硬的保护层，多用于长途海运的出口汽车和沿海地区，即使海水飞溅于涂有封蜡的车体表面，也不能对其造成任何损害，并可防止双层托运车在途中遇到树枝或其他人为因素所造成的轻微损伤，保证在修复后一年内不受其他有害物质的侵蚀。

② 树脂型保护蜡。蜡膜呈半透明状态，主要用于短途运输的汽车，可以为车身提供一年以上良好的硬质保护层，这层保护膜在厚度上大约是油脂保护蜡的 1/3，能防止在使用过程中人为轻微刮伤所造成的划痕现象，但无法抵御含有盐类成分溶液（如海水）的侵蚀，所以这种树脂保护蜡不大适合在海洋运输中或沿海地区使用。

③ 硅油保护蜡。蜡膜呈透明状态，为刚涂装后的汽车提供短期的保护层，能有效防止紫外线、酸碱气体、树汁、虫屎、树枝抽打等一般的侵害，对于含盐、碱成分的液体的侵害或使用过程中所造成的刮蹭现象却不能起到很好的保护作用。

3. 开蜡

新车下线，为了避免在露天停放或运输中风吹雨淋、烈日曝晒、烟雾及酸雨的侵蚀，必须进行喷蜡覆盖保护，以防涂层表面受侵蚀老化。但在新车交付正常使用后，这层保护的蜡必须除去。这是因为这层保护蜡影响汽车涂层的光泽，原车光泽 80%左右被遮盖。这层保护蜡不除，在汽车行驶时，尘埃极易附着车身表面，这是因为保护蜡含油脂成分较多，易黏附灰尘的缘故。

1）开蜡的溶剂

（1）油脂开蜡洗车液。市场上 80%的产品属于非生物降解溶剂，主要原料提炼于石油，使用时应注意劳动保护。

（2）树脂开蜡洗车液。属于多功能轻质水溶型清洁剂，含有树脂聚合物的溶解元素，渗透性较好，使用起来比较安全。

（3）强力脱蜡洗车液。属于生物降解产品，主要提炼于天然橙皮，并含有阴离子表面活性剂，泡沫丰富，分解性较好，因此成本也较高。

2）开蜡需要的工具

（1）专用洗车海棉。这种中密度海棉包容性极好，在清洁车身过程中能将沙粒及尘土深藏于气孔之内，避免因擦洗工具过硬而不易包容泥沙给车身造成划痕，配合高润滑型阴离子表面活性剂（高泡洗车液）更可保证操作中万无一失。

（2）高密度纯棉毛巾。在开蜡工序各阶段中都需使用。质地比较柔软，即使清洁车身后表面仍存有少量泥沙，开蜡过程中也不致对涂面造成影响外观效果的较大伤害，所以纯棉毛巾应是开蜡过程中必不可少的重要工具之一。

（3）塑料异形刮板。这种刮片质地较软，具有一定韧性，加之垫有纯棉毛巾，所以操作时不会对涂面造成任何损伤。擦车时可用此刮板清除手指触及不到的地方，如构件之间连接处、车标牌等。

（4）防护眼镜。防止施工时药剂飞溅到眼睛里。如有类似现象发生，应立即用清水冲洗，情况严重者应马上就医。

（5）橡胶手套。因多数开蜡液均属轻质型煤油类产品，渗透分解性极强，有害于皮肤，所以应使用橡胶手套，采取防护措施。

3）开蜡的操作程序

由于保护蜡的种类不同，进行开蜡时所采取的操作步骤也不尽相同。

（1）油脂型保护蜡的开蜡程序。

① 用高压水枪将车身大颗粒泥沙冲洗干净，然后用配制好的开蜡洗车液清洁车身，冲洗后无须擦干。

② 将油脂开蜡洗车液装在手动喷壶或气动喷雾器内，然后均匀喷洒于车身。

③ 闪晾 3 min 后，喷洒少许清水，用半湿毛巾按顺序全车擦拭，然后用配制好的脱蜡洗车液将全车清洗，冲净后无须擦干。

④ 将油脂开蜡洗车液再次喷洒于某一板块，闪晾 1 min 后，将喷洒过药液的板块用半湿毛巾再次擦拭。这时此板块残留封蜡应可完全清除，然后用开蜡洗车液清洁。按此方法逐块清洗，直至将全车封蜡清除。

⑤ 最后验车时，应将车身连接缝隙处残留的封蜡清除干净，并将全车外表用开蜡洗车液再次清洁，擦干后打蜡即可。

（2）树脂型保护蜡的开蜡程序。

① 用高压水枪将车身大颗粒泥沙冲洗干净，然后用配制好的开蜡洗车液均匀喷洒于车身，并用洗车海绵擦拭全车，冲净后无须擦干。

② 将树脂开蜡洗车液均匀喷洒于某一板块，闪晾 1 min 后，将喷洒过药液的板块用半湿毛巾擦拭，这时此板块封蜡应可被完全清除，然后用脱蜡洗车液清洁此板块。按此方法逐块清洗，直至将全车封蜡清除。

③ 将车身连接缝隙处残留的封蜡用塑料刮片垫半湿毛巾清除干净。

④ 用配制好的脱蜡洗车液将全车再次清洁，擦干后打蜡即可。

（3）硅油新车保护蜡开蜡程序。

① 用高压水枪将车身大颗粒泥沙冲洗干净。

② 将强力脱蜡洗车液用喷雾器均匀喷洒于车身。

③ 用洗车海绵按汽车板块顺序将全车快速擦拭。

④ 最后用高压水枪将车身擦掉的蜡质及污物冲净，擦干后打蜡即可。

（4）开蜡时的注意事项。

① 进行开蜡工序前，必须将全车外表清洁干净，以免操作时因车身携有沙粒给漆面造成划痕。

② 将开蜡液喷涂车体后要稍等 1～3 min，让它软化一段时间。

③ 开蜡中所使用的毛巾应不断清洁，以保证清除掉的封蜡不致存留于毛巾上太多而不便于继续施工。

④ 如在擦除封蜡过程中发现"吱吱"的响声，说明毛巾中存有沙粒，应立刻停止施工，清洗干净后才可使用。

⑤ 在开蜡后要把车冲洗干净，不留任何开蜡液或保护蜡。

⑥ 封蜡停留于车身表面两年以上的车辆，应在开蜡后进行抛光，然后打蜡。

⑦ 因开蜡后新涂膜暴露在外，容易受到氧化，所以应使用耐候性较好的上光蜡进行保护。

4. 抛光打蜡工艺

要得到高质量的涂面，除了涂料本身质量外，掌握正确的抛光打蜡工艺是增加涂膜美观的重要一环。抛光剂、车蜡的种类很多，性能各异，只有根据涂层表面状况和使用环境来正确选用抛光剂和车蜡，才能取得最佳效果。

1）抛光工艺

（1）整车抛光工艺。整车抛光既有旧涂层面翻新抛光，也有新喷涂层面抛光。新喷涂面应在涂膜实干后进行抛光，自干性涂料在喷涂后 8～16 h 进行，双组分涂料应在喷涂后，烘烤温度 65℃（车身金属温度为准）时间约 35 min 或风干 36 h（不建议风干），手指压表面没有产生手指印后进行抛光。一般采用二次抛光处理法效果较好。在抛光前若是旧涂层面，则应用水将车身表面的泥沙冲洗干净，以防在抛光时损坏涂面。

① 第一次抛光。首先用半弹性垫块衬 P1500 水砂纸打磨，然后再用 P2000、P4000 海棉砂纸，轻轻地把流痕、凸点、粗粒、轻微划痕打磨平整，再按顺序将整车打磨一遍，使涂面均匀无光，注意不要磨穿面涂层。清洗涂面并擦净、干燥后，用布块将全能抛光剂均匀地涂于涂面，机械抛光应将抛光机的转速调至 1000～1500 r/min 为宜，将抛光机的羊毛平放在涂层表面上，然后均衡地向下施加压力。从车顶开始抛光，在涂面上有规律地沿水平方向来回研磨，研磨面积不宜过大，要一块一块地进行，每一块面积长 60～80 cm，宽 40～50 cm 左右，涂面逐渐呈现平滑与光泽，即可用干净的抹布把涂面上的多余抛光剂擦净。若发现某部位涂面还不能达到质量要求时，可重复研磨直至达到质量要求。研磨时要特别注意折线、棱角及高出底材的造形部位的涂面，这些部位的涂膜相对较薄，研磨时触及机会较多，要特别注意不要磨穿面涂层。平面部位较圆弧面不易起光泽，应适当增加研磨次数。

② 第二次抛光。当整车涂层表面用全能抛光剂完工后，涂面的流痕、粗粒、划痕、海棉砂纸磨痕会全部消除，但有时会有一些极其细小的丝痕或光环，为了确保涂面更平滑、光亮，则需用釉质抛光剂进行第二次抛光。用干净的软布擦净前道抛光残留物，摇匀釉质抛光剂，用

软布或海绵将其均匀涂于涂层表面，停留 60 s 后用手工或机械方法抛光，机械抛光应将海绵盘转速保持在 1000～1500 r/min，抛光时应按一定方向有序进行。不要用羊毛盘进行第二抛光。手工抛光时应水平直线运动进行抛光，直到涂面擦亮即可，最后无论是机械抛光还是手工抛光都应用干净的软布擦净涂面。经釉质抛光剂抛光后，涂面亮度高、丰满度好，保持时间可达 1 年。

（2）局部修复施工的抛光。根据其所起的作用可分为喷涂前局部修复部位外围旧涂层抛光和局部修复涂层部位抛光。

① 喷涂前局部修复部位外围旧涂层抛光。可采用手工或机械方法，因局部修复部位外围抛光面积一般不会太大，因此手工处理较为普遍。使用抛光剂时应选用不含蜡、硅氧烷的粗抛光剂。抛光时倒少许于软布上，用力在需抛光部位涂膜上来回研磨，去除旧涂膜表面的氧化层、泛色层、蜡等一般清洁剂不易擦净的脏物，抛光处理的面积尽可能宽一些，一般遵循处理面宜大不宜小。

② 局部修复涂层部位抛光。应在涂膜完全干燥后，使用细度抛光剂或超细抛光剂进行抛光。采用手工处理方法，倒少量抛光剂于软布上，在局部修复部位四周交接线部位，按同一方向抛光，如图 5-45 所示。

抛光力度不宜过大，抛光程度不宜过深，防止产生局部修复部位边缘线形痕迹，操作时注意观察使涂面达到光泽柔和程度即可。

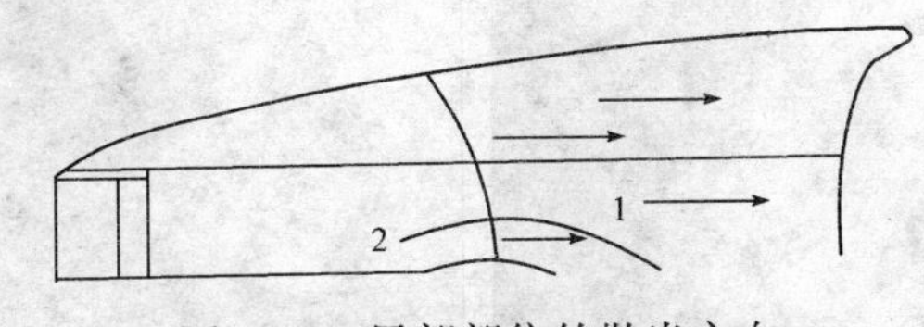

图 5-45　局部部位的抛光方向

1—旧涂面部位；2—局部修复部位

2）打蜡工艺

（1）打蜡前对涂层表面及施工环境的要求。

① 车身旧涂层保护性打蜡 1～2 月打蜡一次，也可以 3～4 月打蜡一次，这主要根据使用情况而定，一般可通过目测感觉或用手触摸涂面有发涩感，即需进行打蜡。

② 旧车涂层面沾有灰尘、泥沙、旧蜡，打蜡前应使用专用清洗液清洗干净，防止泥沙在打蜡时划伤涂面，旧蜡会使局部新蜡膜附着不牢。

③ 若旧车涂层已氧化、泛色或有划痕，应清除后才能打蜡。

④ 新喷涂涂层表面的流痕、橘皮、粗粒、划痕，应通过研磨、抛光处理后才能打蜡。

（2）车蜡的选用。

① 根据汽车涂膜颜色，可选用彩色蜡。

② 根据汽车涂层表面状况，金属漆可选用金属漆三重蜡、钻石蜡。

③ 根据使用环境，热带、雨季可选用水晶蜡。

（3）机械打蜡。机械打蜡时使用轨道抛光机，沿椭圆形轨迹旋转并双手把紧机体的中心立轴的把手。这种方法效率高、质量好，不易产生划痕。打蜡时将液体蜡摇匀后画圈似地倒在打蜡盘面上，每次以 0.5 m^2 的面积顺序打匀，直至打完全车身。待蜡凝固后，将干净、无杂质的全面抛光蜡盘套装在打蜡机上，开机后调节转速并控制在 1000 r/min 以下，然后将打蜡机抛光盘套轻轻平放在涂层表面上，进行横向与竖向覆盖式抛光，直至涂层表面靓丽为止。打蜡机抛光路线走向如图 5-46 所示。

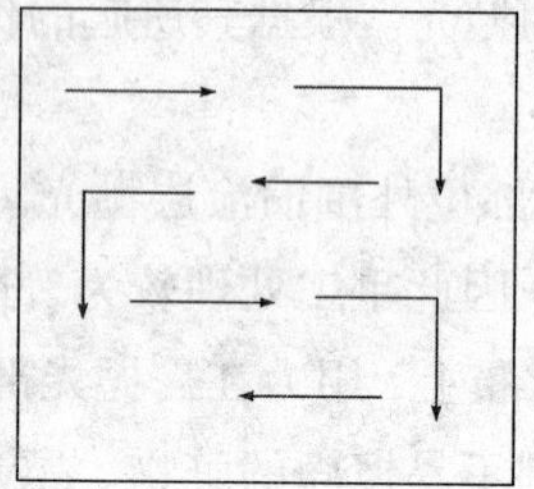

图 5-46　打蜡机和抛光路线

（4）手工打蜡。若是乳状蜡应将其摇匀，然后倒少许于海绵或软布上，涂蜡时以大拇指和小拇指夹住海绵，以手掌和其他三个手指按住海绵，每次涂蜡以 0.5 m^2 的面积为宜，力度均匀地按旋转式顺序擦拭。从前到后、从左到右，蜡膜要涂得薄而均匀，根据每种车蜡的说明，稍后用干净的软布擦净即可。如图 5-47 所示手工打蜡方法。

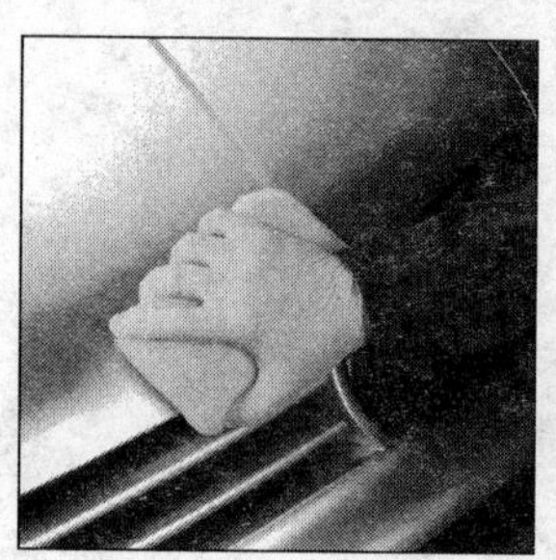
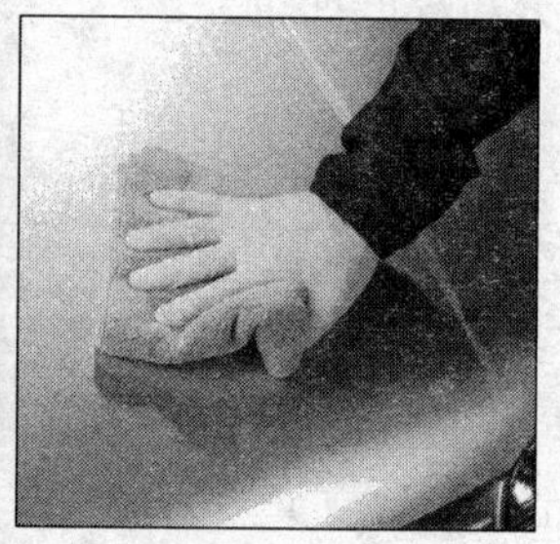

图 5-47　手工打蜡

（5）涂膜抛光打蜡施工，如表 5-3 所示为漆膜抛光打蜡实例。

表 5-3　漆膜抛光打蜡实例

工　序	涂面状况	施工方法	施工要求	材料、设备、工具
清洗脱蜡	旧车涂膜表面附有泥沙、灰尘、蜡质油污，新喷涂面免于清洗	将脱蜡洗车液以 1∶100 比例溶于水，车辆表面很脏，可适当提高比例至 1∶50，用泡沫清洗剂喷涂泡沫于汽车表面，停留 3～5min，用高压水冲净、擦干	涂面干燥、无尘、无蜡、无污痕	泡沫清洗机、脱蜡洗车液、水、海绵、抹布
研磨	旧车涂膜氧化层、脏膜、泛色层、轻微划痕、新喷涂膜流痕、粗粒、发白、橘皮、失光、丰满度差	先后使用 P1500～P4000 干磨砂纸，在涂膜表面按顺序全车打磨，对凸出涂面的流痕、粗粒、橘皮等，要用海绵垫块衬砂纸打磨平整，注意不要把涂膜磨穿露底，用抹布和清水把全车擦净、擦干	消除涂面流痕、粗粒、橘皮、划痕，全车涂面呈光滑、无光状态	水桶、清水，P1500～P4000 干磨砂纸、干磨机、海绵垫块、抹布

续表

工　序	涂面状况	施工方法	施工要求	材料、设备、工具
一次抛光	涂面经过P1500～P4000干磨砂纸研磨后，无流痕、粗粒、橘皮、凸点，呈现P1500～P4000砂痕的无光状态	摇匀全能抛光剂，置于抛光机的羊毛研磨轮上，并适当喷水以湿润，将转速调至800～1200r/min，将其平放于涂面上，然后均衡地向下施力，从车顶开始按顺序每一小块做一次处理，有规律地沿水平方向来回移动，涂面呈现光泽，即可用于净的抹布把抛光剂擦净	涂面无砂痕、划痕、粗粒、橘皮，涂膜无抛穿痕迹，呈现平滑、光亮状	调速抛光机、全能抛光剂、羊毛抛光轮、干净的抹布
二次抛光	涂面经一次抛光后，可能还存在细微的划痕和光环	用干净的软布将抛光残留物擦净，摇匀全能抛光剂，倒在上光轮上，将转速调至1200r/min，将其平放于涂面上，然后均衡地向下施力，从车顶开始按顺序每一小块做一次处理，有规律地沿水平方向来回移动，直至没有涡痕的闪亮漆面，即可用干净的抹布把抛光剂擦净	涂面无任何抛光时残留的细微缺陷或光环，使涂面更光滑光亮，提高涂膜的丰满度	调速抛光机、全能抛光剂、黄色上光轮、干净的抹布
打蜡	涂面经二次抛光后，光滑、光亮，无任何划痕、粗粒和光环等缺陷	用干净的软布将抛光残留物擦净，摇匀全能抛光蜡，倒在上光轮上，将转速调至1000r/min，将其平放于涂面上，然后均衡地向下施力，从车顶开始按顺序每一小块做一次处理，有规律地来回覆盖式抛光，直至涂面亮丽为止。手工打蜡将摇匀的液体蜡倒少许于海绵或软布上，按顺序以旋转环形上腊，涂抹时力度要均匀，蜡膜要薄而均匀，当蜡膜刚干燥而不沾手的时候，即用软布将其擦净	蜡膜均匀，无遗漏，涂面光亮，丰满度好	调速抛光机、全能抛光蜡、黑色上光轮、干净的抹布

（6）打蜡上光。为了更好地对汽车涂层加以保护，可定期地在车身涂膜上打一层上光蜡，这样可以提高涂膜的光泽，还可以对涂膜提供更好的防护。如今上光蜡的概念已由一般的单纯打蜡上光发展到保护性打蜡上光，成为汽车美容护理之必需。打蜡上光也同样有需要注意的事项，操作不当会给涂膜造成伤害。

① 上光蜡的选择。选蜡应根据车身涂层保护的需要进行，尽量根据车蜡的不同功效结合车身涂层的特点精心选择，车身涂层面较靓的轿车要用蜡质精细、颗粒细小的名牌车蜡，这样效果会更加明显。打蜡视涂层面新旧而选择不同的车蜡。

a. 固体蜡。固体蜡有硬蜡、软蜡之分，主要成分为软化点不同的石蜡、油脂等。硬蜡持久性好但施工费力，软蜡持久性差但施工省力。固体蜡的价格较低，但附着力较差，必须等蜡彻底干透后才能附着在车身涂层上，由于它一般为脂性物质，含油量较高，不易干，需要3～5 h才能彻底干透，在未干时很容易粘上尘土及其他空中尘埃。同时，它的熔（化）点低，一般在40℃时就熔化了，因此，在三伏天，传统蜡的保持时间非常短。

b. 液体蜡。液体蜡的主要成分是聚乙烯乳液或聚硅氧烷类高分子化合物，并含有油脂成分，能提高涂膜的亮度，但是遇水容易分解、寿命短、没硬度、不耐摩擦。多次的打蜡、研磨又会使涂层表面磨损而无光泽。

c. 新车保护蜡。含有大量高分子聚合物成分，常见的是“特氟隆”，它有很强的抗氧化、抗腐蚀功能，涂抹一次一般能保持一年之久。国外新车销售商在卖出一辆新车时总要问车主是否要做个一年的车身保护，指的就是新车保护蜡。这种蜡在正常洗车情况下是不会被洗掉的，一般可保持一年左右。它还含有紫外线吸收剂，可以吸收阳光中破坏涂膜的紫外线，保护涂膜不会退色。

② 上光打蜡的步骤如下：

a. 在给车身涂蜡时，一定要先进行表面清洗，确保表面清洁。因为车身表面有灰尘的话，涂蜡后，在抛光时就会把灰尘挤进涂层去，或在车身表面起研磨作用，划伤或磨花表面涂膜。

b. 必须采用质量优良、与表面涂层相适宜的车蜡。现在的车蜡多为液体蜡，使用前将其摇晃均匀，将少许倒入湿布或海绵上小面积旋转，在车身涂层表面擦拭，稍干后，再用软洁布反复擦干即可。

c. 很多人给车身打蜡都习惯性地以圆圈方式进行，这是不正确的方法。正确的打蜡方式是以直线方式，横竖线交替进行，再按雨水流动的方向上打最后一道，这样才能达到减少车身涂层表面产生同心圆状光环的效果。

d. 不要在阳光的直接照射下打蜡，操作时应在阴凉处为妥。否则，车蜡会在阳光下发生变化，使车身出现斑点。

e. 上蜡后，要等车蜡干燥一会后再进行抛光，不要刚打上蜡就抛光，要让车蜡能够在车身表面有一定的凝固时间，最少要在 30 min 左右。但有人认为等蜡完全干燥后再擦净比较好，这也是错误的。上蜡后要在蜡半干不干、尚未干燥白化时擦净。因此，上蜡的操作必须顺着车身构件一片一片地进行，切不可先将车身全部上好后，再一次擦掉，这会使涂层表面的色泽深浅不一，非常难看。还要注意，没有抛光前，不要开车上路，否则，空气中的灰尘就会依附在车蜡上，在抛光时划伤或磨花表面涂层。

f. 如果车身表面上的涂料已经褪色或氧化，必须在清除掉旧的和氧化了的涂层后，才能打蜡。

g. 涂蜡时尽量采用软质的、不起毛的绒布或棉絮进行均匀涂抹。

5. **车身的冲洗**

在车辆使用过程中，清洗是汽车涂层日常养护的重要环节。车子行驶时，饱受阳光辐射、酸雨侵蚀、风沙灰尘之苦，时间一长各种腐蚀性污垢，如水泥、油脂、黏液、沥青、树叶、昆虫等形成顽固污渍，继而使涂层表面暗淡无光、涂层质氧化，缩短汽车涂膜的寿命，因而需要及时进行清洗。

雪停后应立刻擦车，即使天气预报显示未来的几天内还会下雪，也不要拖着不擦车，即使只用清水将雪冲掉对车也是有益的。雪中含的酸、盐等腐蚀性物质，无论是涂层表面、底盘还是轮胎、轮毂，长期被雪覆盖都会造成伤害。

淋雨之后也应及时擦车。因为随着工业化程度的提高，越来越多的工厂排放出的烟气中含有大量的二氧化硫及氮氧化物，它们和空气中的水结合形成硫酸、硝酸，在空中的云层中形成酸雨。雨后车身上的雨渍会逐渐缩小，使雨水中酸性物质的浓度逐渐增大，腐蚀性越来越高，如果不尽快用清水冲洗雨渍，久而久之就会损害涂层表面。另外酸雨对底盘的危害较易被人忽略。其实当大雨过后，虽然汽车表面的雨水很快就会消失，而底盘积水挥发的时间则十分缓慢。况且很多人冲洗汽车时只考虑看得见的车身，对于底盘则不太在意，使其成为酸雨腐蚀的对象。所以在清洗车身涂膜的同时也要注意对底盘的保养。

还有许多其他的工业污染如喷洒在树木上的杀虫剂、农药、工业尘埃等，对涂层表面都有伤害，需要及时地将这些污垢清洗干净。

汽车清洗看起来简单易行，但实际操作起来，如果不遵循一定的规范，就很容易将车洗坏，从而达不到清洁的目的，反而损伤了汽车的表面涂层。最好不要到路边“游击队”那里洗车，路边“游击队”洗车虽然价格便宜些，但殊不知他们有的用的是河道的污水，即使是清水也得不到及时更换，一桶水洗多辆车。水脏、擦车布脏，使得车身涂层表面被水里、布里的沙粒划得遍体鳞伤。很多街边洗车店专门挂上高压洗车的招牌招揽客人，很多车主也认为用高压水洗车干净。其实，水压过大不但会损伤车身表面的涂料，而且会使水流顺着车身表面缝隙渗入到车身内部，腐蚀车身内部部件。街边洗车店一般都会用洗涤剂、洗衣粉给汽车去污，虽然去除了表面的污垢，但车身涂层表面也同时受到了碱的侵蚀，几次之后，车身就会变得暗淡无光，甚至涂层表面爆裂脱落。

不要使劲用掸子擦车身。很多司机习惯性地用掸子擦擦前挡风玻璃、拂拭车身涂层表面的灰尘，这其实是自欺欺人的做法。掸子里夹带了大量的沙尘，车主每天用同一把掸子擦车，就如同用锉刀在车身涂层表面上蹭，亲手在车面漆上制造细微的划痕。

5.8　涂层修复工艺

汽车车身涂层损坏的修复是汽车车身修复工作中工作量最大的工作。汽车车身涂层损坏的局部修复、刮伤的修复和裂口的修复等是涂层损坏的最多案例，这里介绍主要要点。

车身涂层损坏的修复工艺是表面涂前处理、喷自干防锈底涂层、泥子刮涂、烘干、打磨、清洁、喷中间涂层、自干、清洁、面涂层的喷涂、清漆喷涂等综合工艺，只有熟练掌握并运用涂装各工艺手段，才能达到良好的施工效果。

1. 车身涂层的局部修复

汽车构件损坏经车身修复（钣金工艺）修复以后，构件表面可以简单和快速地用涂层局部修复。一般经过表面处理以后可以直接进行泥子的涂刮，需要特别注意的是泥子的使用方法以及使用前的准备工作。如果泥子的调制和使用方法不正确，将会严重影响车身表面涂层的质量和修理部位的各项指标。

大多数车身涂层修复工作一般都要用塑性泥子。塑性泥子等涂层修复工艺是将受损构件恢复到原有形状的一种快捷和廉价的方法。但这不能略去车身钣金构件的修理工作，而只是用很厚的一层泥子盖住受损的部位，使用泥子并不意味就可以取代正确的钣金修理操作。相反，在使用泥子之前应先让身受损变形的部位恢复到合适的形状。被拉伸的金属板件应该使用加热的方法消除其应力，而突起的点应使其凹下去恢复原来的外形。

使用泥子之前，应焊接好所有的裂口、裂痕和接缝。传统的泥子都具有一定的吸湿性，它们会像暴露在潮湿的环境下的海棉一样吸收潮气。除非填入防水性颜料，否则泥子会不断地通过金属表面的小孔和细缝吸收潮气，而潮气会形成锈蚀。最终锈蚀将会彻底破坏泥子层和构件表层的结合。

泥子和二道浆可用于诸如击痕、裂痕、锈蚀以及锈穿等小缺陷的修补。然而，值得注意的是，这些塑性泥子都有一定的局限性。车身上一些面积较大的构件，如发动机罩，后备箱盖以及车门等，在车辆行驶过程中经常会受到强烈的振动。使用塑性泥子修补这些部位时，如果修补面积过大或覆盖层过厚，行车时产生的振动将会导致泥子层开裂，甚至脱落。

使用泥子时还需要注意单一车身框架中的结构板件。例如后侧板和顶板等部位在车辆行驶时吸收来自地面的冲击和挠曲转矩。如果在这些部位使用过多的泥子，会受板件的表面应力作用，出现覆盖层脱落的现象。此外，在车身其他的一些振动表面上、较低的后轮罩和其他容易受到飞石撞击的部件也要少用塑性泥子。在突出的车身轮廓线、翼子板或车门的边缘，以及其他容易被刮碰和撞击的边角处，不要使用泥子进行修补。局部涂层修复工艺可以参考本书的涂装操作工艺。

2. 车身涂层的刮擦损伤修复

汽车车身涂层的刮擦损伤修复是常见的案例。一些常见的小毛病，例如，涂层粉化或轻微涂层磨痕，可以用抛光膏清除掉。这种具有研磨作用的抛光膏，可以清除受损的表面涂层，使下面涂层的光泽层暴露出来。其他一些表面缺陷，如刮痕，如果太深，不能使用抛光膏擦掉。如果刮痕深或涂层暴露出最下面的构件金属表面，但并没有伤及金属表层，可以用薄刮泥子并采用中间涂层、面涂层涂装工艺进行涂层修复。

1）表层的预处理

用清除蜡和油脂的清洗液清洗干净待修理的部位，然后轻轻地打磨被划伤区域。如果需要打磨的面积较大，可以使用打磨板，当打磨面积较小时，可以用一块 240 号砂纸叠成三层来用。应把表面涂层打得稍微有一些粗糙，以使新喷涂的底层涂料、中间涂层牢牢地附着到旧的表面涂层。打磨时手按砂纸的力量不要太大，压力过大会使打磨表面出现小斑点或不平整，以至需要重新使用泥子进行修补和打磨。粗磨完后，用压缩空气或软棉布将打磨部位清理干净，并用黏性抹布擦拭一遍。

如果刮痕是出现在面积较大的构件上时，可以先用底层涂料填补修理部位。使用可喷涂聚酯底层涂料可以填补 15 μm 的深度。另外还可以采用中间涂层进行修补。

按照中间涂层涂料包装上的使用说明，将其涂刮在橡胶刮板的边沿处，填补刮痕和凹点，但不要在橡胶刮板上挤太多涂料。使用合适的压力，刮抹的动作要快一点，刮抹时只能朝一个方向，不要反复刮抹同一部位。如果反复刮抹，会把涂料从车身表面带下来。

应让中间涂层完全干燥。干燥时间随中涂层的厚度而定，一般在 20～60 min。要想获得最佳的效果，应让中涂层晾一晚上再进行打磨。如果中涂层还没有完全凝固就进行打磨，就会导致表面涂层产生砂痕。

2）打磨中间涂层

中间涂层完全干燥后，使用 240 号砂纸打磨修理区域。湿打磨的操作可以防止中间涂层产生更多的刮痕。使用打磨块可以防止由于手指的压力而产生凹点。

打磨时，可以用手掌在涂装过程中感觉该表面有无突起。打磨后，应将打下来的粉末冲洗干净并把表面擦干，然后用粘性抹布再擦一遍修理表面。

检查用中间涂层修补过的刮痕有无凹点。如果刮痕还有其他的部位需用中间涂层进行修补，可以重复上述操作。当原来有刮痕的表面不再看到任何缺陷以后，检查刮痕部位是否与损伤部位周围板件表面一样平整，并进一步打磨平滑，才能进行喷涂操作。

如果采用湿打磨，可用水、打磨板和 400 号砂纸对刮痕部位进行最后的打磨。湿打磨可以防止砂纸阻塞，产生额外的砂痕。打磨时用力要小，且打磨板在修理表面一次移动的距离应尽量长。不要集中在一个地方反复打磨，以免造成打磨过多，导致形成凹点。

当打磨到满意的光滑程度后，冲洗打下来的粉末并把表面擦干，然后用黏性抹布再擦一遍修理部位。当修理表面已经干燥和没有灰尘之后，就可以在整个修理区域喷涂一层涂料，等涂料闪蒸或表面干燥 5 min 左右之后，用 400 号砂纸对底涂层进行湿打磨。反复进行这一操作，直到修理部位像玻璃一样光滑，就可以进行下一道工序操作了。

3. 裂口的修复

轻微的碰撞或刮蹭通常会在车身表面留下裂口或刮痕。车辆带起的飞石也会使车身表面的涂层破裂，暴露构件金属表面。无论何时暴露在空气中的裸露金属表面，都应该先使用底层涂料阻止锈蚀产生，然后再喷涂新的表层涂料。

1）打薄周围旧的表面涂层

将表面清洗干净和清除到蜡之后，修理裂口和深刮痕的第一步工作是将剥蚀了的涂层打磨光滑，这通常称为将边缘打薄或称打磨羽状边。将涂层的边缘打磨出一定的坡度，使涂层逐渐过渡到构件金属表面。

使用 80 号的碟式打磨机可以很快地将表面涂层的剥蚀和裂口的边缘打薄。对表面密布的小点，可以使用打磨板来打磨。应将旧的边缘打磨出极小的坡度，当用手触摸打磨的部位感觉比较光滑时，改用 180 号或 240 号砂纸将刚才打磨造成的砂痕打磨掉。

2）喷涂底层涂料

将涂层开裂部位的四周打磨光滑后，用磷化底漆清洗干净构件金属表面。磷化底漆是一种酸性化合物，可以和铁锈的小颗粒发生中和反应。这种酸性化合物还可以侵蚀金属表面，从而增强金属和底层涂料的附着力。绝对不能让裸露的金属表面暴露在空气之中，否则空气中的水分会很快导致金属表面产生锈蚀。锈蚀层会很快变厚或鼓成小包，最终导致涂层的彻底破坏，使得该部位不得不重新打磨。使用铬酸锌盐涂料覆盖裸露的金属表层可以防止锈蚀的产生，并能保证表面涂层良好的附着力。

将打磨下来的粉尘吹掉后，再用粘性抹布擦干净。然后喷涂一层填实涂料填平该部位。等完全干燥之后，再用灰色涂料喷涂一层雾状涂层，接着用打磨板进行打磨，如果发现有凹点，使用中间涂层涂料将其填平。

3）喷涂最后一层封闭涂料

要想使修理表面获得特别光滑的效果，必须进行打磨和喷涂底层。应使用400号砂纸和打磨板进行湿打磨。打磨时每次运动的距离应尽可能长和直，以免产生凹点。打磨曲面时，注意应用掌心轻轻地握住砂纸或使用柔性打磨机。

清洗干燥之后，再用粘性抹布将打磨过表面擦拭干净。然后，喷涂封闭涂料，应覆盖住涂抹二道浆的全部部位和周围几厘米的旧涂层。让涂层闪蒸（表面干燥）5 min左右，然后用水和240号砂纸轻轻地打磨。

再重复进行上述清洗和喷涂的操作一次或者两次。在两个涂层之间，使用400号或600号砂纸小心进行湿打磨，可以获得非常光滑的表面，接着就可以进行面涂层喷涂了。

5.9 塑料底材的涂装

由于塑料件涂装与我们传统的汽车修补涂装施工工艺有差别，具有自身特殊性，所以单独来详细讲解。

近年来，在汽车制造业中，塑料零部件制品使用越来越广泛，目前在每辆轿车中的应用平均已达20%（质量比），约150 kg/辆，各种车型不同，并有增多的趋势，如图5-48所示，汽车的这些构件一般都采用塑料制造。由此可见，在汽车涂装与修补作业中，对塑料制品的涂装与修补是必不可少的工作。

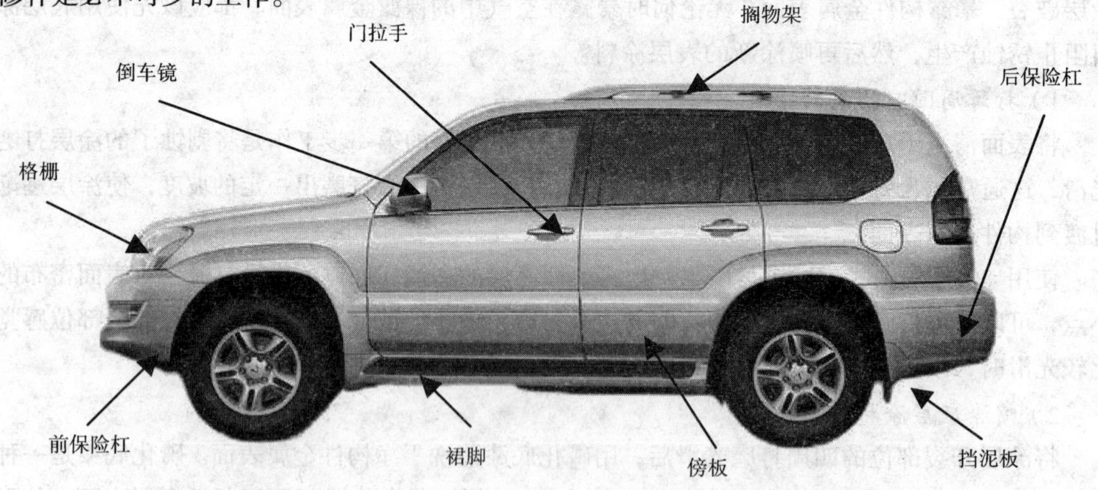

图5-48 汽车采用塑料制造构件

1. 汽车常用塑料种类

塑料产品种类繁多，能应用于汽车制造业的大致可分为两类：热塑性塑料和热固性塑料。热塑性树脂是最常见类型的树脂，树脂受热会软化，显示出它的热塑性。冷却时树脂会固化，重复加热和冷却树脂，不改变树脂的性质，但它的性能有所下降。

热固性塑料在汽车上比热塑性树脂用得少。热固性塑料在固化以后，再次受热直到分解或燃烧也不会变软，这种树脂不再融化或溶解，就像煮鸡蛋，一旦熟了，不会再变成液体了。

正是两种塑料的不同特性决定了他们在汽车上的不同应用。常用汽车塑料用途及适用涂料见表 5-4。

表 5-4　常用汽车塑料用途及适用涂料

塑料代号	化学名称	适用的涂料	用　途	属　性
EP	环氧树脂	丙烯酸酯	玻璃钢车身板	热固性
UP	不饱和聚酯	聚氨酯、环氧、丙烯酸酯	玻璃钢车身板	热固性
ABS	丙稀腈-丁二烯-苯乙烯共聚物	丙烯酸、硝基	车身板、仪表台、护栅、大灯外罩	热塑性
PP	聚丙烯	环氧树脂、聚丙烯	内饰板、内衬板、内翼子板、面罩、散热器、挡风帘、仪表台、保险杠	热塑性
PVC	聚氯乙稀	双组分聚氨酯、丙烯酸酯	内衬板、软质填板	热塑性
PC	聚碳酸酯	双组分丙烯酸酯、脂肪族聚氨酯	护栅、仪表台、灯罩	热塑性
PUR	聚氨酯	丙烯酸酯	保险杠、前后车身板、填板	热塑性
PE	聚乙烯	环氧树脂、丙烯酸酯	内翼子板、内衬板、帷幔板、阻流板	热塑性
PA	聚酰胺	丙烯酸酯、聚氨酯	外装饰板	热塑性
PS	聚苯乙烯	丙烯酸酯、环氧树脂	内饰件	热塑性
PPO	聚苯醚	丙烯酸酯	镀铬塑料件、护栅板、大灯罩、遮光板、饰品	热塑性

下面介绍几种车身塑料产品的鉴别方法：

（1）查看压制在塑料部件上的 ISO 代号，一般在零件拆下后就看到所标的符号。

（2）燃烧鉴别。切下一小片塑料，用镊子夹住在火中燃烧，查看其火焰颜色、燃烧情况及闻气味。如 PVC 塑料受热后易熔化，燃烧时火焰呈绿色或青色，有盐酸味。聚烯烃类塑料在燃烧时的火焰没有明显的烟雾，有蜡的气味。聚酯酸纤维素类塑料经点燃后有醋酸味。ABS 塑料燃烧时有明显的烟雾产生。

例如，进行燃烧法测试时，可在车身材料的边缘取一小块碎片，用钳子夹住其末端，用火柴或酒精喷灯小心点燃，如图 5-49 所示，各种塑料有不同的测试结果：

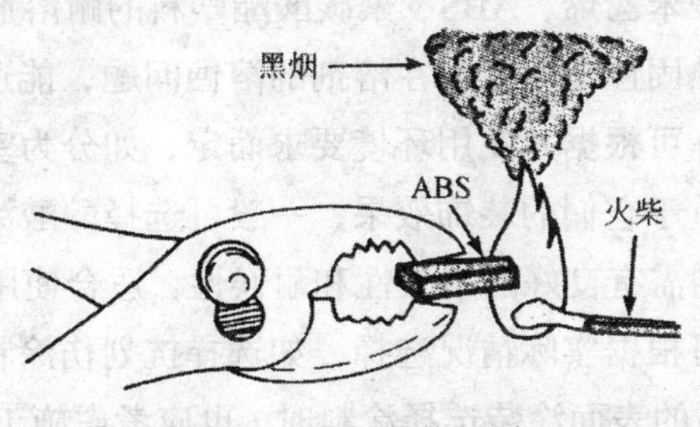

图 5-49　塑料燃烧试验

① 聚丙烯。聚丙烯燃烧时无烟产生，即时火源移开，仍然继续燃烧，产生类似蜡烛燃烧时的气味，焰心呈蓝色，外焰呈黄色。

② ABS。ABS 燃烧时产生浓重的烟，即使火源离开，仍继续燃烧，产生类似蜡烛燃烧时的气味，火焰呈橘黄色。

③ 塑料性聚氨酯（TUPR）。塑料性聚氨酯燃烧时产生啪啪声，火焰呈桔黄色，并产生黑烟。

④ 热固性聚氨酯。热固性聚氨酯不会产生火焰。

（3）焊接法。塑料焊条能与之焊合的即为此种焊条类型的塑料品种，市场上有各种焊条可以选择。

（4）敲击法。用手敲击塑料制品内侧，PU 塑料声音较弱，PP 塑料声音较脆。

另外 PU 塑料用砂纸打磨后没有粉末，而 PP 塑料有粉末。PU 塑料易被划伤，PP 塑料不易划伤等。只有确定了塑料构件的制作材料，才能正确地选择合适的涂料品种对其进行涂装、修补。也可以查找汽车技术文件，各构件应有制作材料名称。

2. 塑料表面涂装的注意事项

由于塑料本身具有优良防腐能力，在涂装施工中，不需要对塑料产品进行表面的防腐处理。目前使用于汽车制造业的塑料制品中，绝大多数塑料在 100℃以上的高温易变形、涂层的附着力差、受到溶剂的侵蚀会软化或龟裂等。而且各种塑料制品的用材不同，特性各异，因此，塑料制品的涂装与金属表面的涂装有较大的差异，在涂装中应注意以下几个方面：

（1）涂料的选择应符合塑料制品的特性和质地。

（2）在汽车维修业中，如需对塑料制品进行修补，容易拆卸下的部件最好能拆下后再涂装。否则一定要把周围的部件用汽车专用罩纸遮盖后再涂装。

（3）在修补涂料中根据塑料的柔软程度加入柔性添加剂，而添加柔性添加剂的面涂层不宜抛光。但只要施工方法正确，干燥后都能获得很好光泽。

（4）在对玻璃纤维部件进行修补时必须特别注意，由于它比较疏松且多孔，打磨时要小心，不要磨穿表面的胶衣层，以防止喷涂时涂料的溶剂被吸收。

3. 塑料表面涂料的选择及涂装工艺

1）塑料涂装的涂料选择

各种塑料制品在制作过程中的选料不同，涂装时的涂料选择要根据塑料底材的性质和其对涂层性能的要求而定。如聚苯乙烯、ABS、聚碳酸酯塑料的耐溶剂性较差，不宜使用溶剂溶解性强、干燥较慢的涂料。热固性塑料不存在溶剂的溶蚀问题，能适合它们的涂料品种较多。

对塑料制品的涂料选择可根据其使用环境要求而定，如分为室内用、室外用两大类。室内塑料制品的涂料选择应侧重于它们的装饰效果，一般可选择醇酸涂料、丙烯酸涂料、丙烯酸硝基涂料。而室外塑料制品则需有良好的耐久性和耐候性，适合使用的涂料品种有双组分丙烯酸涂料等。如有特别要求，可根据实际情况选择，如选择抗划伤涂料、导电涂料、防静电涂料、阻燃涂料等。在为塑料制品的表面涂装选择涂料时，也应考虑施工场所、施工方法、施工条件、产品价格等因素。下面介绍几例塑料制品较合适的涂料，以供参考。

（1）ABS 塑料。热变形温度 70～170℃，酮、苯和酯类溶剂能溶解，醇类和烃类溶剂都有溶蚀作用。适合使用的涂料有热塑性丙烯酸涂料、环氧、醇酸及硝基漆等。

（2）PVC 塑料（聚氯乙烯）。属于通用型塑料，用途广泛，有硬质和软质不同系列的塑料制品。一般可采用聚氨酯涂料，普通用途的硬质 PVC 采用丙烯酸酯涂料或聚乙烯醇缩丁醛涂料、过氯乙烯涂料。

（3）PU（聚酯）和 EP（环氧）塑料。这类产品抗冲击强度大，能耐各种化学药品。可选择热塑性丙烯酸酯涂料、环氧或不饱和聚酯涂料，耐候性要求高时可选择双组分丙烯酸聚氨酯涂料。

（4）PA（聚酰胺）、PBT（聚对苯二甲酸丁二醇酯）塑料。这两类塑料制品是具有优良的物理力学性能的工程塑料，涂料可选用丙烯酸酯或其改性涂料、聚酯涂料、聚氨酯涂料或胺固化环氧涂料。

2）塑料制品的涂装

汽车用塑料的种类较多，用途广泛，在涂装修补中，涂料的选择与施工方法的应用，将决定修补涂层的质量。

大多数的硬塑料部件不需要使用底漆，涂料本身的附着力足以很好的黏附在其之上，但对于聚丙烯（PP）、聚对苯二甲酸丁二醇酯（PBT）、甲醛（POM）等则需要使用底漆。尤其是聚丙烯，涂装前不仅要进行很好的表面预处理，还需喷涂专用底漆，以增强面漆对被涂表面的附着力。

大多数的软性塑料制品的涂装需在底漆中加入柔软剂（应与面涂层涂料配套）以保证涂层柔软，不会产生开裂的现象。塑料制品的涂装施工，在喷涂前均应对制品表面进行表面预处理，其修补工艺流程为整形修理→清洁→表面粗化→除静电→喷涂底层涂料→打磨→喷涂面涂层。其工艺如下：

（1）塑料件的表面预处理。塑料制品在喷涂前，必须进行表面预处理，其质量直接影响修补质量。表面预处理有下列几种方法：

① 溶剂清洗法。用涂料供应商提供的专门溶剂是最方便的办法，也可以用三氯乙烷采用喷、刷等方法对塑料制品表面进行处理，此方法对有机物的清除效果较好，但易造成环境污染，使用时必须注意。

② 打磨处理法。手工或机械的方法对塑料制品表面进行打磨粗化，增强涂层与塑料构件表面附着力。方法简单实用，缺点是粉尘污染较大。

另外还有化学处理法、表面活性剂处理法、等离子处理法及红外线照射法等，由于这些方法一般不在汽车修补涂装时应用，因此不在此赘述。

在以上任何一种处理后，均应对表面进行除静电，可以用一块布蘸专用塑料除静电液擦拭，另一块布进行清洁。

（2）塑料件喷涂。

① 车内外硬塑料制品喷涂。硬塑料件的喷涂大多数不需要使用底涂层或中间涂层以及封

闭剂，应选用的底涂层为丙烯酸涂料或聚氨酯涂料。特殊塑料的喷涂需使用底涂层和中间涂层，应与面漆配套。切记不可使用磷化涂料、侵蚀底涂层的金属处理剂和柔软剂。

② 外用塑料制品的施工方法。清洁塑料件，用脱脂剂擦拭干净待修补区域（如有损坏部位应用泥子修补平整），修补区域用 P400 砂纸粗化表面，修补区与旧涂层接口部位用 P600 以上细砂纸打磨粗化，完工后将表面擦拭干净，喷涂面涂层（纯色漆或金属漆及清漆）。

③ 汽车内用硬塑料制品的施工方法。先确定塑料制品所用材料的质地，如其制品为硬质或刚性的 ABS 塑料，施工时不宜使用底漆、中涂漆和封闭剂，合适的涂料品种应用热塑性丙烯酸涂料。

操作程序：清洁；修补区域用 P400 砂纸打磨粗化，旧涂层接口部位用 P600 以上细砂纸打磨或用粗蜡擦拭（制品如有损坏应用泥子修补平整）；用脱脂剂擦拭表面；喷涂面漆，有纹理的塑料制品喷涂时不宜太厚，否则会失去纹理，影响整个修补区域的质量，或者在面漆中加入纹理添加剂形成纹理，使用时严格按照供应商的要求进行。

（3）汽车内外用软塑料制品的喷涂。软性塑料涂装难度较大，比如聚丙烯塑料制品就是一种难黏、难涂的材料。

汽车外用聚丙烯塑料的最常见部位为保险杠，这里简单介绍施工方法及操作程序。

① 清洁。先用中性洗洁剂清洗需修补部位，再用清水清洗干净，并用菜瓜布打磨修补区域，干燥后用脱脂剂脱脂。

小面积损坏处修整。用合适的泥子填补（严格参照供应商要求），用 P320 砂纸打磨，再用 P400～P600 砂纸磨平，脱脂。注意不能用水磨泥子。

② 底涂层的喷涂。喷涂塑料底涂层，若塑料底涂层涂料是无填充性的，建议再喷涂一次中间涂层（注意一般可能要添加柔软剂）以填平划痕、砂眼、针孔等细小缺陷。等其干燥后，用 P400～P500 砂纸对处理表面进行干磨整平。

③ 面漆的喷涂。一般两种方法，一种是用双组分丙烯酸聚氨酯涂料，严格按照供应商要求喷涂调配，必要时加入柔软剂，并使用纹理添加剂产生纹理。

另一种方法是用乙烯高黏度面涂层涂料喷涂，这种涂料经稀释剂调整及喷枪的压力调整，干燥后会形成皮鞋状纹理，类似有纹理的维尼龙的外观，亦可作为无光面漆，用来加重条纹和喷涂无光发动机罩。如需要调配颜色，使之能与原件相符，干后宜用调配成与原色漆相吻合的丙烯酸漆或磁漆再喷涂。乙烯基涂料的喷涂程序如下：

清洁表面，使之无油、蜡、尘灰等污物（可用合适的溶剂清洗），用干净棉布擦拭清洁。

PVC 专用表面调整剂处理（强溶剂，有很强的渗透性），软化 PVC 表面且能使其有轻微的溶胀，能增加涂料附着力，操作方法是用干净棉布或绒布蘸上调整剂擦涂到制品表面，60 s 以后，在调整剂未完全干燥之前，用干净的棉布将表面擦拭干净（顺一个方向擦拭，不要来回往复），再涂 PVC 专用涂料。

喷涂乙烯基涂料时，应按供应商提供的技术要求配制和喷涂涂料，喷涂不宜太厚，能达到遮盖即可（喷涂气压为 0.15～0.17 MPa），涂层太厚会失去纹理。稍干后喷涂一层透明乙烯基涂料层。如需无光或亚光可再喷涂一层无光或亚光漆，干燥后装配。

5.10　各种汽车车身涂层修复

各种汽车车身表面涂层的要求是不完全相同的，同一类型的汽车车身的各个部位的涂层的要求也是不同的，但对局部涂层损伤修复，其修复工艺基本相同，一个重要的问题是涂装人员应对涂层的状态进行合理的分析，采用合适的涂装工艺才能取得好的效果。

1. 汽车涂层损伤分析

汽车车身碰撞损伤只要不涉及车身以外的其他部件，一般只限于车身构件的钣金修复和涂层修复，只要不是十分严重的碰撞损伤，并采用新的钣金工艺，其修复的工作主要是喷涂层的修复。汽车零件材料大多数是金属材料，占 60%～70%左右。其中主要是钢铁、铝、镁、锌等，从热力学的角度看都有倾向恢复至其原始的化合状态。此过程是化学热力学的自发过程，即腐蚀现象。为了阻缓金属材料的转化（锈蚀），人们采用了许多措施，但至今为止仍以有机涂层为最有效、最经济、应用最普遍的方法。所以从使用的角度来看，汽车涂层的主要作用是阻缓汽车车身的锈蚀，其次才是美观。汽车车身的涂层修复应主要是防止锈蚀。现在大多数汽车拥有者都注重汽车车身的表面修复而不注意车身涂层的修复过程，但对于汽车车身涂层修复的作业人员绝不能本末倒置，不重视汽车车身的涂层修复工艺，只追求满足客户对车身的表面要求。

汽车涂装的零部件种类很多，国家标准《汽车涂层质量》有不同的标准和要求，因而需要不同性能的涂料和不同的涂装工艺。例如汽车车身涂层作为室外使用的涂膜，既要经受不同地区、不同气候条件下的考验，又要经受不同介质、油污、沥青、酸碱盐的侵蚀及砂石等的冲击，以保持长达 20 年的防腐蚀要求。

汽车涂装修复应根据汽车部件的各个功能，参照国家标准选择合适的涂料、涂装工艺，根据不同的施工条件采用适合于旧涂层的施工方案才能获得满意的效果。

汽车旧涂层的修补其主要的技术要求是有好的附着力，修补面涂层的颜色与原色统一并有良好的耐老化性能。旧涂层的修复工艺为：表面清理、喷（或刷）自干防锈底涂层、涂刮自干泥子、打磨擦净、喷涂外涂层面漆。但是各种汽车的功能不同其施工工艺也不同。

汽车涂层损伤修复，要求涂装操作人员能够根据汽车旧涂层涂料性质、涂层结构，分析原涂层的工艺特点以及判断涂层的老化程度，并根据损坏部位的功能综合以上各方面的情况选择修复工艺。因此要求操作人员要有较高的涂装作业技能，尤其对局部修复时的调色，要求喷涂修补的表面与原涂层的外观、光泽、颜色、平整程度、几何曲线都基本一致，操作者更需要有丰富的实践经验和很高的操作技术。其主要操作要点如下：

（1）涂装前表面处理。在确定了涂层的情况、涂层的涂料性质后，需要决定对涂层的清除范围和程度，只要旧涂层不是属涂层早期老化，一般只要对涂层损坏区域进行涂层修补就可以了。将经钣金工整修过的表面进行清除和打磨。

在确定车身涂层的修复区域以后，必须清除旧涂层表面的蜡、油脂或其他脏东西。不要使用汽油，因为汽油会在车身表面产生沉积污染，最好使用合成稀释剂进行清洗。

清除表面锈蚀。可选用砂布，砂磨到露出金属光泽为止。深度锈蚀，应彻底清除锈蚀部位，否则会留下隐患。锈蚀会在涂层和钢铁表面层之间扩展，使涂层和钢铁表面的附着不良，天长日久就会造成大面积的涂层从钢铁表面脱落下来，进一步造成更严重的锈蚀。

在清洗的同时还要注意判断旧涂层的附着性能是否良好，检查附着力时可以磨透一小块表面涂层，并将其边缘打薄，如图 5-50 所示，显露出外涂层、填实涂层、底涂层、金属涂层结构。如果薄边没有裂纹或碎块，则喷涂新的颜色时可以保留原有的旧涂层。同时还可以观察涂膜的厚度，涂膜厚度大于新车的标准厚度，说明以前重新喷涂过。当然如果有厚度测量仪器进行测量，判断就更加准确。

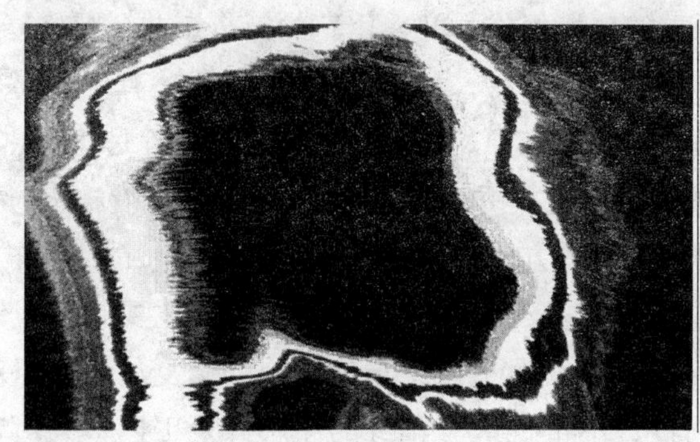

图 5-50　旧涂层结构

如果车身没有重新涂过（面涂层仍然是原来的），判断涂料类型的问题相当容易。利用汽车随车文件或有关资料，即可以鉴别出车身外涂层的涂料类型。

如果车身已经被重新喷涂过了，就必须判断使用的涂料类型。

目测法。如果在接近特征线表面纹理是粗糙的，或者在摩擦时出现了“磨光的纹理”，这表明在重新喷涂时使用的是抛光型涂料。如果其光泽是丙烯酸氨基甲酸乙酯所特有的，那么就能判断出重新喷涂时使用的涂料类型是丙烯酸氨基甲酸乙酯。

溶剂处理方法。用一块在清漆溶剂中浸泡过的白色抹布摩擦涂层，通过原有漆膜溶解的程度来进行判断。如果漆膜被溶解并在抹布上留下痕迹，则可以判断上一次喷涂所用的涂料是空气干燥型的。如果漆膜不溶解，则可能是烘烤型涂料或双组分反应型涂料。

加热处理法。先用 P800～P1000 细砂纸对涂膜表面进行湿打磨，降低涂膜的光泽，接着用红外线进行加热。如果光泽返回暗淡的涂膜表面，则说明涂料是丙烯酸清漆型。

测量硬度的方法。根据涂料成膜后的性质，涂膜干燥后的硬度是不同的，双组分反应型和烘烤干燥性涂料干燥后比空气干燥型硬。判断漆膜硬度最常用的方法是使用铅笔。

铅笔硬度法测定。按 GB/T 6739—1996《涂膜硬度铅笔测定法》进行。见本教材质量检验部分。

在表面预处理中，砂磨是非常重要的工艺过程，并且贯穿在涂装的各项工序之中。首先要将开裂的涂层、突起的边缘充分磨平，以免新涂层下会出现一道凸线。喷涂过底层涂料和二道浆的部位必须砂磨光滑和平整。必须对整个需要整修的表面进行磨粗砂磨以提高新涂层的附着力。干净的、砂磨过的表面对新涂层的附着是非常重要的。在砂磨的操作过程中，涂敷磨料实际上起切割和平整的作用，所以选择合适的磨料对修整工作的质量是非常重要的。到这里涂层清理可告一段落，这需要操作人员耐心细致的工作，这是车身涂层修复工作的基础，操作人员应该十分重视。

（2）喷（或刷）底涂层。底涂层涂料一般只喷涂一层。

现在市场底涂层涂料的品种很多，选择时应注意以下的问题：

附着性。在基层和将要喷（或刷）的外涂层之间应能产生强附着力。

防腐、抗锈性。应能具有持久的防止锈蚀的能力。

填补性。应能填补经打磨和研磨留下的痕迹。

密封性。应能防止外涂层溶剂渗入，导致外表发暗。

干燥迅速。应能节省干燥时间。

（3）涂刮泥子。涂刮泥子是将受损的钣金件恢复到原有形状的一种快捷和廉价的方法。

在涂刮泥子以前，应将需要修复的局部表面修复成如图 5-51 所示的形状，砂磨过后的表面应是有坡度的近似圆形，以提高新涂层与原涂层之间的附着力。

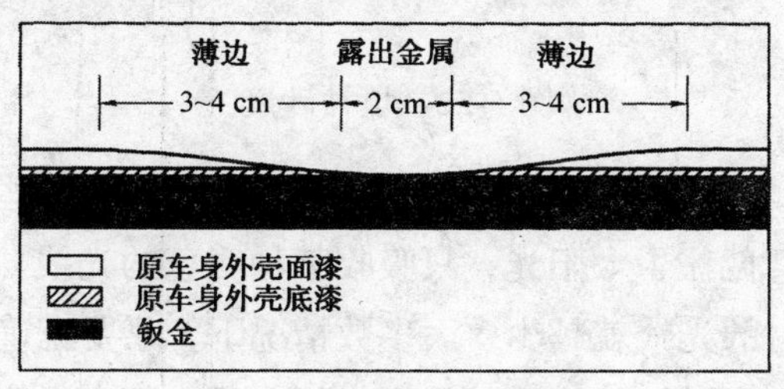

图 5-51　砂磨的坡度

（4）上二道浆。由于泥子在调制、涂抹成型的过程中，会形成一些极小的针眼和砂痕，常需要上二道浆来填补表面的小缺陷，获得光滑的效果。但上二道浆只适用于填补非常浅的磨痕和针眼，上二道浆可以打出非常好的薄边，但不能达到泥子的硬度，因此在打磨之前要有一段足够的时间，使其充分凝固变干。涂抹二道浆的工艺过程可以从图 5-52 显示出来。图中 1、2 是涂抹泥子以后形成的针眼，3、5、7 是金属底层，为填补针眼需要上二道浆，4 是经一定时间固化以后图中 6 的针眼已被二道浆修补好了。等二道浆干透后，采用湿砂磨可以防止二道浆阻塞砂纸导致修理表面产生更多的刮痕。使用“砂磨块”可以防止由于手工操作时手指的压力而产生的凹点。如果用二道浆修补以后还有凹点和没有填补的针眼，应用更多的二道浆进行修补，并重复上述工序直至得到像玻璃一样的光滑表面。

（5）喷涂面涂层。汽车面涂层是最重要的，因为这是可见的部分。汽车涂层修复，如果能涂装出与旧涂层的纹理和颜色都协调的漂亮涂层，一定会使顾客十分满意。因此充分掌握面涂层的特性和操作工艺是十分重要的。

和所有的颜色一样，汽车所用涂料的颜色是光反射的结果。人们肉眼所见的颜色是物体表面反射的光波类型和数量的反应。同样的颜色在阳光下与灯光下的效果存在一定的差别。在同样条件下，不同的人对颜色的判断也存在一定的差异。所以操作人员应努力提高自己操作水平，熟悉涂层的工艺过程，才能让顾客更加满意。

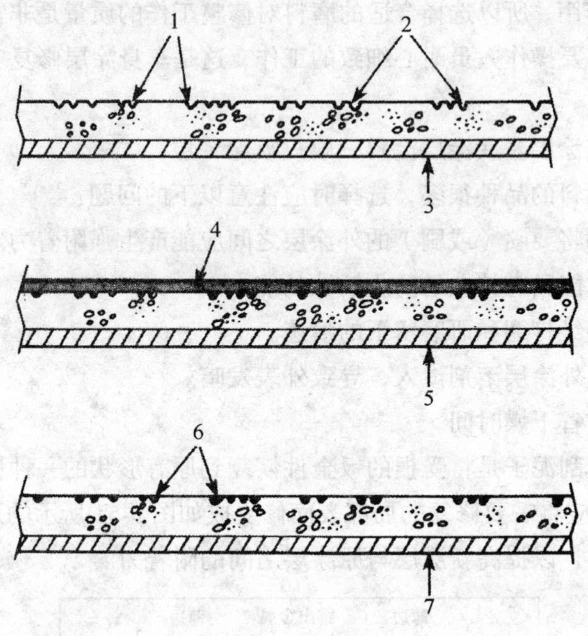

图 5-52　填补砂痕

汽车车身采用单色的颜色涂料，例如黑色、白色、蓝色等。这些颜色都是由大量的不透明的色素组成，不透明的色素截住了太阳光，只吸收某种颜色的光线。单色涂料的颜色越深，它吸收的光线就越多，而反射的光线就越少。大多数情况下，只要正确进行涂装工艺就能够得到较好的颜色效果。但金属漆有独特的闪光效果和金属光泽，可大大增加车身外壳的光彩，现代汽车车身使用单色涂料已趋向减少，而金属色（或多色）涂料有增多的趋势。

金属色涂料中，金属颗粒与色素混合产生不断的颜色效果。这些效果与金属颗粒在涂层中的位置有关，金属颗粒反射光线，而涂料吸收光线，涂层越厚，吸收的光线就越多。正是因为这种特性，所以喷涂金属色涂料时，在使用前必须充分地搅拌和混合。

当金属色涂料以干喷涂的方式喷涂时，金属颗粒在靠近涂层表面上，由于光线穿过的涂层很薄，几乎没有任何光线被吸收，涂层表面就产生了多彩而明亮的效果。

当以湿喷涂的方式喷涂金属色涂料时，金属颗粒有足够的时间稳定，所以可以排列平行并进入涂层的深处，因此光的反射具有均匀性，并且因为光线可以穿到涂层的深处，被吸收的光线也就增多了，从而使涂层的表面看上去较深而且颜色较重。

无论是采用何种工艺都要视原车的车身涂层情况来定，有时需要试喷小样，并多次调试才能得到满意效果。

涂层的颜色调配也是涂层修复的重要内容。配色时首先要确定汽车制造厂的漆码原色，使修补的配色与原厂的配色尽量相同或接近，一般说，汽车的颜色漆码在车身上都可以找到。

汽车用外涂层涂料品种繁多，特别是近年来国产的、进口的，加上市场竞争，使各修理厂家不得不与供货单位直接建立联系。有了问题都是供货单位派人来解决，使涂装操作人员对涂料的特性和操作工艺了解甚少，对提高操作人员的技术水平是不利的。操作人员在使用涂料时应看懂说明书，按操作工艺规范操作才能保证涂层的修复质量。

2. 载货汽车的涂装工艺

载货汽车的涂装部件主要是前部驾驶室，因为驾驶室是整车的最主要部件，也是载货汽车最突出的标志，所以对驾驶室的涂装要求最高。可以按国家标准 QC/T 484—1999，TQ2 等级乙要求。涂层特性属于优质装饰保护性涂层，具有优良的装饰性、耐候性和耐水性，装饰性仅低于 TQ2 等级甲，机械强度优于 TQ2 等级甲，适合各种气候条件。

载货汽车的涂装修复后应达到上述涂装质量。但由于载货汽车的工作时间长，使用环境都较为恶劣，涂层修复人员还应根据载货汽车的实际涂层情况，让修复涂层的区域能和原车的涂层在质量和涂层表面保持一致。载货汽车的其他部位则应根据其部件的功能要求进行修复。例如，铁制车厢及铁木混合车厢的金属件，翻斗车车厢、油罐车和汽油箱的外表面等则应按国家标准中的 TQ3 等级甲的要求进行修复，涂层特性属于防蚀装饰性涂层，要求具有较好的耐候性、机械性能、防蚀性，而装饰性较 TQ1 差。

载货汽车的外表涂层因事故损伤或因使用多年老化，如涂层开裂、变色、失光、粉化等，需要进行局部修补或重新涂装。按涂装作业的工作量可分为局部修补涂装和整车修补涂装。前者是仅对涂层损坏的部位或被事故损坏的经钣金工修复部分进行修复涂层，后者是因涂层老化或需要改色进行整车重新涂装。

3. 客车车身的涂装要求

客车车身的涂装和载货汽车有较大的区别。客车车身包括大梁、骨架、车厢内部、车厢外表面，其中车厢外表面要求最高，应按国家标准 QC/T 484—1999 中 TQ1 等级甲的要求，其涂层特性属于优质装饰、保护性涂层，具有优良的耐候性、耐水性、装饰性和机械强度，适用于湿热带气候地区。

组成客车车身的材料较多，通常有黑色金属、轻金属、玻璃钢、木材、塑料等。由于客车车身体积大，所以喷涂面积大、平面多、车门多、窗子面积大，在一些部位要求有很好的附着力。由于客车车身的功能不同，因此客车修复工艺也应有所区别，例如车厢要求最高，不但要求有很好的装饰性能，也要求有很好的耐候性、耐水性。而大梁、骨架主要是防腐蚀，在车身修复工艺中要体现这些特殊的要求。客车的面涂层一般都有两个以上的颜色，施工周期比其它车型要长，施工要求比载货汽车要高，施工过程也比较复杂。需要局部修复时应考虑以上多种因素才能保证车身的修复质量。其操作工艺与载货汽车相同。

由于客车喷涂面积大，需要喷涂材料比较复杂，有镀锌板、铝板、塑料件及玻璃钢等，所以客车喷涂对油漆及工人的操作要求较高。任何操作不当都可能造成大面积的重涂，造成材料和人工的浪费。所以，在客车喷涂开始前一定要确认使用的材料、工具是否齐全，所要采用的工艺是否符合要求。一般，一台客车需要 2～3 名喷涂技术人员同时施工，喷涂人员之间的默契配合也十分重要。

（1）涂装表面前处理。

① 使用清洁剂清洁车身表面，除去油脂、矽化物等。

② 使用 P120～P180 砂纸打磨车体表面。此时要注意铝件、镀锌件、玻璃钢件的打磨。

③ 使用清洁剂再次清洁车身表面，方法参考前面章节。

将车体表面污渍、杂质、锈等对涂装有害的成分除去，并使车体表面具有一定的粗糙度，方便底漆的涂装。

（2）喷涂底涂层。

① 喷涂前要对油漆进行过滤。

② 喷涂顺序要按照“从上到下”的顺序进行喷涂，与小车的整车喷涂类似。由于客车喷涂面积大，特别需要注意接口位置的喷涂，防止过喷、喷涂不足或喷涂间隔时间过长造成流挂、漆雾杂质出现。

③ 对于玻璃钢部分不必进行喷涂底漆。

④ 如果所喷涂底漆为防蚀底漆，厚度应该在 15 μm 左右，环氧底漆厚度应该在 40 μm 左右，太薄、太厚都容易成为涂装隐患。要求喷涂均匀没有遗漏、流挂等现象。

⑤ 烘烤要充分。具体喷涂操作参看前面关于底漆喷涂的章节。

（3）刮涂泥子。

要特别注意边角、焊缝处以及玻璃钢件的刮涂，具体工艺参看前面关于泥子刮涂的章节。

（4）喷涂中间涂层。

① 因为客车的作业面大，打磨泥子会产生大量灰尘，所以喷涂前要注意做好除尘工作。

② 由于中间涂层主要作用为增强附着力和填充缺陷，所以其厚度要达到 60～80 μm。

③ 要注意充分烘烤。

其他注意事项同底涂层喷涂。

（5）打磨/除油/填补砂眼。

① 用填眼灰填补砂眼、砂纸痕等缺陷，风干 10 min。

② 用 P320 砂纸打磨整车，之后用 P500 砂纸再次打磨一遍，以减少砂痕。

③ 清洁除尘。此次操作要求打磨表面光滑、平整，无遗漏、磨穿等现象。

（6）面涂层喷涂。

① 由于面漆对外观要求高，所以在喷涂前一定要做好除尘、清洁工作。要喷涂的油漆一定要用漏斗过滤。

② 要先对边角部分进行喷涂，然后喷涂大面积。注意压枪，减少漆雾的飘散。

③ 其他操作，参看前面章节中面漆喷涂部分。

④ 如需抛光、修补，建议隔夜进行。

要求喷涂均匀，没有遗漏、流挂、脏点现象出现。

4. 玻璃钢构件的喷涂

玻璃钢件在汽车行业特别是客车上应用很广泛。由于玻璃钢自身的特点，非常容易出现针孔、“痱子”等缺陷。

（1）打磨。打磨使用的砂纸一般为 P240～P320。玻璃钢的打磨主要使表面平整，去除制作过程带来的毛边等缺陷。

（2）刮涂泥子。由于玻璃钢表面经常有气孔等缺陷，所以必须刮涂泥子。玻璃钢自身具有一定的变形性，最好刮涂纤维泥子，其刮涂方法与前面章节的泥子刮涂方法一样。如果还有针眼等缺陷，需要使用填补泥子。

由于玻璃钢自身防腐能力强，无需喷涂底漆。喷涂中涂、面漆与一般汽车喷涂类似，可以参考前面内容。

5. 汽车修复时附件的保护

汽车涂层的修复过程中，为了达到技术要求，特别是高级轿车、旅行车表面涂层的要求都很高，要采用装饰性能很好的烘烤漆，但是汽车中有一定数量的塑料件、橡胶件、电镀件都不能拆除；为了在烘烤中不影响这些附件的使用性能，又能达到涂层的烘烤要求，需要对这些附件进行保护。在尽量避开热源直射的前提下，并控制塑料件、橡胶件的受热温度在 100℃以下（最好控制在 60～70℃以下）。因为这些附件受高温容易变形、老化，影响使用寿命。可用导热性差的材料遮盖，如木板、厚纸等。

6. 汽车大修需注意的问题

汽车大修是指汽车经过行驶一定里程后，汽车的发动机、底盘、车身外表及内部的结构受到一定程度的损坏，需要对汽车进行一次全面的恢复性修理。为了保证汽车的修复质量，提高工效，保证各工种之间的密切配合，通常大修工艺程序可以按以下方式进行施工。

1）单件分批涂装

汽车解体后，对拆散的小型零件（如大灯罩、灯圈、玻璃窗框、装饰条等）分类进行铲刮、除锈、除油后，根据各种材料的性能进行涂装前的表面处理。修理车间应有固定的场地，工件放在固定的位置，防止小件丢失，并有利于安装。

2）集中一个单元涂装

根据各种车型将涂装工序相同的工件集中在一起进行涂装。如载货汽车在解体后，驾驶室、翼子板、发动机盖、面罩和挡板集中一组；客车解体后，驾驶室门、旅客门、仪表板、发动机盖、挡板集中在一组；椅子架、车内装饰条和玻璃窗框分别集中一组。将各组工件经过钣金工修补整形后，分别进行清洗除污，脱漆除锈，表面处理后进行涂装。

3）平行交叉涂装

车身及车架需要经过木工、骨架修理工、钣金工、锻铆工的整修，工作量大，修理时间长，可以根据其工作进度，进行平行作业或交叉作业。车架和车身骨架经机械、手工除油除污、铆焊整修后，要认真的进行除锈，喷涂或涂刷防锈底涂层及防腐涂层，以免在组装时出现漏涂和个别部位难涂现象，从而给整车组装及涂装带来很大的方便，有利于提高汽车车身的修理质量。

4）涂层质量与车身钣金件的关系

汽车涂层质量的好坏，除了涂料本身的质量和施工质量外，还与被涂物的表面平整度有关。

在某些场合可以用填刮泥子来弥补被涂表面的凹坑、焊疤、拉伤等缺陷。但过厚的泥子层会降低涂层的机械强度和保护能力。而且大多数泥子与金属的附着力比涂料差，厚而弹性不好的泥子层容易出现龟裂、起泡、脱落等病态。因此车身的钣金修复质量直接影响涂层的质量。要得到高质量的涂层，必须具有合理的车身结构和高质量的钣金件。在汽车修理中，要恢复原车面貌，其钣金件的表面必须做到圆顺平整、线条分明、过渡自然，尽量减少凹凸现象，焊疤过高须用电动砂轮磨平，不允许在钣金件上存在裂纹、开口等问题，凹坑的深度不能超过 2 mm，泥子厚度不超过 2 mm，各钣金件之间连接紧密、牢固，无松动和损裂现象。

小 结

当代汽车涂装一般都在高速流水线进行，自动化程度也很高；但汽车车身的涂层修复仍要以手工操作为主。涂层的修复要根据旧涂层的状况，采用适合的涂料以及涂装修复工艺才能收到很好的效果。汽车涂层修复全过程的每一个环节都与涂层的质量息息相关，例如被涂表面的处理不合理、不彻底甚至任何小的疏忽都可能造成涂层质量严重后果，有时不得不进行返工。因此涂装人员应熟悉各工序的操作要求，认真按照工艺规程操作才能保证涂层修复质量。

思考题

1. 前处理不当会造成哪些涂层缺陷？
2. 钢铁、镀锌板、塑料件喷涂前需要作哪些处理？
3. 刮涂泥子时如果一次刮涂过厚会造成什么害处？
4. 调配泥子时加入固化剂过多或过少会造成什么危害？
5. 干磨时使用砂纸过粗或过细会造成什么危害？
6. 底涂层的作用是什么？如果底涂层涂料选用不合适会造成哪些危害？
7. 中间涂层的作用是什么？
8. 在进行干磨时如何正确选取工具和磨砂材料？
9. 什么是单工序面涂层？什么是三工序面涂层？
10. 喷涂银粉、珍珠漆时要注意哪些事项？
11. 进行修补作业时为什么要进行遮护？
12. 轿车全车喷涂时的喷涂顺序是什么？
13. 常用抛光蜡有哪些种类？
14. 玻璃钢件喷涂时最容易出现哪些缺陷？如何避免？
15. 有哪些方法可以鉴别塑料种类？
16. 塑料喷涂前为什么要除静电？

第6章 调色理论与实践

随着汽车市场竞争的日趋激烈，用户对产品质量要求越来越高。用户不仅关注产品的使用性能，而且对汽车产品的外观质量也十分挑剔。这就给涂装人员对车身外观的质量控制提出新的要求。汽车涂层外观颜色的调配是涂装人员必须掌握的基本知识和技能。

汽车车身的颜色是个很复杂问题，颜色在我们的生活中扮演着重要的角色。人们对能分辨颜色都习以为常，很少人去探究其中的奥秘。汽车涂装人员必须认知涂装颜色形成和相应的变化，了解人们是如何感知和认识色彩的。

6.1 颜色的概念

白光照到物体上，如果所有的光全部反射，物体就呈白色，如果可见光全部被吸收，物体就呈黑色，如图 6-1 所示，不同的时间（即光线不同），物体会有不同的颜色。

1. 颜色

1）颜色的定义

光线投射在视网膜上后，形成某种信息，大脑对这种信息进行辨认，产生一种生理感觉，它就是通常所称的“颜色”。所以，颜色是光线和感观器官作用后所引起的生理感觉。

感知颜色有以下三个要素：

（1）光（来自于光源）。

（2）视觉器官（眼睛和大脑）。

（3）物体（被观察物表面的反射性）。

2）颜色感觉过程

颜色感觉与听觉、嗅觉、味觉等都是外界刺激使人感觉器官产生的感觉，外界光刺激——色感觉——色知觉是个复杂的过程，它涉及光学、光化学、视觉生理、视觉心理等各方面问题，所以要想度量色知觉量很复杂（汽车涂料颜色要求就是统一汽车用户、汽车厂客户和涂料供应商的色知觉）。

（a）黎明

（b）中午

（c）黄昏

（d）清晨

（e）阴天

图 6-1　物体在各个时间的色差

3）颜色的三个特征

（1）颜色的重要特性。色调、明度和彩度是颜色的三个重要特性。

① 色调。色调又称色相，是区分不同色彩的视觉属性。它取决于光源的光谱组成以及物体表面对各种波长可见光的反射比例，是表示物体的颜色在“质”的方面的特性。

② 明度。明度是人眼对物体明亮程度的感觉，是人眼对物体反射光强度的感觉，是表示物体的颜色在“量”方面的特性。明度与光源亮度有对应关系，光源亮度愈高，则观察到的颜色明度也愈高，但由于人的视觉灵敏度有限，所以当光源亮度变化不大时，往往感觉不到明度的变化，所以明度和亮度又是有区别的。

③ 彩度。彩度又称饱和度，是表示颜色是否饱和纯洁的一种特性。物体反射出的光线的单色性越强，物体颜色的彩度值越高。掺入白光成分越多，就越不饱和。当掺入的白光比例大到足以压倒或掩盖其余光线时，看到的就不再是彩色而是白色了。所以白色、灰色和黑色等无

彩颜色的饱和度最低。饱和度取决于物体表面对光的反射选择性程度。若对某一很窄波段的光有很高的反射率，而对其余波长的光反射率低，则说明其反射选择性程度很高，颜色的饱和度也高。

（2）可见光。

① 光是一种电磁辐射。一般情况下，只有波长在 400～700 nm 之间的电磁辐射才能引起人的视觉，称为可见光。因此，色漆的颜色是指物体在日光（白光）照射下所呈现的颜色。1666 年，英国著名科学家牛顿第一次揭示了白光的秘密，他用一块三棱镜成功地将白光分解为红、橙、黄、绿、青、蓝、紫七种颜色，如书后附图 A-2 所示，后来他又设法用透镜把这七种光聚集在一起，还原为白色光。

由此人们得知白光是由红、橙、黄、绿、青、蓝、紫七种单色光组成的。其波长范围为：

红 630～700 nm，橙 600～630 nm，黄 570～600 nm，

绿 500～570 nm，青 450～500 nm，蓝 430～450 nm，

紫 400～430 nm。

同样，不同色调也有不同亮度，如在太阳光谱中，紫亮度最低，红和绿亮度中等，黄色亮度最高，人们感到黄色最亮就是这个原因。如书后附图 A-3 所示。

实际情况比以上所列要复杂得多，因为人的眼睛可以在两个相邻颜色的过渡区域中看到中间色。一般说，波长变动 1～2 nm 时，人眼就能觉察出颜色变化。因此以上所列的仅是一种大致情况。

如果一个物体表面把照射在它上面的白光中的所有组分全部反射出来时，则物体呈白色。而白光中的所有组分都以同样的程度被物体所吸收时，物体则呈灰色，被吸收的光量越大，灰色越深，全部吸收时物体便呈黑色。白——浅灰——中灰——深灰——黑的一系列颜色便构成了颜色的非彩色一类，如书后附图 A-3 所示。

如果白光照射在物体上时被有选择地吸收，即吸收了某些波长的光而反射了其余的光，则物体便会呈现那部分反射光的颜色。如红光被吸收，物体呈蓝紫色；绿光被吸收时，物体呈红紫色；黄光被吸收时物体呈蓝色，反之，当蓝光被吸收时，物体呈黄色。组成光的各组分被选择吸收的结果，使物体呈现出红、橙、黄、绿各种颜色，这便构成了颜色的另一类——色彩。

② 反射光谱曲线。不同的物体表面呈现出不同的颜色，这是因为对不同的光波的反射率不同。离开物体后波长的表现形式是物体的光谱数据，光谱数据可以绘制成光谱曲线，光谱曲线可表示颜色中各特性的关系，通常我们称之为颜色的“指纹”。

（3）颜色的命名方式。

① 颜色的系统命名。颜色的命名可以采用系统方法和习惯方法进行。系统方法对彩色类颜色是以色相修饰语加明度、饱和度修饰语加彩色基本名而得，色相修饰语就是红的、黄的、绿的、青的、紫的等。

② 颜色的习惯命名。以花、草、树木、果实的颜色命名。例如玫瑰红、桃红、草绿、荷叶绿、橄榄绿、檀紫、竹叶绿、苹果绿、葱绿、橙黄等。

③ 以动物的特色命名。例如鹅掌黄、鼠背灰、鸽灰、孔雀蓝、蟹青等。

④ 以天、地、日、月、星辰、山水、金属、矿石的颜色命名。例如天蓝、土黄、月灰、水绿、金黄、银灰、石绿、翠绿、钴蓝、铅白、锌白、湖蓝、石青等。

⑤ 以染料或颜料色的名称命名。例如苯胺紫、甲基红等。

⑥ 以形容色调的深浅、明暗等形容词命名。例如朱红、蓝绿、紫灰、明绿、鲜红等。

⑦ 以古今中外词汇中常用的抽象名词或形容词命名。例如枯绿、满江红等。

2. **颜色定位系统**

颜色定位系统就是所有的颜色都可以在这个系统中占据一个位置，而系统中的一个位置代表唯一的一个颜色。

1）孟塞尔的颜色定位系统

孟塞尔的颜色定位系统是目前世界上应用最广的颜色定位系统，如书后附图 A-4 所示。

孟塞尔颜色系统中用色度、亮度、色调对颜色定位。

色度表示。颜色离中心越远，越纯净，色度越高；颜色靠中心越近，越灰，色度越低。渐渐变成没有色彩的白色、黑色或者灰色。

亮度的表示。色环中央的轴表示亮度，越往上越亮，越往下就越暗。当一个点在轴上从上往下运动，颜色是从白色变灰，最终变成黑色。

色调的表示。色调分成 5 个主色调：红（赤）、黄、绿、蓝（青）和紫。在相邻的两个颜色之间又定义了 5 个次色调：红—黄（橙）、黄—绿、绿—蓝、蓝—紫，红—紫。

2）颜色标绘

在汽车涂层修复调色中，人们以孟塞尔颜色系统为理论基础制作出颜色标绘图。

理论上，要在平面表示一个三维的空间，至少要用二个平面坐标，为了清楚地表达颜色的三个属性，颜色标绘图中用了三个平面坐标。

人们在比较两色板时，并不需要定量地描述这两块颜色的三个参数，只要定性地分析这两块色板和颜色参数的差别。例如比较书后附图 A-5 中的两块红色样板，我们经过对比发现：A 板显得蓝些，B 板显得黄些；A 板显得深些，B 板显得浅些；A 板显得灰暗些，B 板显得鲜艳些。

6.2 调色材料、工具和设备

调色的材料就是汽车涂层修复涂料中的色母，工具和设备则包括调色架、电子秤、色卡资料、颜色登记册、配方光盘或计算机、喷涂样板设备等，条件好的调色间还会配备比色灯箱，改善阴天或晚间调色的条件。

1. **调色材料**

1）色母

顾名思义就是各种颜色之母，用其可以调配出各种需要的颜色。当今国内市场上主要的涂层修复涂料供应商有许多家品牌。汽车修理厂一旦选择了某一品牌的汽车修补涂料，不宜频繁更换，因为改换品牌会损失自己多年积累的调色经验和资料，浪费剩余的色母和涂料。在涂装施工中，不同品牌的涂料色母不宜掺和使用。

汽车修补涂料主要采取两种方法设计色母系统：一种是把色母分为两个系列，一个系列是单工序面涂层涂料色母，另一个系列是双工序和三工序面涂层涂料色母。

也有的只使用一套色母，调色后在色母中加入树脂，由加入的树脂类型决定面涂层的性质，是单工序或双工序（三工序与双工序往往使用同一套色母）。

汽车涂料千变万化的颜色都是由数量有限的色母调配而成的，所以调色人员必须掌握所使用的涂料品牌的色母特性。汽车涂料供应商也会提供色母指南之类的资料和培训，指导调色人员正确使用色母。

2）调色架

调色架又称色母搅拌架、调色机、调漆机。罐装涂料打开后盖上专用的带搅拌桨的盖子放在调色架上，调色架电动机起动后，在传动装置的作用下，可以均匀地搅拌调色架上的所有色母，如书后附图 A-6 所示。调色架有大型和小型之分，常用的大型架可以放置 100 多罐色母，小型架可以放置 60 多罐色母。

适当维护调漆设备对于正确调漆是至关重要的，应按以下建议维护调色设备：

（1）调色架应放在平整、坚实的水平地面上，用螺栓固定在地基上，机械部件应经常滴加润滑油。

（2）色母上调色架之前，先用振动机摇动 5～10 min 将其摇匀，或者打开涂料罐，用调漆尺把涂料完全搅拌均匀后盖上盖。

（3）搅拌桨盖应保持清洁无尘，及时清除桨盖出漆口处的涂料，否则桨盖的出漆口或通气孔关闭不严，溶剂蒸气放出，成为安全隐患。同时防止由于涂料中的溶剂挥发，使色母在使用过程中逐渐浓缩，影响调色准确性。桨盖出口附着干涸的涂料会影响色母倾倒和滴加的可控制性，甚至还会掉进容器内，影响色母称量的精确性。

（4）放置调色架的房间要通风，避免阳光直射，温度要适中，一般为 10～30℃，最好能保持在 20℃左右。

（5）上午和下午各开动调色架一次，每次搅拌 15～20 min。

（6）色母上架后保持期一般不超过一年，时间太长质量下降，还会影响调色精确度。

2. 调色工具、设备

1）电子秤

电子秤作为称量色母工具，是精密的设备，如图 6-2 所示。它应该放置在调色架的附近以方便称量，同时避免在工作中受振动而影响精度。

在称重色母过程中，涂料罐要轻拿轻放，避免强风吹过，引起电子称读数不稳定。不要在电子秤上搅拌色母，以免损坏电子秤或降低其精度。按照说明书的指示，定期校正电子秤。一般工作中仅需使用到小数点后一位精度的电子秤，只有在实验室中才用到小数点后两位精度的电子秤。

2）色卡资料

（1）色母指南。色母指南是由汽车修补涂料供应商提供的，是表现色母特性的色卡。各家供应商所提供的色母指南有所不同，但目的都是为了让调色人员能够明了、直观地了解该品牌色母的特性，方便调色。

图 6-2　电子秤

色母指南的色卡虽然各有不同，但设计原理都大同小异。一般会先列出纯色母的颜色，再列出该色母和白色母按一定比例混合后的颜色供调配涂料时参考；最后还列出该色母和银粉、珍珠色母按一定比例混合后的颜色供调配金属漆和珍珠漆参考。这样，每种色母在素色漆和金属漆中的特性基本都表现出来了，另外由厂家提供的这些色母指南还会提供其他信息，如色母的遮盖力、色母在银粉漆或珍珠漆里的侧色调、银粉或珍珠的颗粒大小等。总之，涂料供应商所提供的色母指南是为了让调色人员快速、全面地掌握各种色母的性能，提高调色准确性。

（2）色卡。所有知名品牌的涂料供应商除了定期为其客户提供国际市场上最新推出的汽车颜色的配方外，还会给客户提供这些汽车颜色的色卡。

色卡是很重要的调色工具，一套完整、齐全的色卡会起到事半功倍的效果。

即使最严格、科学地控制，在生产线下来的汽车颜色上还是会存在色差的。色差的存在给调漆工作造成一定的难度，所以涂料公司会收集在市场上出现的差异色，研制配方并制作成色卡，希望以此能帮助调色人员。

除了以上两种主要的色卡外，每个品牌还会推出各式各样的色卡，目的都是为了帮助调色人员更方便调配颜色。在调色中应该正确掌握和利用这些资源。

（3）颜色配方系统。近年来，汽车颜色数量增长很快。例如某个品牌的颜色配方数据库里，仅用于轿车颜色的配方就在40000个以上，如果再包括商用车、国际标准色等颜色，其数量是非常巨大的。

目前，储存颜色配方多为光盘，利用计算机程序阅读，更迅速、方便。某些涂料厂家还能利用配送给客户的计算机软件完成一些功能，以达到“服务增值”的效果，如帮助客户管理涂料的销售及库存、顾客资料或计算配色成本等。

由于互联网日益普及，许多国际大涂料公司纷纷推出“网上配方系统”，把准确、详细的配方在最短时间内让客户知道；第一时间内了解客户的困难，并给予指导、帮助。

（4）颜色登记册。颜色登记册是由涂料厂家发布的，上面收集有各个汽车生产商所推出颜色的资料，例如，颜色的名称、颜色代码、出厂年份、停用年份、使用车型等。灵活熟练地使用这些信息能帮助我们迅速查找准确的颜色。

颜色登记册一般都包含有该厂商的色卡、配方的相关信息供客户查阅，除此以外，还有其他信息，例如，车身颜色代码在车身上的位置，颜色代码的字母含义等。

（5）配色灯箱。必须在阴天、晚上或光线不足的车间内调配颜色时，需要使用灯箱。灯箱的主要目的是提供一个接近日光的光源。

目前的技术还不能造出一个和日光完全相同的光源，所以在灯箱中还配备了其他三种光源作参考。一个是一般的荧光灯光源，一个是类似于白炽灯的红光光源，这两个都是用于鉴别颜色的。最后一个是一种紫外光光源，它用得很少，主要是为了观察涂料中颜料的某些特性而设置的。一般地，各个光源在开关上会注明。在使用的时候，不同的灯光下看到的颜色偏差稍许不同是很正常的，相差太大就是颜色异构了。最常用的光源为 D65 光源。

同色异谱。当一对颜色在某光源下，呈现的颜色是相同的，但在另外的光源下，其呈现的颜色是有差异的，此现象称为同色异谱。

物体常处在各种不同的光源的照明下，最主要的光源是日光和灯光。照明光源不同，物体的颜色就会有差异，为了统一测量标准，CIE 规定了标准光源。

D65 光源。以日光灯为代表的 CIE 标准光源，以日光的真实测量光谱为依据，与之相关的色温为 6504K，是一般常用的测试照明体。

A 光源。以白炽灯为代表的 CIE 标准光源，黄－橙色，与之相关的色温为 2856K。

F 光源。以荧光灯为代表的 CIE 标准光源，F2 代表冷白荧光灯（4200K），F7 代表宽频日光荧光灯（6500K）；F11 代表窄频白荧光灯（4200K）。

6.3 调色流程

各个涂料供应商都会提供市场上各车型的颜色配方，但是由于汽车制造厂商不断推出新的车型，原厂漆差异色定会存在。不同客户对颜色也会有特殊要求，特别是改装厂和修理厂对颜色的需求很多，有时也很急，这时我们就需要调色。如图 6-3 所示为调色的基本流程。

1. 检查原厂颜色代码

查找车身上的标牌，在标牌上找出颜色代码。所有汽车生产商都会在车身上提供颜色标牌，注明车身颜色。这种标牌可能是金属牌，铆在车身内表面上；也可能是一张贴纸，贴在车身内不易损坏的地方。不同的汽车标牌贴在车内不同的位置上，如图 6-4 所示。表 6-1 是一些常见汽车标牌的位置。根据车的颜色代码，可以在修补涂料厂家提供的配方库内查找颜色配方。如果汽车已经重新喷涂，而且没有按照颜色代码调色或颜色代码被撕掉，这时可以使用色卡与车身颜色比较，找出最接近的色卡，查出色卡配方，在这个配方的基础上调色。

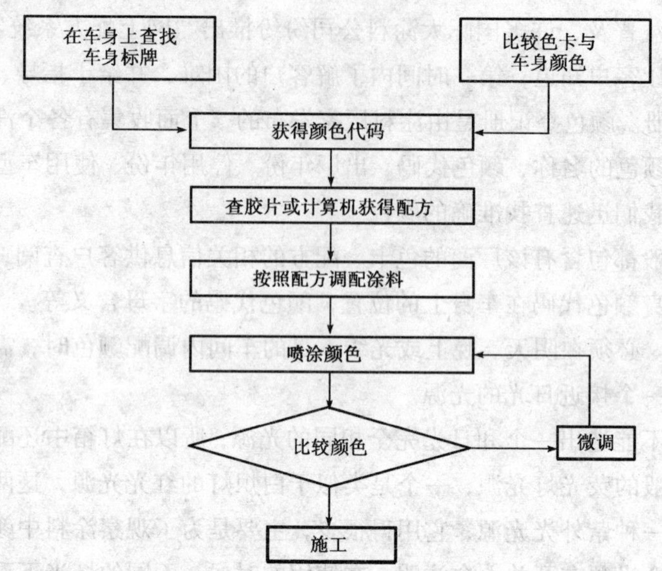

图 6-3　调色流程

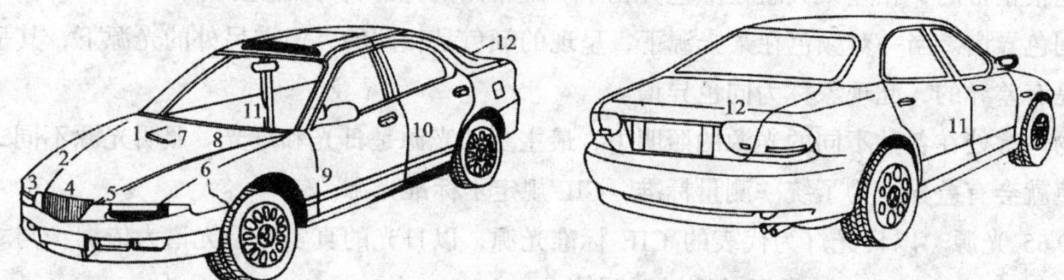

图 6-4　常见汽车标牌位置

表 6-1　汽车标牌位置

车　型	位　置	车　型	位　置
Alfa Romero 阿尔法・罗米欧	2/6/8/12	LAMBORGHINI 兰博基尼	1
Audi 奥迪	12	MASERATI 玛莎拉蒂	5/12
BMW 宝马	2/6	MAZDA 马自达	1/4/7/10/12
CITROEN 雪铁龙	1/2/3/7/8/10	Mercedes Benz 奔驰	4/5/8/10
CHRYSLER 克莱斯勒	2/6/8	MITSUBISHI 三菱	1/3/4/5/8
DACIA 达西亚	1/4/8	MOSKVITCH 莫斯科人	12
DAWOO 大宇	4	NISSAN 日产、尼桑	1/3/4/7
DAIHATSU 大发	1/8	PEUGEOT 标志	1/3/4/6/8/10
FIAT 菲亚特	2/8/11/12	PORSCHE 保时捷	6/7/9/10
FORD(America)福特（美国）	10	RELIANT（美）	1/2/6
FORD(Europe) 福特（欧洲）	7/2/3/4/9/10/11/12	RENAULT 雷诺	1/2/3/4/6/7/10/11/12
GEO	12	ROLLS ROYCE 劳斯莱斯	6
GM(America)通用（美国）	1/3/8/12	ROVER GROUP 路华	2/6/7/9

续表

车　型	位　置	车　型	位　置
GM(Europe)通用（欧洲）	2/3/4/5/6/8/12	SAAB 萨博	1/2/6/8/9/10
HONDA 本田	1/8/10	SEAT 西亚特	8/12
HYUNDAI 现代	4/7/9/10	SKODA 斯柯达	3/8/10/12
INNOCENTI	7/10/12	SSANG YONG 双龙	8
ISUZU 五十铃	1/4/7/10	SUBARU 斯巴鲁	4/5
JAGUAR 捷豹、美洲虎	3/10	SUZUKI 铃木	4
KIA 起亚	9	TOYOTA 丰田	1/2/7/12
LADA 拉达	6/12	VOLKSWAGEN 大众	1/4/6/8/9
LANCLA 兰西亚	2/8/12	VOLVO 沃尔沃	1/5/6/8
LAND ROVER 兰德·罗孚（路虎）	1/3/5/8	WARTBURG	1
TALBOT 塔尔伯特	3/4/5/6/8	ZASTAVA	2/6

国内情况比较复杂，许多车厂没有将颜色进行系统编号，但随着与国际接轨也会逐步规范。另外一个特点是，国内合资汽车生产厂家很多，它们推出新车的颜色也参照外资方现有的颜色系统选择。这时，可以在外资方现有的颜色系统中查找色卡和配方，这样可以节省很多时间。

2. 参考颜色数据库

参考色卡时需要注意：

（1）所有色卡的配方在颜色调配时，试板都是用自动喷涂机喷涂的，喷涂的效果与手工喷涂的效果肯定不同。但由于手工喷涂的灵活性，有时可以通过施工者改变喷涂的方式，就能得到色卡所显示的颜色。

（2）在比较色卡和车身颜色时要考虑到所有造成误差的因素，因为一个色卡与车身完全相符的情况发生的概率非常低。

调配素色漆时，选择色度和亮度比车身颜色高的色卡，在这个色卡的配方基础上调色，因为素色漆很容易从鲜艳、明亮向灰暗方向调整；调配金属（珍珠）漆时，找一个侧面稍暗的色卡或一个正面偏亮、侧视偏暗的色卡，在这个色卡的配方基础上调色，这样很容易通过加大控色剂或白色把颜色校正过来。

3. 准备色母

根据选择好的色卡和配方，准备需要用的色母。准备色母时需要确认：

（1）色母已经搅拌均匀。

（2）色母的数量足够。

（3）调配涂料的罐是干净的。

（4）电子秤已校准。

（5）搅拌尺已经准备好。

4. 称量色母

称量色母时注意以下几点：

（1）有把握时可以一次数量调够，没有把握的先根据配方调出小样。

（2）“宁少勿多”，对某个色母数量没有完全把握，可以先少加点。

（3）应该把电子秤放在稳固的桌面上，可以减少因为振动引起的误差。

（4）尽量减少空气对流而影响电子秤的准确，例如风、人员走动、门窗开关等。

（5）现在修补涂料工作中使用的电子秤精度都是 0.1，第二位的小数部分看不到，需要在心里估算。一般而言，小心滴加一滴色母的质量在 0.02～0.05 g 之间。电子秤是不具备四舍五入功能的，如 0.17 g，电子秤显示 0.1 g，所以实际的质量一般比显示的质量大。因此，在理论上要准确调配一个配方，每个色母的最小加入量应该在 0.5 g 以上，当配方量放大到 1L 的配方时，颜色也是准的。

（6）使用累积质量和单独质量的区别，很多调色人员习惯使用每次加完色母后电子秤不归零的方式，正如上面所讲那样，当每次的误差不断积累起来后，后面所加的色母会偏少。如涂料的质量是 8.19 g，显示是 8.1 g，这时只要滴加一滴色母，电子秤立即显示 8.2 g。这种差量虽然不大，但在加入少量对颜色影响较大的色母时，误差就会很大。实际选择使用哪种称量方式要灵活掌握，重要的是要知道有哪些误差会影响调色精度。

5. 喷涂试板

喷涂试板是很重要的一步，湿涂料的颜色不能真实反映干涂膜的颜色，特别是金属漆中银粉的颗粒和亮度，不经过喷涂试板不可能把握得准确。

试板的面积不宜太小，太小则对颜色的分辨不准确。至少应该在 10 cm × 15 cm。喷涂时不要喷得过厚，否则金属漆和珍珠漆的颜色会比汽车车身上正常喷涂时的颜色稍深。

特别是对于浅颜色的金属漆，像香槟金、薄荷青等，喷涂试板时应该尝试不同的喷涂方法，分析在实际喷涂时可能会影响颜色的因素和造成的色差。

6. 检查颜色

把喷出的试板与车身作比较，颜色符合就可以施工，颜色不符合就需要微调。检查试板颜色需要注意以下几点：

（1）在光线充足的地方，最好在室外不受日光灯、装饰物、树木的反射光影响的地方。

（2）不要在阳光直射或光线不足时检查颜色。

（3）当不得不在日光灯或烤房内检查颜色时，注意分辨色差和颜色异构之间的区别。

（4）存在微小色差时，正确判断哪些是不得不微调的，哪些是可以利用喷涂方式解决的。

（5）充分考虑周围的影响因素，如墙壁、车辆，还要考虑车身修补区域的影响因素，如遮阳膜、老化、失光等。

（6）以第一次印象为准，盯视时间越长，越难以判断。

7. 微调颜色

在很多情况下根据颜色代码或色卡的配方调出的涂料颜色与车身的颜色或多或少有一些差别，这时就必须对颜色进行调整，这种颜色调整又称为微调颜色。微调颜色时要注意尽量不要使用原配方以外的色母，每次加入或减少量要“宁少勿多”。每次进行调整后都要将色板与样板比较。

8. 各类色漆调配的要点

了解调色的基本流程后下面简单介绍素（纯）色漆和金属（珍珠）色漆的调配方法。

1）素（纯）色漆

素色漆也叫纯色或实色漆。与金属漆不同，喷涂的因素对素色漆颜色变化的影响比较少。所以这类颜色较容易调配，也是调色的基本功。

素色漆一般都使用单工序喷涂的工艺，这样既方便快捷，又省时省工。因此，素色漆色母要求有高遮盖力、高饱和度，施工后有高的光泽。但由于调色的需要，一套完整的色母系统中还要求有低遮盖力的色母。

素色漆在喷涂后不会出现侧面色调的变化，往往正面颜色调得准确，侧面也不会有什么差别。此外，施工条件、施工环境对素色漆颜色的影响也非常少。这些因素都使得素色漆较容易调配。

调配素色漆时应该注意以下几点：

（1）色母的“沉降效果”，白色母、某些黄色母是最重的一类色母，原因是其颜料的比重大，常产生湿漆与喷涂色板之间的明显颜色差。如果湿漆中含有一定量的白色漆或某些黄色漆时，要求湿漆调配得比标准板的颜色浅、淡。这是因为在搅拌湿漆时，重的色母来不及沉降，油漆的颜色就较浅；而喷涂后的流平时间内则发生了沉降，轻的色母在表面聚集较多，颜色就要更纯，外观表现得“暗”一点。刚喷涂完的漆面和干固后的漆面不同，这是一个最主要的原因。烤干后的漆面都会显得偏暗一点。

（2）尽量选用纯度高的色母，汽车在素色选择上喜欢明快、鲜艳的色彩，以红色、蓝色、黄色为主。这些颜色调配要根据需要少用黑色母；偶尔会用相当数量的白色母调节亮度和鲜艳（纯）度，但要认识到这会造成一定程度的颜色混浊。

（3）尽量不选用低强度的色母作为主色，即使不得不选用时，也要尽量搭配使用高遮盖力的色母。这种情况以鲜艳的红色最为常见。

（4）白色在使用了一段时间后会变得稍黄。

（5）调配白色时尽量选用低强度的色母，就是透明的色母。强度高的色母其浓度一般是低强度色母的 6～10 倍，即使一升里面只用一滴，在白色中也能明显地反映出来，因为人眼对白色的分辨能力比别的颜色强。所以选用低强度色母的好处是微调时容易控制变化范围。

（6）黑色的表面光泽对判断其色差起着决定性的作用。新喷涂的黑色由于表面光泽太高而容易给人造成新修理漆面过黑的误解，可以先打蜡抛光再进行比较。甚至在喷涂前加入少量的白色母使原黑色配方稍微混浊一点。

（7）当调配因长时间暴露而退色的颜色时，可以添加少量的白色或黄色色母。

（8）颜色异构。颜色异构就是在不同的光源（例如阳光和灯光）反射下颜色的偏差有所不同。在室外看着比较准确的样板或调好的涂料颜色，到了室内或喷漆房内再看颜色就走了样。如书后附图 A-7 所示。

这是光源起了作用，不同的颜料各有自己吸收和反射特定的波长及能量，调色的实质则是在当时的光源条件下把不同的颜料筛选组合，从而模拟出该光源下所要求得到的反射光的波长及能量。除非是使用了完全相同的颜料，否则要使两种不同的颜料在不同的光源下颜色相同几乎是不可能的事。由于人眼是可以在可见光的范围内做到全波长和全角度的检测，而当光源随着周围环境的改变而改变时，如果所调配的颜色存在颜色异构，人眼就能分辨出来。

常用来判断的方法就是利用日光和日光灯（灯管）。在日光下调出的颜色，不一定能通过日光灯的考验；而在日光灯下调出的颜色，在日光下往往是比较准确的。可采用透过车间顶棚的光下和车间外充足的光线下作比较，烤漆房的内外作比较等方法都是可供参考的手段。

颜色异构在颜色调配中是相当常见的现象，所造成的色差也较小。如果出现了严重的异构现象，基本上都与色母选用不当有关。这时候仅在原配方基础上增减色母数量已经不能很好地解决问题了，这时一定要改变所用的色母。

2）金属（珍珠）色漆

（1）双工序金属（珍珠）漆的调色。金属漆之所以难调准确，是因为金属漆对光的反射不同，如图 6-5 所示。金属漆在进行调色时，对侧视色调需要考虑，再加上珍珠粉正面反光、侧面透射光的不同，就造成金属漆正、侧视变化的复杂性。在调配某个颜色时，每一个色母都会对这个颜色的正、侧面产生影响，所以在使用每一个色母时都要考虑到它所造成的影响。例如，使用了较多（5%～10%）的无光银时，就绝对无法消除正面的灰暗和颜色的不纯；使用大量的珍珠色母（30%以上）后，就不要期望能把侧视调暗。

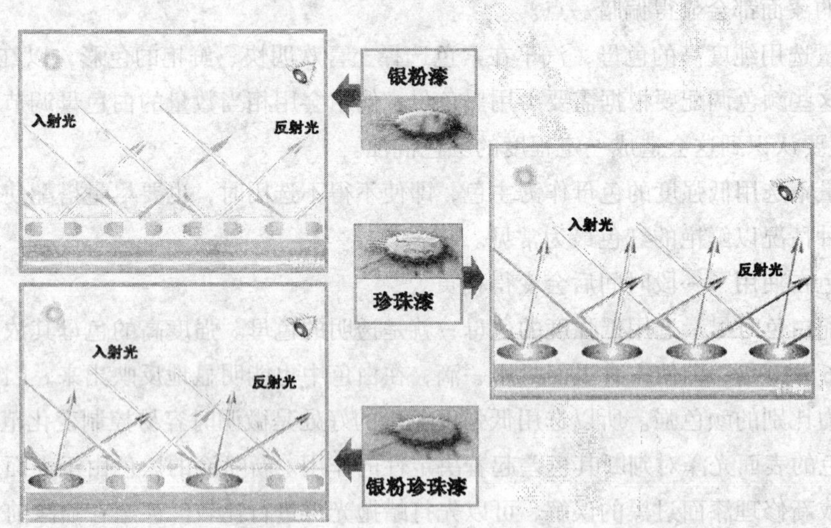

图 6-5　金属漆对光的反射

正如前面说的，选用了合适的银粉，确定主要的基调色母后，颜色就基本定形了，我们只可以在一定的程度上进行微调。微调中使用的色母在考虑正面改变的同时，要清楚知道会使侧面色调有什么变化。经验表明，在只允许加入少量色母的条件下，容易把侧视色调浅、亮，把侧视色调得偏黄、红。

调整侧视的效果手段主要有：

① 改变基调色母之间的比例。正如上面所说，基调色母一般成对使用，例如同是绿色就可以使用一个偏黄和一个偏蓝的色母，当适当改变两者数量时，就能控制正面色调基本保持一致而侧视色调偏黄或蓝。

② 选用合适的银粉组合。通过改变银粉组合，能让侧视变暗或亮。调节变亮的方法较多，但调得更暗的方法就屈指可数了。例如亮银换成闪银，副作用是正面亮度升高了，但一般不明显。即使很明显，也可以使用黑色再次降低其亮度。比较起来，侧视的色调只有这样才能调暗，而正面调暗的办法还很多。

③ 使用银粉控色剂。多数品牌的修补漆会提供调节银粉侧视亮度的控色剂帮助调色。使用控色剂的好处是既最大限度保证正面色调不变，又使银粉侧视大幅度变亮。虽然会使银粉颗粒显得稍粗，但在使用要求的范围内，这都是可以忽略的。

④ 使用白色或通过白色色母。作用效果同上，使用量即使在5g/L以内也有明显的效果。而且在这个使用要求范围内，对正面的影响也很少。浅色银粉漆，包括浅银灰、浅蓝等，正面的亮度对白色母比较敏感，一升几克的用量就能感觉到颜色透出灰、黑，亮度不够。

⑤ 使用青黄或鲜黄色色母。和白色母的使用方法相同，效果也是明显提高侧视亮度，还附带使得侧视色调偏一点黄。这里用黄色一定是要亮度和纯度最高的，色调也要是最纯正的黄，可以偏绿。这个方法对消除像深蓝、绿等颜色侧视过度偏紫红极为有效。同时造成的侧视亮度上升也就无法避免了。

⑥ 尽量多使用透明的色母。

（2）三工序珍珠色调色。在金属（珍珠）漆中还有一类重要的颜色，即三工序珍珠漆，以白珍珠最为常见。这类颜色利用低遮盖力的珍珠色漆（云母）覆盖在其底色漆上，能够提高底色的反光性，还可以使正、侧面色调反差强烈，给人造成深刻的印象。其中底色一般选取浅亮的素色漆为主，也有少部分银粉漆；珍珠漆多数直接使用不添加其他颜色的纯珍珠色母和树脂（或称清浆）。

在汽车生产的面漆涂装线上，这类颜色是先喷涂底色漆，接着喷涂珍珠色漆，最后再喷涂清漆，所以被称为三工序。在汽车修理的工作中，我们也是要按照这个流程进行面漆修补操作。即使最有经验的调漆人员都会认为，三工序珍珠漆很难调。其实这和浅色金黄、浅蓝金属漆的问题一样，手工喷涂的方式非常严重地影响着这种颜色的效果。

最主要影响三工序珍珠色的因素有两个：底色漆和喷涂层数。底色调配有点麻烦，因为它已经被珍珠色层所掩盖而不能表现出原来的色调。可以采取两个办法作参考：一是寻找车身的内表面，驾驶室门框的地毯下面的部位，油箱盖背面等，这些部位往往还保留着原始的底色；二是打磨需要修补位置的面漆直至露出底色层。如果车身漆膜陈旧，参照打磨露出的底色调色为好。如果以上方法都无法找到参考的底色，那就只好通过制作试板来微调底色了。

当调配出底色后，接下来就是制作试板了。虽然在调配双工序的金属漆时也要制作试板，但在这里的制作方法有点不同，这里要求采用“多层喷涂试验”的方法制作试板。

如图 6-6 所示，准备一块已经喷好底色漆的试板，大致分成四部分，如图 6-6（a）所示；使用三份遮蔽纸分别遮住下面三部分，并开始喷涂珍珠漆，如图 6-6（b）所示；第一遍闪干后，撕去一张遮蔽纸，并继续喷涂第二遍，如图 6-6（c）所示；如此类推，如图 6-6（d）所示，一直到把四部分都喷涂完成，最后全部喷涂一遍，如图 6-6（e）所示。由下往上，我们分别喷涂了 2、3、4、5 遍珍珠漆。由于每人喷涂手法不同，如果觉得有必要，可以全部再喷涂一遍，得到分别喷涂 3、4、5、6 遍的试板。最后喷涂清漆，干燥漆膜。

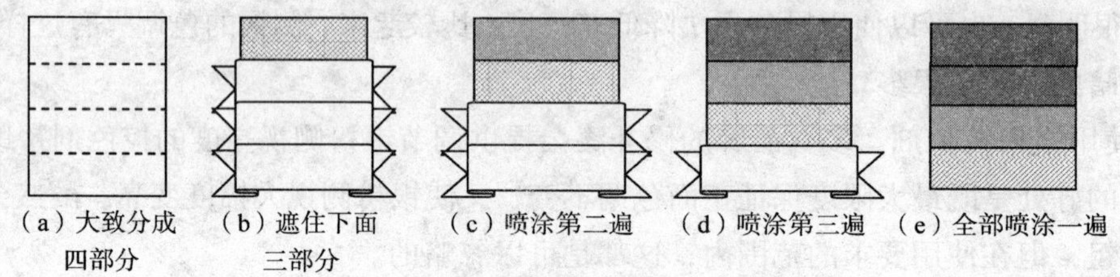

图 6-6　珍珠色多层喷涂试验

比较试板与车身的颜色，选出最接近的颜色，决定实际施工时所需要的喷涂遍数。即使在调配底色漆时，也应该按照这种方法喷涂试板，再决定如何调整底色。

一般而言，珍珠层喷涂得较薄，底色的色调就容易在正、侧面透出来，而珍珠层喷涂得较厚，正面的珍珠粉颗粒明显，侧视反而会逐渐变暗。

6.4　影响颜色的因素

汽车涂层修复施工必须使用手工操作。因为手工操作的随意性，所以涂层的颜色会出现色差，此外，施工环境也能明显造成喷涂后的色差。经验证明，深颜色的金属漆受到的影响小，浅颜色的金属漆受到的影响大，实色漆基本上不会受到影响。

1. 个人喷涂习惯的影响

手工喷涂的效果很受人的习惯制约，如走枪快慢、枪距远近、喷涂次数、流量调节、闪干时间、清漆厚薄等都对最后的颜色产生影响。对于大多数色漆而言，这些因素会造成颜色的深浅不一，究其原因，主要因为银粉分布不同所造成。一些经验如下：

浅	颜色偏向	深
快←←	走枪速度	→→慢
远←←	枪距远近	→→近
少←←	喷涂次数	→→多
少←←	油漆流量	→→大
薄←←	清漆厚度	→→厚

2. 人为操作因素的影响

除了上述人为习惯造成的影响外，另外一些手工操作上的因素也对颜色造成影响，例如稀释剂配比、稀释剂类型、喷枪口径、气压调节、枪幅（扇面）调节、中间涂层烘烤等。

这些因素往往是人为疏忽所造成的，只要在操作上注意按照技术手册上的说明，这些人为因素的误差是可以避免的。

浅　　颜色偏向　　深
多←←　　稀释剂配比　　→→少
快干←　　稀释剂类型　　→→慢干
小←←　　喷枪口径　　→→大
大←←　　气压调节　　→→小
大←←　　枪幅（扇面）调节　　→→小

3. 施工环境因素的影响

施工环境是客观因素，也无法避免，例如环境温度、环境湿度、空气对流等。随着施工设备的规范化和专业化，这些因素逐渐被人为控制，如在烤房内制作试板、调节烤房的温度和湿度、烤房的风压状况等。

浅　　颜色偏向　　深
高←←　　环境温度　　→→低
小←←　　环境湿度　　→→大
增加←←　　空气对流　　→→减少

4. 其他因素

除了上面所说的这些，还有一个不为人注意的因素：色母颜料的比重。因为这种轻重的区别，对各种颜料在涂层流平、闪干的过程中的分布有重要的影响。

白色母是最明显的例子，有大量白色母使用的实色漆在湿漆状态下颜色又浅又亮，喷涂后烤干颜色不但鲜艳多了，而且还会变暗。

另一个有比较明显影响的是蓝色。蓝色母是比重最小的一类色母，也最容易受施工条件的影响。根据施工的不同，实际喷涂后的蓝色有可能出现由偏红到偏绿的各种差异色，喷涂手法偏薄、干得快，颜色容易浮现出红色；喷涂手法偏重、干得慢，颜色容易发绿。

综上所述，可以说，即使是同一罐油漆、同一把喷枪、同一个人，只要在不同的时间喷涂，都有可能会得到不同的结果，这是无法避免的缺点。但从另一方面来讲，也可以转化为优点，那就是施工人员的灵活掌握，利用喷涂方式的改变从而达到微调颜色的目的。

5. 汽车涂料的色差控制

随着轿车市场竞争的日趋激烈，用户对产品质量要求越来越高，用户不仅关注轿车产品使用性能，而且对轿车产品外观质量也十分挑剔。轿车已经由最早的老三色（红、黑、白），发展成今天几十种颜色。有些产品由单一黑色保险杠发展成车身与保险杠及其他附件同一颜色的新一代产品。更高档的轿车如 Audi A6 及 Bora A4，车身与保险杠匹配间隙仅为 1 mm，也就是说，车身与保险杠几乎为一体，这给轿车面涂层外观质量控制带来新课题，即车身与保险杠及其他附件色差质量控制。只有将色差质量控制系统应用于轿车面涂层生产中，并通过涂料对色差监控、车身与附件色差检测、数据分析、现场施工工艺参数调整，实现对轿车整车色差的质量控制，才能满足用户对高档轿车产品质量的要求。

1）汽车涂料的颜色测定方法

颜色测定是配色中的关键步骤，目前颜色的测定有两种方法：目测法和仪器测量。

（1）目测法。

在汽车涂料工业中，还有很多的沿用传统目测法的手段来进行配色，它规定按与样板相同的条件下将涂料制板，在日光下或标准光源下与标准板进行平行比较。这种目测法如果做得粗糙一些是简单易行的，也不需要多少理论基础，也不必经过技术培训和特殊设施。但若需要精确，就要具备一定的观测条件，由具有一定色度学知识和经验的观测者来检测。在严格规定的比色条件下，如试验设备、光源条件、观测环境，观测者凭肉眼观察颜色也很直观、简易和敏锐，而且分辨率高。

（2）仪器测量。

目测法仍存在一定的局限性，对于不同色调饱和度的细微观测往往无能为力，而且目测法对色调或明度的比较结果只能做文字或语言评述，很难做到准确，对于颜色的观测结果，作为一种资料保存下来更为困难。因此仪器测量就显得很重要和实用，它可使颜色的各种参数数字化，将颜色描述得更加准确，也便于保存资料，目前汽车涂料领域内尤其是轿车工业多采用仪器测量配色。

现在汽车涂料领域最常用的颜色测量仪器是分光光度测色仪（简称分光光度计），它可以制成数字显示式的，或加配电子计算机，使测定结果自动打印输出。通过仪器对样板测量可得出 x，y 和 Y，即色度坐标和亮度参数，通过色度图可以知道所测色在色度图所处的位置。

测色仪的操作一般包括如下几个步骤：使用反射分光光度计进行测色；将反射曲线用屏幕显示并打印出来；储存和计算并将所需数据打印出来，测定可在几秒钟内完成。简易型只可计算色差，不能计算混合颜色的配比。高级的还可以有多种功能，进行生产控制，除控制颜色外，还可控制配方，进行称量等。

随着金属闪光漆进入汽车涂料领域，产生了颜色随观察角度产生异光异色，这就要求金属闪光漆颜色质量控制要用多角度分光光度计。

2）影响色差的一些因素

（1）涂装材料批次色差的质量影响。

只有控制涂料材料每个批次色差，不超出标准色板的允许偏差范围，才能保证车身及附件的色差稳定，不产生较大偏差。

（2）涂装材料遮盖能力对车身色差有较大影响。

一般金属漆施工厚度为静电喷涂设备 8～10 μm，空气喷涂 4～5 μm，总的底色漆厚度 12～15 μm。当材料工艺遮盖力厚度大于 15 μm，也就是说底色涂膜厚度达到 12～15 μm，还不能完全遮盖底材，则车身外观将产生质量缺陷，如涂膜发花、色差超值。

不同涂膜厚度其色差也有变化，当涂层膜厚达到遮盖厚度时，其色差稳定，不再有较大波动。

可见，当涂膜厚度为 20 μm 时色差影响较小。

（3）施工参数对色差的影响。

① 对于金属漆材料，尤其是银灰色金属漆，喷涂设备施工对色差影响很大，也就是说通过调整设备施工参数，可得到满意的颜色。

a. 漆量↑（大）→涂膜厚度↑→涂膜更湿→暗。

b. 雾化空气↑（大）→涂膜更干→亮。

c. 干燥空气↑（大）→涂膜更干→亮。

d. 空气下移速度↑（大）→涂膜更干→亮。

② 涂装材料施工参数对颜色也有较大影响，其影响因素如下：

a. 施工黏度的影响。如亮银金属涂料施工黏度降低，涂膜表面更湿润，则颜色偏暗。

b. 添加剂加入量对颜色的影响。如玛瑙灰金属涂料，添加剂量如 BDGA 由 1%～3%，涂膜表面更湿润，则颜色偏暗。

c. 底色漆涂层厚度对色差的影响。

d. 中间涂层颜色对面漆色差也存在影响。

e. 现场施工环境温度高，则金属漆闪干速度快，涂膜更干，则颜色偏亮，故夏季涂料材料施工中都添加高沸点溶剂如 BDGA 及 BGA，降低其挥发速度，改善涂膜流平性，使其更湿，颜色偏暗，接近标准色板。

③ 手工操作，因喷涂工艺及操作不当也会造成车身色差，尤其是浅颜色面漆、金属漆、珠光漆等，如钻石银、闪光银、亮银，手工修补后颜色发生变化，变暗。

3）汽车颜色的特点

（1）汽车色彩的特点。

形是体，色是衣，好的汽车不仅要求形体美，而且要求色彩美。汽车的色彩要从使用功能、使用环境和人们的心理作用等方面来考虑。要遵循“尺度与比例”“均衡与稳定”“统一与变化”美学的三大原则。

汽车的使用环境对色彩有不同的要求和好恶。如中国和东方民族喜欢红色，把它作为吉庆象征；信奉伊斯兰教的民族喜欢绿色而不用黄色；意大利喜欢用黄、红和绿色；在埃及，蓝色作为罪恶的象征而不受欢迎；在巴西，紫色表示悲哀，黄色表示绝望，等等。汽车的色彩要符合使用环境（地区）、民族的气质、爱好、性格、风俗习惯、宗教信仰等不同要求。

汽车的色彩依据汽车使用功能的不同而不同。例如载货车与轿车，大客车与特种车等，对色彩的要求也是不同的。高级豪华轿车主要体现庄重、富丽，因此用得较多的是黑色或类似黑色的深色调；大中型载货车基本上不用黑色基调的；中等级别的轿车要求大方典雅，一般选用浅色或中性色；年轻人开的运动车型，则要求色彩浓烈，活泼奔放；客车、旅游车则常以三种以上的色彩组成具有动态的色带，给人以欢快之感。又如消防车，漆成红色，亮度高、醒目、易发觉；工程机械、装载机、吊车、平板挂车等多涂有黄、黑相同的颜色，以便引起行人和其他车辆的注意；军队用车都采用深绿色或迷彩色，以便于隐蔽或伪装，不易被敌人发现。

综上所述，汽车的色彩主要依据汽车的特征、汽车的用途、汽车的行驶环境、汽车的使用对象、售车时地区的流行色、销售地区民族的色彩心理、购车人的色彩爱好等来确定。

（2）我国汽车色彩的特点。

我国幅员辽阔，地理环境差异很大，不同地区的色彩也不同。在北方，一般采用暖色调的；南方是冷色调的；多雾的地区色彩应明亮；黄土高原、沙漠多，采用绿色，给人以快慰的感受，在广阔的绿色原野上就不用绿色了；北方林区，因多冰雪的冬季，最好采用蓝色。

汽车的驾驶区需要光线柔和，色彩宜人，避免不良色彩刺激驾驶员的视觉神经。因此，内壁常以乳白、乳黄、淡青、淡绿等色为宜；仪表盘一般是深色的，以减少从挡风玻璃射进的通过仪表板折射到驾驶员视网膜上的光线。这样，驾驶员就会感到视野开阔，精神饱满，大大提高了操作灵活性和安全性。

客车类车厢内色彩会直接影响乘客的情绪，暗调色彩会增加热的闭塞感，使精神受到压抑，因而常用淡雅的色彩，如乳白、淡绿、淡青、淡蓝等，并且色彩不宜多，只需合理搭配。

（3）汽车颜色的选择。

大千世界，丰富多彩，五颜六色，风景无限，是社会富裕和谐的象征。汽车所用颜色也应跟上时代的潮流，及时丰富和更替。汽车作为消费资料和奢侈品，购买者主要希望以其改善生活质量，因此对其外观要求很高，对颜色的挑剔是为了满足个性化的需要，宁愿多出些钱买自己喜欢的颜色。

但每种车型的颜色也不是越多越好。一般而言，一条汽车涂装线可以同时进行 5～6 种颜色批量生产，如若颜色更换频繁，会造成涂装材料浪费、人工浪费，增加生产成本，设备投资加大，也可能造成色差超标和生产组织上的困难以及销售上的障碍。

汽车颜色的选择应通过广泛的调查，从民俗习惯、市场细分以及地域差异等方面全面调研而确定。另外还应通过产品设计师、造型师的确认，并征求从事涂装材料及涂装工艺人员的成本对比分析及工艺适应性分析意见。汽车所用颜色最好不与其他公司汽车使用同一种颜色，而且颜色不能更换频繁，应保持 1～2 种颜色作为自己公司汽车的主导颜色，这将起到广告效应，对巩固公司知名度、提高销售量均会有一定的效果。

一般而言，主导颜色 5～8 年更换一次，培育期 1～2 年，成熟期 3～5 年，更换期 1～2 年。总之，汽车颜色选择不应单调也不应过多过滥，应从产品设计、市场定位及生产成本及工艺、广告效应等多方面加以综合考虑，千万不能头脑一热，随便选色，最终达不到预期的效果。

（4）汽车色带。

汽车色带（图案）的完善、和谐，往往能给人以良好的视觉感和艺术美的享受，增加了汽车的动感和商品价值，这对客车尤为重要。客车车身通常采用 3 种以上的颜色组成色带，一般 3～4 种颜色为好，最多不宜超过 5 种。

车身两侧用得最多的是直条轮廓线，能获得平稳、修长的视觉效果。与直线条配合的常采用一些向后倾斜或逆向向前的呈楔角的几何图案，以表现向前运动之感。但楔角一般应大于 20°，否则太尖易产生一种刺眼和不稳定的感觉。也可用象征性图案（字母、标志等）寓意一些美好的想象。在整车图案中，车身两侧应表现色带的主题。车身两侧的色彩一般用条带状轮廓延伸到前围及后围，使整车图案轮廓不至于有突然中断的感觉，以增强整体感和统一感。

客车车身尾部通常有一些特殊表现，特别对“平、方、直”型的大客车和铰接式通道客车更是如此，不然就会显得单调，产生前重后轻的感觉。如尾部的色带往上翘或向下落，涂覆面积也较大，以增强尾部的结构感。但不应为了表现图案而破坏车身结构的整体感。有的客车车身裙部色带较深，以增强整车的稳实感，也耐脏；有的车身裙部色带为浅色，给人以一种轻快、腾升之感。

总之，客车车身的色带通常根据车型及一些具体环境、条件，灵活掌握，不是千篇一律的。

4）汽车涂料配色技术的要点

汽车涂料的调色是按照涂料的样品或样板的颜色进行的，一般的调配方法如下：

（1）首先注意调色场所环境整洁，消防安全，备好配色容器、工具及测试仪器，如清洁的搅拌工具、标准色卡或样板、比色计、色泽计等。

（2）查阅资料，凭经验或用计算机测量确定所调配色的主色及配色的组成，为调色前备料做准备。

（3）根据市场供应的汽车涂料品种和供应情况，选取主色涂料和调色所需的真正的原色颜料或色浆。

（4）先试配小样。首先确定内含多少种颜色的复色漆，再初步确定其参加配色的各种色漆的重量，作为调配大样的参考。测重的方法是：将参加配色的色漆分别装入容器中，先称其毛重，调色完成后，再称一次，两次称重之差，即可求得参加配色的各种色漆的重量。

（5）在配色过程中，参加配色的色漆，应以近似所配某种色漆的颜色为基础，慢慢间断地加入少量其他颜色的涂料，并不断搅拌，随时取样，对照样板，边调边看，必须耐心调配，才能使所配的颜色符合要求。

（6）配色漆时，先留出一半作为备用，万一配过头，可往里加入，再重新仔细调配。

（7）如果来样为干样板，则调配色漆时需等待干燥后，再行比较。若时间不允许，则可在其干燥前，根据经验判断干后涂膜与原始样板是否相符。如果来样是湿样，那就可以把样品漆液充分调匀后，滴一滴于正在配制的涂料旁边进行对比，边调边对比，直到配准为止。

（8）小样配准后，初步求得应配入的色漆的数量，根据参加配漆的各种色漆的比例，再配大样，其方法同上。

（9）配色漆时，应在自然光或在标准光源下，比对色时不要持续地观察，让眼睛休息一会儿再调色。比较色漆时，每次必须将涂料充分搅拌均匀，然后取样比较，这样才能减少差错。

（10）配色漆时，所采用的色漆，其基料必须相同，否则会引起树脂析出、浮色、沉淀，甚至报废。

5）汽车用金属闪光底漆的配色

（1）金属闪光漆中铝粉、珠光粉和其他着色颜料一起，构成涂膜体系的着色成分。与其他普通色漆不同的是，金属闪光漆会因观察方向不同产生异光异色性，即涂料能随观察者视角的变化，呈现出不同的明度及彩度。这就要求金属闪光漆的配色必须达到几个角度下的颜色一致，一般要求达到 3～5 个角度下颜色的一致。

（2）由于铝粉和珠光粉比其他多数着色颜料的密度大，很容易沉降，但它与一般颜料沉降不同之处是一旦发生沉降，较容易搅拌均匀。所以每次配色时必须将铝粉浆、珠光粉浆和闪光漆搅拌均匀。搅拌时速度不能太大，否则过大剪切力将破坏颜料的结构。

（3）一般情况下产生不同观察方向异色颜料的加入量由所需涂层的厚度、透明度和遮盖力决定。但也不应使用过大含量，因为它们会妨碍颜料的取向性，从而造成涂层的光泽损失。在汽车涂料中，一般用量范围为铝粉 2%～5%，珠光粉 2%～4%。

（4）由于客户一般要求闪光漆在厚度 12～15 μm 时必须达到遮盖力的要求，所以铝粉、珠光粉颜料一般与其他颜料配合使用。常用来共同使用的颜料有炭黑、透明的有机或无机颜料，如透明氧化铁红、酞菁蓝、透明耐晒紫红等。

（5）配色过程中喷涂试板方法应正确、合适。选用有灰底色的样板，分别喷两道金属闪光漆，然后喷罩光清漆。严格控制各层间的厚度和闪蒸时间。轿车闪光漆一般要求金属底色漆膜厚为 13～17 μm，罩光清漆膜厚为 35～45 μm，另外还应选用与样板一致的烘干温度、时间和喷涂压力等施工工艺参数。

6）减少汽车局部修补喷涂色差的技巧

局部喷涂，面涂层的颜色如能调整到非常正确，会给涂层修复带来方便，但实际操作中很难把涂层修复局部颜色与旧涂层颜色调配得完全一致。操作人员应尽量使修复局部涂层的色差减少到最小程度。具体操作方法如下：

（1）驳口渐淡法。当无法使颜色调配到与旧涂膜一致时，可在施工操作中使局部修复的颜色渐渐地过渡到与旧涂膜的颜色相接近，即在最后一层喷涂时，在原来已稀释过的涂料中加入适量同类清漆，这样处理后可缓解新旧涂层的色差。

（2）用双层胶带进行局部整喷法。利用车身、车型的变化部位等，在喷涂前用双条胶带技术遮盖法。首先沿折口用第一条胶带加遮盖纸，将变化部位边缘黏贴好，接着在第一条胶带之上黏贴第二条胶带。局部整喷后，可利用变化部相邻两面的明暗产生的视觉差，来减缓新旧漆的色度差。这种方法用于银底色漆效果更佳。需要说明的是，在喷涂到两层胶带处时，应尽量薄，涂膜干燥，撕下胶带后，须打磨抛光，以避免出现硬边。

（3）利用车门或车身部位分界线为界限，进行局部整喷。喷涂前，应把损坏部位打磨光滑，并涂以二道底漆，用 P280～P400 水砂纸对需整喷部位的旧涂膜进行砂磨，并以溶剂擦洗，然后进行局部整喷。经过局部整喷后，利用部件间的分界线，可转移人眼的视觉差。

（4）修补喷涂时的收边。在进行局部修补或者在把新喷涂层与旧涂层的边缘润色加工时都要进行所谓收边操作。收边的意思是在走枪开始时不扳死扳机，也就是说，此时的供漆量很小，随着喷枪的移动，逐渐加大供漆量，直到走枪行将结束时再将扳机放开，使供漆量大大减少，从而获得一种特殊的过渡效果的操作。其具体操作方法如下：

① 平稳地移动喷枪，到接近待喷涂基材表面时，逐渐扣动扳机进行喷涂。然后突然但平稳地放开扳机，喷枪继续移动。这是从外向内喷。

② 使喷枪置于待喷涂基材表面上方，扣死扳机进行喷涂。然后平稳地向外移动喷枪，一旦喷枪接近收边区域时，慢慢放开扳机。操作要平稳，然后继续移动喷枪。

小　　结

汽车车身涂层除了起保护作用外，还有装饰作用。形是体，色是衣，颜色丰满、靓丽的车身外表体现了时代的特性和个人的爱好，因此，显得越来越重要。由于市场经济，涂料供应商为修理行业提供了很好的涂料使用条件，这也使涂装人员失去学习调配涂料颜色的机会，因此本章用了较大的篇幅介绍涂料的调色理论和调色方法，并着重叙述了微调的理论和方法。

思考题

1．什么是色度、亮度、色调？

2．使用色卡要注意哪些事项？

3．利用色卡配方调制油漆颜色不准可能有哪些原因？

4．调色过程中要用到哪些设备或工具？

5．简述调色流程。

6．调银粉漆与珍珠漆的区别有哪些？

7．相同颜色在不同光线下表现出不同颜色的原因是什么？如何调整？

8．进行颜色微调的原则是什么？

第7章 车身涂装质量检验

涂装是指将涂料涂覆于经处理后的被涂物体表面上，再经过干燥成膜的工艺过程。

涂料作为保护和装饰材料使用，它本身又是半成品，只有通过不同的施工方法，将其涂覆在被涂物上，待干燥成膜后才能成为装饰和保护材料。汽车车身涂装是多工序的工艺过程，所以车身涂装质量检验，应贯穿在施工的全过程。

涂装质量检验主要内容：首先是涂料的原始状态的性能，其次是施工应用时的性能，最后是涂料成膜后的性能和涂层质量。通过三方面的检测结果，将各项指标数据综合起来分析，才能真正评定车身涂装的质量。现将涂料与涂膜的各种检验项目、涂装工艺参数及其测定方法的检验内容介绍如下。

涂装质量检验，就目前的状况，涂装检验虽有一些仪器可以检测，但多数情况还是要依据检验人员的知识和经验，虽然涂装工艺都配有专职检验员，但操作人员也必须具有这方面的知识和技能。

7.1 涂料的质量检验

如图 7-1 所示，汽车车身涂层需要在各种气候条件下，仍能保持对车身构件的保护，因此，必须正确的选择涂料，才能保证涂装质量。

图 7-1 汽车车身受各种气候的腐蚀

汽车涂料产品的质量，是关系到汽车涂装质量的重要因素，因此涂料生产厂在涂料产品生产过程中和生产完毕后，要对其进行严格的检验，保证产品的质量满足各项规定的技术指标要求。

涂料检验是对涂料产品或生产过程的一个或多个特性进行诸如测量、检查、试验或度量并将结果与规定要求进行比较，以确定每项特性合格情况所进行的活动。满足规定的要求为合格，没有满足规定的要求为不合格。按生产过程的次序分，质量检验的种类有进货检验、过程检验、最终检验。这里主要介绍的是最终检验。

检验，就必须要有标准。标准是对重复性事物和概念所做的统一规定。它以科学、技术和实践经验的综合成果为基础，经有关方面协商一致，由主管机构批准，以特定形式发布，作为共同遵守的准则和依据。我国的标准分为国家标准、行业标准、地方标准和企业标准。对需要在全国范围内统一的技术要求，应当制定国家标准。国家标准由国务院标准化行政主管部门制定。对没有国家标准而又需要在某个行业范围内统一的技术要求，可以制定行业标准。行业标准由国务院有关行政主管部门制定，并报国务院标准化行政主管部门备案，在公布国家标准之后，该行业标准即行废止。对没有国家标准和行业标准而又需要在省、自治区、直辖市范围内统一的工业产品的安全、卫生要求，可以制定地方标准。企业生产的产品没有国家标准和行业标准的，应当制定企业标准，作为组织生产的依据。企业标准应报当地政府标准化行政主管部门和有关行政主管部门备案。已有国家或行业标准的，国家鼓励企业制定严于国家标准或行业标准的企业标准，以推动产品质量的升级提高。随着对外开放的不断发展，外资企业的进入，目前还有许多其他国家的多种技术标准在国内企业间执行着，如 ISO（国际标准化组织标准）、IEC（国际电工委员会标准）、DIN（德国工业标准）、ASTM（美国材料试验学会标准）等。

我国的涂料产品很多，因此相应的标准也很多，其中国家标准 48 项，行业标准也有 100 多项，由于汽车对涂料的使用要求不同，适用于汽车的涂料也很多。我国于 1999 年修订的标准号为 QC/T 484—1999《汽车涂层质量》的标准。各汽车制造厂又根据自身的情况，结合国际通行要求，分别制定了各自的质量标准，并规定了各零部件所用的涂料和涂装工艺。现在许多汽车维修行业也大量使用进口涂料，因此在这里只能对涂料的检验进行综合的叙述。

涂料性能的测定必须制取具有足够代表性和适当数量的品质一致的测试样品。国标 GB 3186—1982 规定了涂料产品的取样方法，这里不再赘述。

1. 涂装技术标准应用及测定方法

我国涂料产品品种很多，各种车型、汽车的各个部位对涂层的要求也不相同。在选择和检验涂料品种时，除了参照涂料的化学组成、技术性能指标以外，还要根据被涂装物的材质、涂装目的、被涂装物的涂装要求、所处的环境、施工条件、所用涂料产品的配套性以及经济效率等综合考虑进行选择。在这个基础上再根据涂装技术标准对涂料的性能指标进行测定，并根据涂装的技术参数对涂装工艺和涂装环境进行监督检验，在涂装完工后评定涂膜的质量，才能保证得到满意的涂层质量。

2. 涂料的性能检验

对涂料性能的检测，一是为了检验涂料的产品质量，防止变质或不合格的涂料投入使用；二是为了得到高质量的涂装效果，防止出现涂装质量问题。

涂料的基本性能。

1）细度

涂料的细度主要是涂料中的颜料、体质颜料的颗粒大小或分散度。涂料的细度直接影响涂膜的平整性、保护性、透水性及涂料储存的稳定性。涂料的用途不同，涂料的细度要求也不同。如面涂层涂料要求涂料要细，而底涂层涂料则要求涂料不应太细，以免影响涂膜的附着力。

涂料的细度检测。GB 1724—89《涂料细度测定法》规定采用刮板细度计，以μm 为单位。其一般规定和测定方法如下：

（1）一般规定。仪器设备：小调漆刀，刮板细度计。

刮板细度计是用合金工具钢制成的磨光平板，在板面上有一条长沟槽（长 155 mm ± 5 mm，宽 12 mm ± 0.2 mm），在 150 mm 长度内刻有 0～150μm（最小分为 5 μm，沟槽倾斜度为 1：1000）、0～100 μm（最小分度 5 μm，沟槽斜度 1：1500）、0～50 μm（最小分度为 2.5 μm，沟槽倾斜度为 1：3000）的表示沟槽的等分线。

刮刀是用优质碳素工具钢制成的，两刃均磨光，长 60 mm ± 0.5 mm、宽 42 mm ± 0.5 mm，刀刃平直度误差为 0.002 mm/全长，表面粗糙度 Ra 0.32 μm，刀刃表面粗糙度 Ra 0.08 μm。

（2）测量方法。刮板细度计按量程分为三种。细度大于或等于 30 μm 时，应采用 0～50 μm 量程的刮板细度计，如图 7-2（a）所示；细度在 31～70 μm 之间，采用 0～100 μm 量程刮板细度计，如图 7-2（b）所示；细度大于 70 μm，采用 0～150 μm 量程刮板计，如图 7-2（c）所示。

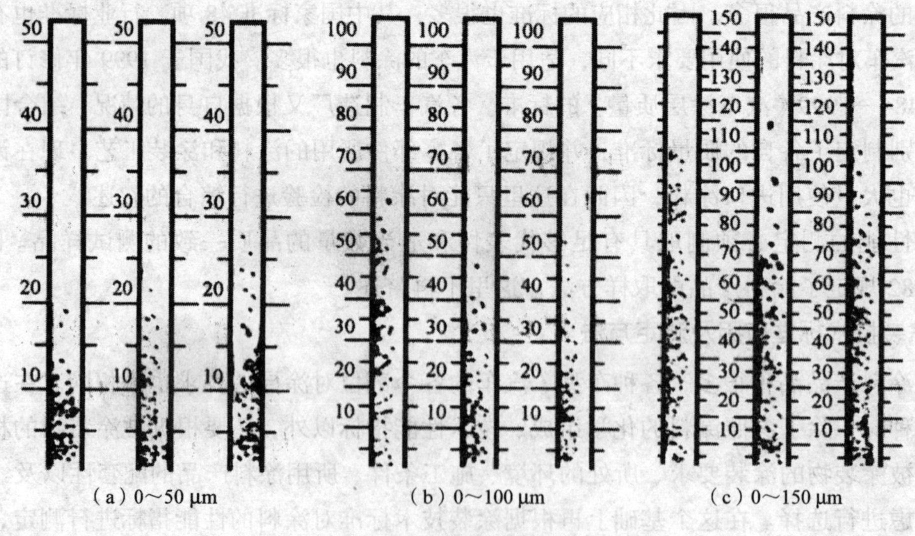

图 7-2　细度计量程

如图 7-3 所示，刮板细度计在使用前，必须用溶剂仔细清洗、擦净。用小刀充分搅匀涂料试样，然后在刮板细度计的沟槽最深部分滴入涂料试样数滴，以充满沟槽且有多余为好。用双手持刮刀，横直在刮板细度计磨光平面上端，并与平面垂直，在 3 s 内，把刮刀由沟深的部位向浅的部位拉回，使涂料充满沟槽，而表面没有。刮刀拉过后，立即使视线与沟槽平面成 15°～30°角，对光观察沟槽中颗粒均匀显露处的刻画线，记下读数。如有个别颗粒显露于其他分度线时，则读数与相邻分度线范围内，不得超过 3 粒。试验 3 次，取两次结果相近读数的算术平均值。两次读数的误差应不大于最小分度值。测试完后，清洗、擦净刮板细度计表面及沟槽。

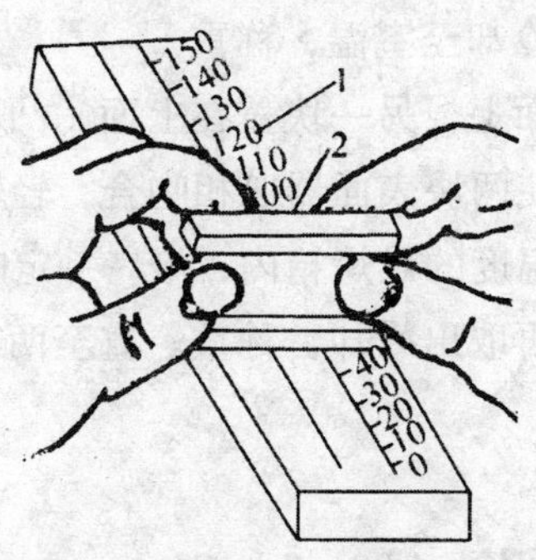

图 7-3　细度计刮涂方法

1—刮板细度计；2—刮刀

2）固体分含量

在涂料的组成中，有不挥发成分和挥发成分，如树脂、油料、颜料等为不挥发成分，也是涂料形成涂层的主要成分；溶剂、稀释剂等为挥发成分，为涂料的制造、施工服务。

涂料固体分含量就是所含不挥发成分的百分比，即把一定量的涂料试样在一定温度下加热，使溶剂蒸发，经焙烘后的剩余物与溶剂蒸发前的涂料试样的质量比值，用百分比表示。

涂料固体分含量的高低对涂料的用量、施工次数、涂层厚度、遮盖力等都有很大的影响。如果涂料的固体分含量低，单位面积的涂料消耗量大，一次形成的涂膜太薄，遮盖力不足。而且涂料中的挥发分对人体和环境的危害大，目前粉末涂料、高固体分涂料应用越来越广泛。固体分含量的测量，以 GB 6751—86《涂料固体分含量的测定法》标准采用两种测定方法：培养器皿法和表面器皿法。其一般规定、测量方法和计算方法如下：

（1）一般规定。仪器设备：玻璃培养皿，直径 75～80 mm，边高 8～10 mm；

玻璃表面器皿，直径 80～100 mm；

磨口滴瓶，50 mL；

玻璃干燥器，内放变色硅胶或无水氯化钙；

温度计，0～200℃，0～300℃；

天平，感量为 0.01 g；

恒温烘箱。

（2）测定法。培养器皿法适合测量一般黏度的涂料固体含量。

先将干燥洁净的培养器皿在（130 ± 2）℃烘烤箱内焙烘 30 min，取出后放入干燥器中干燥冷却至室温，称重。

用磨口滴瓶取样，以减量法称取 1.5～2 g（固体含量低的涂料，如硝基漆、丙烯酸漆等取

4～5 g)，置于已称好的器皿中，使涂料试样均匀地流布于容器底部，然后放入已调节到规定温度的焙烘箱内，焙烘到一定时间后，取出放入干燥器中冷却至室温，称重。直至两次称重的重量差小于 0.01 g。试验时平行测试两个试样。

表面器皿法：适合于培养器皿法不能测试的高黏度涂料，如泥子、厚漆等。

先将两块干燥洁净可以相互吻合（凹凸吻合）的表面器皿，在（105±2）℃的烘烤箱内焙烤 30 min，取出后放入干燥器中冷却至室温，称重。

将涂料试样放在一块器皿表面上，另一块盖在上面（凸面向上)，在天平上称取 1.5～2 g，然后将盖在上面的器皿翻过来，使两块表面器皿相吻合，轻轻压下，再将两块器皿分开，使涂料表面朝上，放入已调节到规定温度的烘烤箱内，焙烤一定时间后，取出放入干燥器中冷却至室温，称重。再放入烘箱焙烤，再取出冷却，称重。直至两次的重量差小于 0.01 g。要平行测定两个涂料试样。

各种漆类烘烤温度如下：

硝基漆类、丙稀酸漆类、虫胶漆，（80±2）℃；

沥青漆类、醇酸漆类、环氧漆类、乳胶漆，（120±2）℃。

（3）计算法：固体分含量可按下式计算：

$$X=(W_1-W)/G\times 100\%$$

式中 X——涂料固体含量（%)；

W——容器重量（g)；

W_1——烘烤后容器和涂料试样的总重量（g)；

G——涂料试样重量（g)。

测定结果取两次平行试验的平均值，两次值之差不大于 3%。

3）流平性

流平性就是涂料涂布于物体表面后，经过一定的时间，涂膜表面的痕迹能自行消失，形成均匀、平滑的表面的性能。流平性影响涂膜的形成质量。流平性太差，涂膜表面的痕迹不易消失，易产生涂装缺陷；流平性太好，涂膜容易产生流挂、流痕等缺陷。

影响流平性的因素很多。在涂料的调配方面，如溶剂的溶解力和挥发速度；为了改善涂料的流平性，在涂料中加入流平剂等。在施工工艺方面，如涂料的施工难度、喷涂气压的大小、喷距的远近、重叠度的宽窄、喷枪的出漆量、一次成膜的厚度、施工温度、喷涂室的空气流速等，都会影响涂料的流平性。

流平性的测定，根据 GB 1750—79（1985)《色漆流挂性的测定》检验方法，分为刷涂法和喷涂法。就是将涂料刷涂或喷涂于平整的底板表面上，以刷纹消失和形成平滑表面所需要的时间，以分钟（min）计。其一般规定和测定方法如下：

（1）材料和仪器设备。

马口铁板，表面平整，50 mm×120 mm×(0.2～0.3) mm；

毛刷，宽 25～35 mm；

喷枪及秒表。

（2）测定法。

刷涂法：按照 GB 1727—92《涂膜一般制备法》的规定，在恒温恒湿的条件下，用漆刷在马口铁板上制备漆膜。刷涂时，应迅速先纵后横地涂刷，涂刷的时间不大于 3 min。然后在样板的中部纵向地由一边到另一边涂刷一道（有刷痕但不露底）。在漆刷离开样板的同时，按动秒表计时，测定刷痕消失和形成平滑表面所需的时间。

喷涂法：按照 GB 1727—92《涂膜一般制备法》中的规定，在马口铁上制备涂膜，然后快速将样板置于恒温恒湿的条件下，观察从涂膜置备完毕到涂膜形成完全光滑（无橘皮或鹅皮）状态所需的时间。

一般要求涂料的流平时间与干燥的时间相适应。流平时间大于干燥时间，涂料没有完全流平就已干燥；流平时间小于干燥时间，涂膜则容易产生流挂、垂流、皱纹等缺陷。

4）涂料的遮盖力

涂料的遮盖力指色漆试样均匀地涂覆在物体表面上，使物体表面的原有底色不复呈现的最少用漆量，称为涂料的遮盖力。涂料的遮盖力在修补涂装中直接影响修补质量和涂料用量。

如果遮盖力差，就需对被涂表面的底色进行清除封盖，增加了施工的工作量；在同样的施工条件下，遮盖力好的涂料涂布的面积大，遮盖力差的涂料涂布的面积小，用量大。

影响涂料遮盖力的因素有颜料颜色、颜料颗粒的大小及形状、颜料在涂料中的分散程度等。测定涂料遮盖力的方法有：单位面积重量法、最小漆膜厚度法、光学仪器测定法。GB 1726—86《涂料遮盖力测定法》采用的是单位面积测量法，即把色漆均匀地涂布在物体表面上，使其原底漆色不复呈现的最小用漆量，以 g/m^2 表示。具体规定如下：

（1）材料和仪器设备。

漆刷，宽 25～38 mm；

玻璃板，100 mm × 100 mm × (1.2～2)mm，100 mm × 250 mm × (1.2～2) mm；

木板，100 mm × 100 mm × (1.5～2.5)mm；

天平，感量为 0.01 g，0.001 g。

刷涂法黑白格玻璃板，见图 7-4。

喷涂法黑白格木板，见图 7-5。

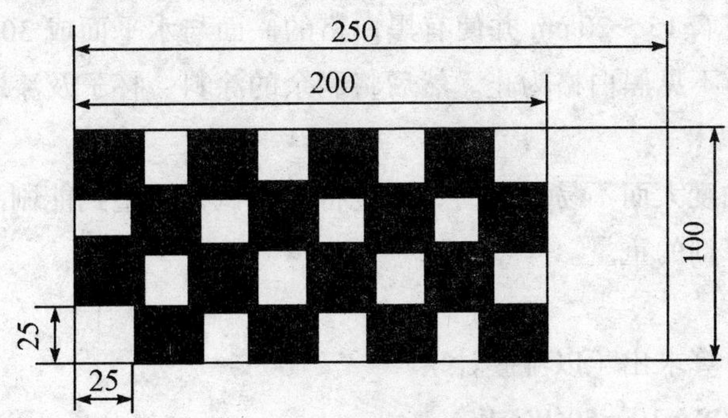

图 7-4　刷涂法黑白格玻璃板

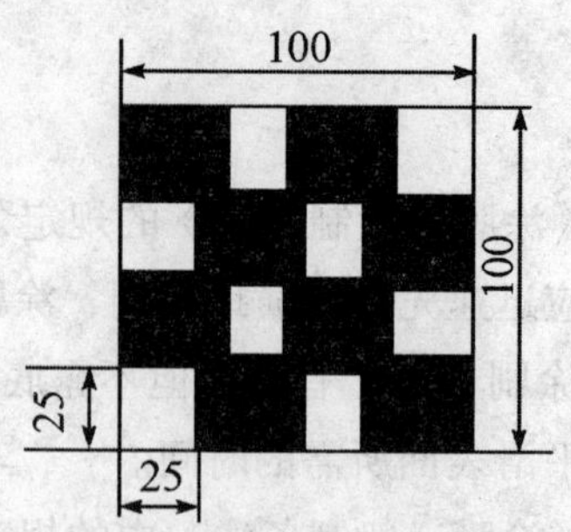

图 7-5　喷涂法黑白格木板

木制暗箱：600 mm × 500 mm × 400 mm，如图 7-6 所示。

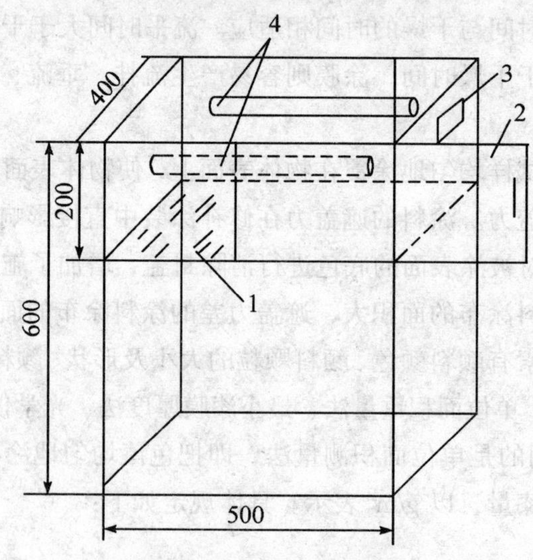

图 7-6　木制暗箱示意图

1—玻璃；2—挡板；3—电源开关；4—灯管

（2）测定方法。

刷涂法：

测定步骤，根据产品规格的黏度，在感量为 0.01 g 天平上称出盛有涂料的杯子和毛刷的总重量。用毛刷将涂料快速均匀地刷涂于黑白玻璃格板上（不得刷在玻璃的边沿），将试样板放入暗箱内，距离磨砂玻璃 15～20 cm 并使有黑白格的一面与水平面成 30°～45°角。在两只日光灯下观察，均以刚好看不见黑白格为止。然后将剩余的涂料、杯子及漆刷一起称重，求出玻璃格板上涂料的重量。

如果被测涂料的黏度大而不易刷涂时，则应将涂料试样调整到能刷涂的黏度，但在遮盖力的计算时，应扣除稀释剂的重量。

计算方法：

遮盖力可按下式计算求出（以湿膜计）：

$$X=(W_1-W_2)/S\times 10^4=50(W_1-W_2)$$

式中　X——涂料遮盖力(g/m^2)；

W_1——未涂刷前的涂料、杯子及涂刷的总重量（g）；

W_2——涂刷后剩有涂料的杯子及漆刷的总重量（g）；

S——黑白格玻璃板的面积（200 cm^2）。

两次结果之差应不大于平均值的 5%，取其平均值。如果两次结果相差大，则应重新试验。

喷涂法：

测定步骤按照 GB 1727—92《涂膜一般制备法》之规定，将涂料调至适合喷涂的黏度。先在感量为 0.001 g 的天平上分别称两块 100 mm × 100 mm 的玻璃板，用喷枪薄薄地分层喷涂，每次喷涂后放在黑白格木板上，置于暗箱内并与磨砂玻璃保持 15～20 cm，黑白格的一面与水平面成 30°～50° 角，在日光灯下观察，以刚看不见黑白格为止。然后把玻璃背面和边缘的涂料擦净，按固体分含量中规定的各类涂料的焙烤温度烘至恒重。

计算方法：

从以上试验步骤中可知，该种测量方法是以干燥后的涂层的实际质量计算的。

$$X=(W_1-W_2)/\mathrm{S}\times 10^4=100\,(W_2-W_1)$$

式中　X——涂料的遮盖力（g/m^2）；

W_2——喷涂漆膜后的玻璃板重量（g）；

W_1——未喷前玻璃板的重量（g）；

S——玻璃板的喷涂面积（100 cm^2）。

两次结果之差应不大于平均值的 5%，取平均值，否则需重新试验。

5）储存稳定性

储存稳定性是指涂料在正常的包装状态和储存条件下，通过一定的储存期限后，涂料的物理性能和化学性能所能达到原规定的使用要求的程度。

（1）储存保管中的注意事项。

① 涂料必须储存在干燥、阴凉、通风、隔热、无阳光直射、邻近无直接火源的仓库内。原则上应和其他物品分库储存，但可根据具体情况，允许和不燃性物质并存一个仓库内，绝不允许和可燃物质、氧化剂和金属粉末等混合存放。挥发性涂料如硝基涂料是易燃易爆品，过氯乙烯涂料本身虽不易燃，但含闪点较低的溶剂，管理不好也会引起燃烧爆炸。喷涂用稀释剂、胶黏剂等一级易燃液体也有类似情况。仓库的照明和电器设备必须有防爆装置，严禁管理人员携带火柴入内。仓库内应有消防器材，并有“严禁烟火”的警示牌。

② 仓库内的温度一般在 5～32℃为宜，温度过低，乳胶漆、水溶性涂料会冻结，无法使用，其他涂料也会暂时性地变质，温度过高，会加速涂料在储存中稠化凝胶变质，严重的就会报废，特别是储存一级易燃液体涂料，由于桶内溶剂蒸气压力过高，会使桶破裂，溶剂喷出，如遇明火会酿成火灾，因此仓库要有降温设备。对于储存水性涂料的仓库，冬季要有暖气加温设施。

③ 仓库内不准调漆，调漆场所应与仓库有一定距离，以免易燃、有毒蒸气扩散至仓库。

仓库内不得存放未用完敞开口的涂料桶。严禁随地抛弃棉丝纸屑。用完的涂料空桶应另放在通风的场所，定期处理。

④ 仓库的位置、建筑和消防设施要符合当地公安消防部门的规定。万一发生火灾，应立即报警，切断电源，用黄沙或泡沫灭火器施救，严禁以水浇救。

⑤ 许多涂料在储存期间，缓慢地进行着化学反应，慢慢稠化变质，这是正常现象。储存温度低一些，这种进程慢一些，因此对各种涂料都规定了储存期限。涂料入库应建立记录，发货时“先进先出”，避免积压过久。

⑥ 对库存涂料必须定期检查，发现漏桶，必须移到安全地点换桶或堵塞。严禁在库内明火补缝。对于易产生颜料沉淀的色漆，在储存过程中要定期翻堆。

（2）对储存性能的检测项目。

① 结皮性。测定涂料受空气中氧化作用而结皮和涂料在包装桶中储存时的结皮情况。

② 储存稳定性。色漆和清漆在密闭容器中放置，自然环境或加速条件下储存后，测定其产生的黏度变化、色漆中颜料沉降、色漆重新混合以至于使用的难易程度以及其他按产品规定所需检测的性能变化。也就是涂料自包装之日起到开始使用这段时间，在正常储存、运输条件下，要求它质量稳定，不产生严重结皮、变色、变稠、沉淀、浑浊等现象，更不能出现胶化等重大质量变化，能达到不发生以上变化的时间，称为储存期或质量保证期，用年月日表示，储存稳定性越好，储存期就越长。

由于涂料的品种不同，生产控制水平不同，或储存保管不良等原因，会造成涂料在储存过程中发生质量变化而严重影响使用性能。所以，在开桶后对液体涂料检查时，如果涂料出现橘皮、分层、浮色、增稠、变粗、絮凝、沉淀、结块等现象，必须对产品复检。经彻底搅拌，呈均匀状态后，取样检测各种性能，若仍能达到原标准要求，可视为合格涂料，否则属于不合格。由于涂料在储存过程中有发生变质的倾向，所以涂料均规定了保质期限，目前涂料的储存期限根据厂家和品种的不同，分别规定了保质期。

为了保证施工质量，使用前要检查涂料包装桶上生产时间是否过期，如果超出了规定的储存期后，要按照涂料技术条件所规定的项目重新检测，其检测结果能符合要求时可继续使用。

（3）检测方法。按 GB/T 6753—1986《涂料储存稳定性试验方法》进行测定。测定储存稳定性，一种是自然条件下储存 6～12 个月；另一种是在［（50±2）℃］恒温干燥箱内储存 30 天。取 3 份试样分别装入带盖的密封罐中，一罐为原始试样，在储存前检查；一罐做常温储存试验，另一罐做加速储存试验。

按照规定的储存时间，将样品开罐检查并按以下评级：

结皮、腐蚀和腐败味的检测：分为 6 个等级，即 0 级为严重；2 级为较严重；4 级为中等；6 级为轻微；8 级为很轻微；10 级为无。

漆膜颗粒、胶块及刷痕的检测：分为 6 个等级，即 0 级最为严重；2 级为较严重；4 级为中等；6 级为轻微；8 级为很轻微；10 级为无。

沉降程度的检查。分为 6 个等级，即 0 级为沉淀严重，不能搅起；2 级为有硬块，能被搅起；4 级为有软沉淀，能被搅起；6 级为有明显沉淀，容易搅起；8 级为有很轻沉淀，容易搅拌；10 级为无变化。

黏度变化的检查。用储存后的黏度与原始黏度的比值百分数表示，共分为 6 个等级，即 0 级黏度为大于 45%；2 级黏度为不大于 45%；4 级黏度为不大于 35%；6 级黏度为不大于 25%；8 级黏度为不大于 15%；10 级黏度为不大于 5%。

结论：综上检查结果，以“通过”或“不通过”进行评论。

6）活化期

活化期是指双组分或多组分涂料在使用前，按产品说明书所规定比例混合后均匀的程度及混合后可使用的最长时间，也叫做可使用期。

（1）一般规定。双组分以上涂料的活化期，是它特有的重要的施工性能。双级分涂料混合后，最好能很快混合均匀，不需要很长的熟化时间，但使用期要求越长越好。涂料在活化期时间内使用，不会影响施工质量和涂膜的性能质量；超出使用期，涂料会发生变稠、胶化甚至不能使用。如将双组分涂料混合后，最好先放置一定时间，使两种组分有充分时间能均匀缓慢反应，这段时间称为熟化期，这样涂刷的效果会比较好，并能提高涂膜的质量。

（2）检测方法。将双组分（多组分）涂料，按规定比例在调漆罐中混合后，用玻璃棒充分搅拌，如果能很容易混合均匀，即为混合性好，然后放置 3～5 min 进行熟化后，即可使用。

活化期：将上述混合液体，按规定的活化期条件放置，达到规定的最低时间后，检查其搅拌难易程度（黏度变化和凝胶情况），并刷板放置，待涂膜固化后与标准样板对比，无异常为合格。

7.2　涂装前的表面预处理工艺检验

在涂装前对被涂物表面进行的一切准备，称为表面预处理。它包括采用物理、化学或电化学方法，使金属或非金属材料表面的化学成分、组织结构、物理形貌发生变化，从而使涂膜更好地附着于底材之上，充分发挥涂膜的性能，起承上启下的作用，是涂料涂装的第一道工序。

表面预处理的目的，主要是清除工件表面污垢，使涂膜与被涂工件表面具有良好的附着能力，并保证涂膜具有良好的性能。污垢可分为无机污垢和有机污垢，它们的存在可影响涂膜的外观，严重的会使涂膜成片脱落。涂膜质量的影响因素中，工件表面处理的质量要占到 49%，所以检验工作是不能忽略的。

造成车身涂层损坏的原因主要是三个方面：涂层损坏、碰撞、违反规定的修理。碰撞会使保护层损坏，损伤不仅仅发生在直接被撞的部位，也会发生在间接受影响的地方。焊缝会裂开，铆接点会松动，而涂层则会破裂或脱落。找到并修复所受影响的部位是维修工作面临的关键问题，检验人员应仔细检查不能漏检。

7.3 涂装工艺的检验

涂装工艺就是按环境条件和使用要求编制一套科学的、先进的、符合环保要求的并结合本单位的实际情况的涂装工艺规程，以指导和管理施工作业。涂装工艺要以涂膜类型的技术条件为依据，包括确定涂膜涂料品种的配套、辅助材料、工艺流水作业和涂装工序、涂装预处理、涂膜厚度、工序控制、工艺参数、操作方法以及采用的设备和工具、施工环境条件的要求和限制，生产管理和质量要求等。

1. 涂膜的类型

一般分为以装饰性涂膜为主和以防护性涂膜为主两大类，具体可分为五个等级。

1）高级装饰性涂膜（或称Ⅰ级涂膜）

具有最佳的涂膜外观，最好的装饰效果，表面丰满、平整、光滑、色泽一致、无肉眼可见的缺陷，如高级轿车车身。

2）装饰性涂料（或称Ⅱ级涂膜）

较Ⅰ级涂膜水平稍低，仍有很好的装饰效果，如用于装饰性较高的汽车驾驶室。

3）保护装饰性涂膜（或称Ⅲ级涂膜）

无影响防护性能的弊病，应有较美观的外表。

4）一般防护性涂膜（或称Ⅳ级涂膜）

要求具有一般的防蚀功能，无装饰性能要求或要求较低。

5）特殊防护性涂膜（或称功能性涂膜、一般复合涂膜）

这种涂膜对被涂物能起到特殊的防护或特殊的功能作用。

2. 底涂层的施工检验

检验人员应了解底涂层的特点和施工工艺，应根据工艺规范检查施工情况，杜绝不规范操作，确保施工的质量。

汽车涂层修补用底涂层应具备的特性：

（1）对经过表面预处理的车身金属表面有良好的附着力，形成的底涂层应有良好的力学性能。

（2）底涂层应具有极好的耐蚀性及耐化学品的性能。

（3）底涂层应具有优良的封闭性，即防“三渗”性能（渗水、渗氧、渗离子）。

（4）底涂层除了具有对金属的配套性外，还应具有对二道底漆、泥子或面漆层的良好配套性。

（5）汽车涂层修复中的底涂层应具有良好的施工性能。

3. 泥子的施工检验

泥子是一种以颜料、填充料、油料或树脂、催干剂、溶剂调制而成的呈稠浆状的物质，以填平物体表面凹坑、焊接缝及擦伤、锈眼等缺陷，直至形成平整光滑的表面。刮涂的次数（层数）主要取决于表面状况、施工质量要求、操作人员技术水平，一般刮涂 1～5 层，直至达到涂装的要求。

快干泥子的施工检验

快干泥子俗称填眼灰、小灰等，施工中应注意如下事项：

（1）快干泥子适宜刮涂砂孔、砂痕及微小凹陷的小面积作业。

（2）快干泥子在托板上调均匀后，应迅速刮涂。泥子层以薄而均匀为宜，如适当的厚度应以薄层多次操作来实现。

（3）快干泥子在薄涂时干燥很快，因此不能代替填充性泥子使用。

（4）快干泥子常刮涂于中涂底漆上，打磨后直接喷涂面漆，因此，砂纸的使用应视表面精度要求及喷涂面漆的种类而定。

（5）快干泥子打磨后应让其自然干燥到硬化，过早打磨会产生收缩及打磨痕迹。对一些精度要求高的表面必要时应喷封闭底漆以保证涂层质量。

4. 中间涂层的施工检验

中间涂层在涂层组合中是在面涂层之下的涂层，主要起到增强涂层间的附着力的作用，同时还起到加强底涂层的封闭性和填充细微痕迹的作用，中间涂层的施工方法，如涂膜的厚度、干燥条件、喷涂技术、稀释剂选用、涂料黏度、施工环境、泥子作业的质量都会影响中间涂层涂装后的质量，进而影响面涂层的质量。检验人员应熟悉中间涂层的特性，控制涂层质量。

5. 面涂层的施工检验

面涂层是涂于物体表面最外层涂膜，起着装饰、标识和保护物面的作用。面涂层直接与各气候条件（如雨、阳光、雪、寒冷、酷暑等）及有害物质（如酸、碱、盐、二氧化硫、硫化氢等）接触，是阻挡这些侵蚀的第一层，配合其他涂层起到对物面的保护作用。不同的汽车要求也不同，例如轿车对装饰性的要求很高，运载油料、酸、碱等化学物品的载货汽车，对面漆耐油、耐酸、耐碱、耐化学性的要求很高，而装饰性放在第二位。

面涂层在汽车涂层修补中非常重要，起着装饰和保护的双重作用。检验人员应根据面涂层的等级标准及施工工艺方法和要求进行检验。

6. 黏度的测定

涂料的黏度过高或过低，都会直接影响涂层的质量并带来很多弊病。所以黏度的测定和控制是涂料生产过程中的关键之一，其测量方法很多，分别适用于不同的产品。

涂-4 杯黏度计（流出法）测量范围是 20 s 以上的涂料产品，是将一定量的涂料试样倒入黏度计的杯中，在标准规定的（25 ± 1）℃温度下，测定涂料试样从黏度计杯底流出的时间，如流出的时间为 72 s，即为该涂料的黏度值。涂-4 杯黏度计结构如图 7-7 所示。

7. 涂装过程的环境要求

1）防止环境中的脏物和灰尘

在过去的十几年以及未来的年代中，轿车行业对涂装质量的要求会越来越高，力争达到涂膜表面光洁平滑如镜面，无肉眼可见的缺陷。轿车车身表面通常都是鲜艳夺目，光彩照人，一般要求光泽度大于 90%，最好能达到 95%以上。如此光亮的表面，任何涂膜弊病都会看得一清二楚，特别是脏物，尤其显眼，影响轿车拥有者对轿车的观感。脏物无处不在、无孔不入，比如车身涂装修复过程中的打磨工序就会不断产生灰粒，而灰粒又是高质量涂装过程中的最大危害。许多汽车厂为了防止涂装过程中的灰粒，几乎用尽了各种办法，以便使灰粒的危害降至最低，达到提高表面质量、降低返工率、节省成本的目的。随着我国轿车生产企业规模的形成及轿车销售和售后服务的要求向着买方市场的转变，对涂膜表面质量的要求也会越来越高，而实现这一要求的最大障碍之一就是涂膜中带入的脏物。所以在涂装修复过程中，应特别注意环境的清洁，检验人员也应加强这方面的检查工作。

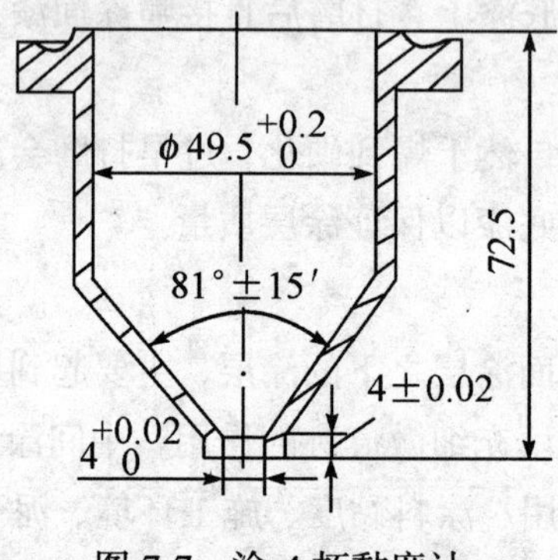

图 7-7　涂-4 杯黏度计

2）脏物的分类及来源

在高倍显微镜下，可以将脏物形态、体积和材质分析得很清楚，从而可以进一步分析追溯脏物的来源。影响涂层的脏物大致可分为如下几类：

（1）大气中的灰尘。以尘土为主，也包括各种各样的杂质。与发达国家相比，我国的地面植被、森林覆盖较少，因此空气中的粉尘、悬浮粒子较多。

（2）金属屑。主要来自焊装车间车身打磨产生的铁屑、锌粉等。此外还有喷漆车间机械磨损产生的铁屑、黄铜类异物等，如绞链、输送机构、滑撬的磨损等。

（3）铁锈。冷轧钢板表面可能有微锈，或者在预处理过程中产生微量丝光锈迹或点状锈迹。

（4）焊渣珠。焊装车间电焊时可造成大量的焊渣珠，有些黏附在车身上，而预处理过程中却无法去除。

（5）残留的 PVC 密封胶。机械手或人工喷涂 PVC 密封胶时会产生飞溅，擦除不干净时会残留在车身表面。

（6）多色漆粒。喷涂过程中经常不断更换颜色，漆雾会飞扬，黏附在设备和过滤网上，干燥后会飘落到涂层表面。这种漆粒具有多种颜色交错分层。

（7）喷涂过程附聚物。在喷涂过程中附聚物可以从喷涂设备，如喷枪头、喷杯上或者衣服上滴到湿膜上；如果喷漆室空气产生涡流也会将涂料在空气中聚合后再飘落到湿涂膜上。色漆的过喷附聚物往往是球状结构。

（8）打磨灰粒。打磨时会产生不少灰粒，包括涂料粒子和砂纸的砂粒等杂物。

（9）纤维。纤维来自工作服、手套和空气过滤材料，棉织物散发的纤维比人造织物明显多得多。在显微镜下，棉织纤维的结构是平直的带状，有时部分扭曲。人造纤维破损时也会散发出大量的纤维，污染空气。

（10）烘道内的凝聚物。在烘烤过程中，不仅残留的溶剂从涂膜中挥发出来，由基料组分的化学交联反应产生的副产物也可以从涂膜中挥发出来，另外，涂料中的助剂也可能挥发，所有这些气体或蒸气态物质的混合物被称为裂解物。如果空气循环正常，这些物质通常会被清除到烘道外，但是在使用陈旧的烘道系统时，烘道内这些裂解物就可能分散，从而产生深色凝聚物。当凝聚物和灰尘混合时，它像柏油状黏稠物质，一旦凝聚物落到湿涂膜上，就会出现涂膜缺陷。

3）脏物的危害

在轿车车身的涂膜表面，有几粒突出的脏物将会给表面质量带来十分不良的影响，给客户留下的第一印象是："这个车看起来不舒服"。如果脏物在涂膜的最表层，并且粒径不大，还可以通过打磨、抛光的方法进行处理后交到下一道工序，否则只能返工。每返工一辆轿车要消耗8kg 左右的涂料，十分浪费时间和人力、物力。

汽车表面形成的表面脏物是可以通过打磨去除的。脏物少，打磨工作自然少，砂纸的消耗也少，造成打磨印的机会也就大大减少。面漆表面的脏物可用 P2000～P3000 的砂纸打磨后，再做抛光处理。如果脏物少了，所消耗的砂纸、抛光膏、羊毛球等也就少了，人力、物力上都可以降低。

7.4　涂层性能及其测定方法

涂层性能检测是保证涂层质量的重要内容，也是判断涂层状况的主要方法。涂层性能的检测，其内容包括以下三个方面：基本的物理力学性能的检验；物理变化性能和耐化学性能的检验；耐久性（大气老化等）性能的检验。这些检测项目应按照 GB 1727—79《涂膜一般制备法》的规定进行。

1. 附着力的检测

附着力是指涂膜与被涂物件表面结合在一起的牢固程度，这种性能对涂膜的保护和装饰性能起着决定性的作用。测定涂膜附着力目前尚无十全十美的方法，只能用间接的手段来测定，下面介绍常用的方法。

按 GB/T 1720—1979（1989）《涂膜附着力测定法》进行，根据圆滚线划痕范围内涂膜的完整程度，以级表示，附着力仪是采用三五牌唱针，测定附着力时应检查针头是否锐利，否则要更换。还要检查划痕与标准回转半径是否符合标准，否则要调整为 5.25 mm，划圈法附着力测定仪如图 7-8 所示。

1）划圈法测定

将样板取出，用放大镜检查划痕，圆滚线划痕图形使涂膜分成面积大小不同的 7 个部分，即为 7 个级别。检查时，从图形上侧观察涂膜的损坏程度，并以方法中的规定评定级别。如图 7-9 所示。

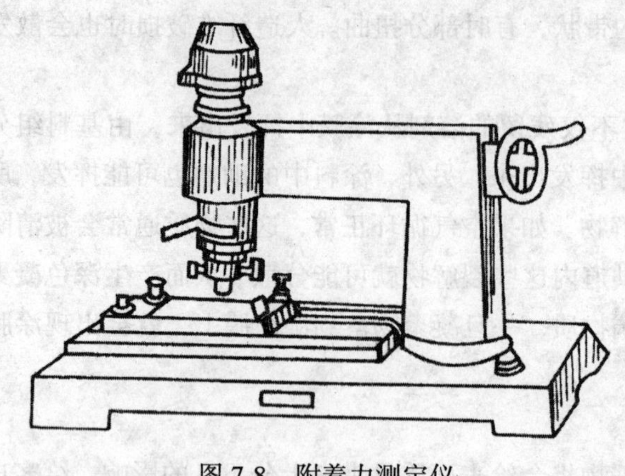

图 7-8　附着力测定仪

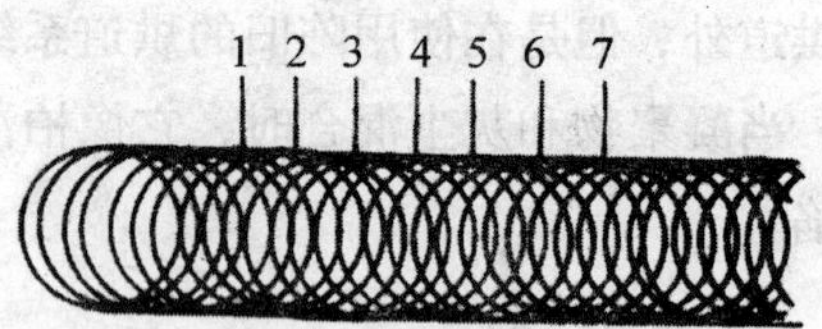

图 7-9　附着力级别测定

2）十字划格法测定

按 GB/T 9286—1998《色漆和清漆涂膜的划格试验》方法进行。即采用刀片划格器在涂膜的样板上切 6 道平行的切痕（长约 10～20 mm），切痕间的距离为 1 mm，应切穿涂膜的整个深度，然后再垂直前者切同样的 6 道切痕，形成 25 个方格，用手指轻触涂膜或用粘胶带对格阵部分撕拉，然后，观察涂膜破坏的程度，以判断涂膜附着力的等级，按标准评定等级，如图 7-10 所示。

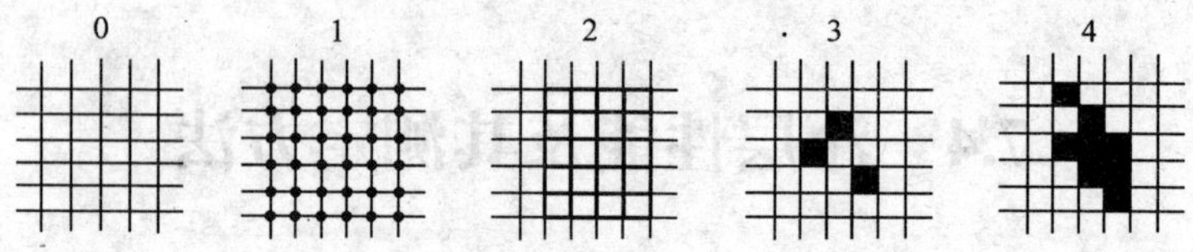

图 7-10　十字划格法（0 级最好，4 级最差）

2. 光泽的检测

涂膜的光泽是涂膜表面受光照射时光线向一定方向反射的能力，也称镜面光泽度。涂膜的光亮度是涂料装饰性能的重要指标，涂膜光泽高低决定于涂膜平整光滑度和致密度，因此它不但有靓丽的外观，还具有对底材很好的封闭保护能力和抗腐蚀能力。

光泽计测定。

按 GB 9754—88《色漆和清漆——不含金属颜料的色漆膜 20°、60°、和 85° 镜面光泽的测定》测定。标准规定了以 20°、60°、85° 的几何角度测定漆膜镜面光泽的方法。

60° 法适用于所有色漆漆膜，但对于光泽很高的色漆或接近无光泽的色漆，20° 或 85° 法则更为适宜，如图 7-11（a）所示。

20° 法对高光泽色漆可提高鉴别能力，适用于 60° 光泽高于 70 单位的色漆，如图 7-11（b）所示。

85° 法对低光泽色漆可提高鉴别能力，适用于 60° 光泽低于 30 单位的色漆，如图 7-11（c）所示。

这些方法不适用于测定含金属颜料色漆的光泽。

3. 硬度的测定

涂膜的硬度是指涂膜抵抗擦划、碰撞、压陷等机械力作用的能力，或涂膜表面对作用其上的另一个硬度较大的物体压入所表现出的阻力。

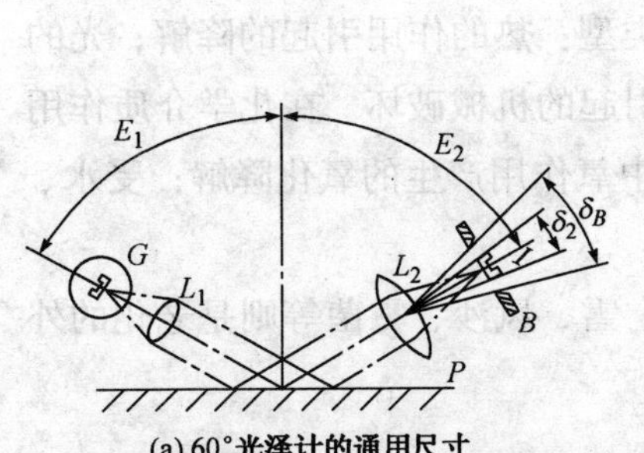

(a) 60°光泽计的通用尺寸

G－灯；L_1，L_2 透镜；B－接收器视场光栏；P－漆膜；E_1=E_2-60° ± 0.2°；δ_B－接收器孔径角 =4.4°± 0.1°；δ_2－光源象角 = 0.75°± 0.25°；I－灯丝的影象

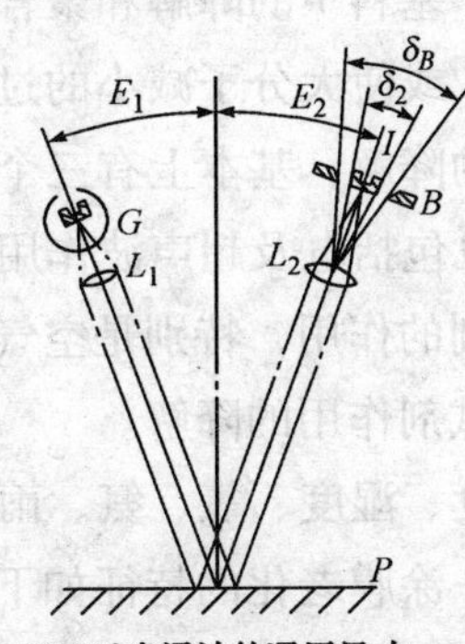

(b) 20°光泽计的通用尺寸

G－灯；L_1，L_2 透镜；B－接收器视场光栏；P－漆膜；E_1=E_2-20° ± 0.2°；δ_B－接收器孔径角=1.80° ± 0.05°；δ_2－光源象角 =0.75°± 0.25°；I－灯丝的影象

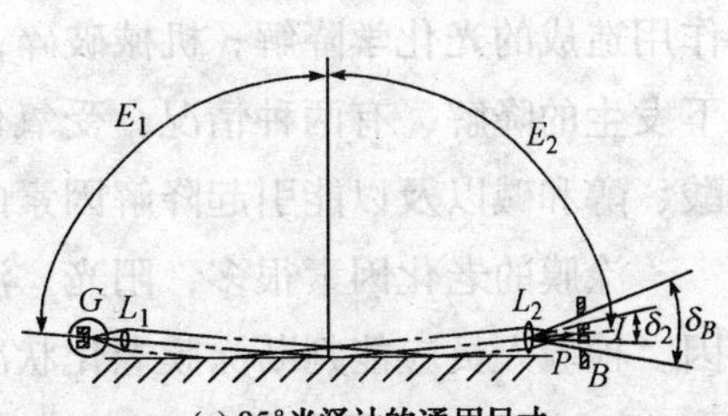

(c) 85°光泽计的通用尺寸

G－灯；L_1，L_2 透镜；B－接收器视场光栏；P－漆膜；E_1=E_2-85° ± 0.1°；δ_B－接收器孔径角 =4.0°± 0.3°；δ_2－光源象角 = 0.75°± 0.25°；I－灯丝的影象

图 7-11　光泽测定仪

涂膜保护被涂物体的表面，要求涂膜必须具有一定的硬度等机械强度。涂膜硬度的高和低，是直接关系到涂料的质量问题。涂料的品种很多，对涂膜硬度的要求也不同，选择测定的方法也有所不同。现介绍铅笔硬度法测定。

图 7-12 所示的铅笔硬度测定法按 GB/T 6739—1996《涂膜硬度铅笔测定法》进行。手工试验法是采用一套同一批号的中华牌高级绘图铅笔，按规定削出笔芯，铅笔规格为 6H、5H、4H、3H、2H、H、HB、B、2B、3B、4B、5B、6B 共 13 个级别，6H 最硬，6B 最软，由 6H～6B 硬度递减。

手工试验操作是将试样样板放在平面上，手握铅笔与试样成 45° 角，用以 1 mm/s 的速度向前推进，从最硬的铅笔开始划五道长 3 mm 的划痕，直至找出划道不伤涂膜的铅笔为止，不伤涂膜的铅笔硬度即代表涂膜的硬度，如图 7-12 所示。

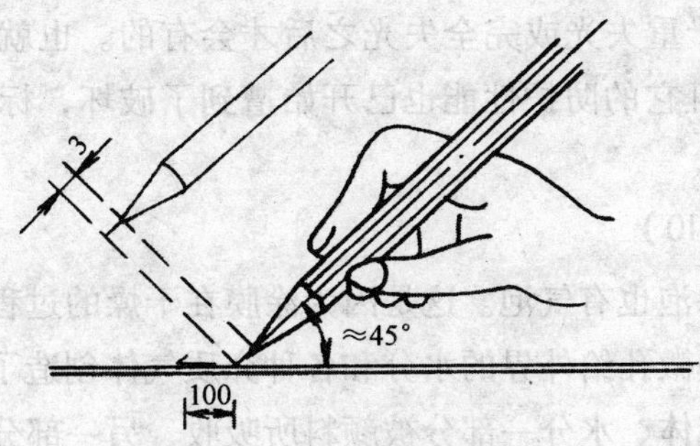

图 7-12　铅笔硬度测定法

7.5 涂膜老化的基本特征

涂膜老化基本上是由高分子树脂（基料）的降解和聚合作用所造成的。所谓降解作用，一般可理解为涂料结构中链的长度减小，或使大分子减小的过程。其作用是因为各种物理或化学因素引起的。在物理因素作用下发生的降解，基本上有三个类型：热的作用引起的降解；光的作用造成的光化学降解；机械破碎，也包括电及超声波作用引起的机械破坏。在化学介质作用下发生的降解，有两种情况，受氧化剂的作用，特别是空气中氧作用产生的氧化降解；受水、酸、醇和碱以及以能引起降解因素的试剂作用的降解。

涂膜的老化因素很多，阳光、温度、湿度、氧、氨、雨、雪、风沙、霉菌等则是老化的外因。检验人员应能判断涂膜老化状况，涂膜老化的特征如下：

1. 失光（书后附图 A-8）

失光是涂膜老化的最初特征，由于涂膜受太阳光中紫外线照射的影响，引起光化学反应，使树脂成分发生降解，逐步丧失原有光泽，直至发展成全部失光。涂层光泽是装饰性涂膜的重要指标，涂层一旦失去光泽（原始无光泽涂层除外）就无装饰性可言，所以通过涂料涂装，能使涂膜达到光彩照人、丰满度好、鲜映性极佳，不仅仅关系到涂料的正确选择，也是衡量涂装工艺水平的重要指标之一。

2. 变色

这也是涂膜开始老化的一个显著征兆。涂膜从正常的颜色发生色相或色泽的改变，有的变深，有的变浅，有的发暗，有的白色变黄，有的红的变粉色或变浅等，这些都属于变色。

其原因是由于光化学反应的结果，对色漆来说，其变色与树脂有一定的关系，但主要还是取决于选用的颜色的性质，不同的颜色有不同的光敏感性，由此显示出不同的保色性。

3. 粉化（书后附图 A-9）

粉化是涂膜老化逐步深化的特征，其原因主要是受太阳紫外线的辐射和氧的存在下相互作用引起树脂分子链的交联或降解，促使树脂与颜料颗粒之间的分离，出现脱粉现象。其次是与颜料的性质、晶形也有很大的关系。

粉化现象是涂膜发生严重失光或完全失光之后才会有的。也就是说此时的涂膜，不仅已完全丧失了装饰特性，而且它的防护性能也已开始遭到了破坏，标志着涂膜老化已趋向于严重阶段。

4. 起泡（书后附图 A-10）

涂膜表面的鼓泡，有水泡也有气泡。这是因为涂膜在干燥的过程中，由于溶剂的挥发产生许多肉眼难见的微孔，这些微孔给外界的水分和各种介质气体创造了人侵的途径。在涂膜未老化以前，这些进入膜内的气体、水分一部分被颜料所吸收，另一部分受内应力的作用，被慢慢扩散到涂膜外边或借助日光、温度变化而蒸发。但涂膜老化以后逐渐减少了这种作用力，随着水分、有害气体侵入的不断增加而无法排除，就造成了涂膜鼓泡的恶果。其中耐水性和附着力差的涂料，再加上涂装前预处理不彻底，就更容易引起涂膜产生起泡。

5. 龟裂（书后附图 A-32）

龟裂也称为开裂或裂纹。表现为涂膜局部或全部表面出现形状不一、深浅不同的裂纹，有发状裂纹、网状裂纹等。龟裂的主要原因是太阳光、雨、露的交替作用，使涂膜发生吸水和脱水的反复循环作用所至。另外，由于受温度变化的影响，促使涂膜张力发生变化，使树脂分子链受紫外线的照射发生断裂，也是引起涂膜开裂的主要原因。龟裂的产生过程，先是表面出现微细裂纹，逐步加深，最后深达到底层直至露底，使涂膜彻底丧失保护性。

6. 脱落（剥落）

脱落是涂膜老化过程中，涂层失去原有性能和附着力，从基底上自行脱离的一种现象。它是从失光、变色、粉化、起泡、龟裂发展到最后脱落，是涂膜老化走完最后里程，到达终点的鲜明标志，已彻底起不到涂膜的保护作用，更谈不上什么装饰要求了。

7.6　涂膜病态的原因与防治

检验人员常常在修理前和修理后发现车身表面出现各式各样涂膜病态，分析其产生的原因及防治的方法是修复涂层表面的前提。

1. 涂料（出厂时）缺陷产生的病态及防治方法

1）返黏（回黏）

涂膜按照工艺规程规定的干燥时间和保温时间进行干燥后，涂膜仍发软，表面似干，但实际未完全干，用指压法或按行业标准规定的方法进行检验，涂膜表面会留下指纹或黏有织物、绒毛等，称为返黏。其原因是油料选用不当，使用的溶剂和催干剂的量不合适或质量有问题。

防治方法：

选用适当的催干剂及配套溶剂进行调整，若无法自行调整的涂料，应更换新的涂料。

2）流挂（书后附图 A-11）

涂装过程中，涂膜表面尤其是垂直面，呈现似月牙形上薄下厚或水滴似的流淌，称为流挂。其原因是涂料中的固体含量过少，色漆中颜料比例过少，涂料树脂聚合度低，溶剂中高沸点溶剂含量过高，挥发速度过慢。

防治方法：

以同类型、同品种和相同颜色的合格涂料，加入到过稀的涂料中掺和并充分搅匀，达到黏稠适合为止。增加色漆中的颜料比例；更换稀释剂，更换新涂料。

3）涂膜出现色差

涂料表面的颜色与原色卡或样板相差甚远，称为色差。其原因是涂料制备时，配色未按标准样板进行，使色差过大。

防治方法：

用同类型、同品种涂料，对照标准色卡按一定比例重新调配。调色时要在光线充足、柔和的场地进行，但不允许在阳光直照下调色，在自然光照不足时，只能选择白色光照明，禁止任何带色的光源照明。

2. 涂料储运中可能产生的缺陷及防治

汽车修补用涂料往往由于储运期过长，运输距离过远，在储运过程中受热（高于 30℃）和受冻后产生变质缺陷，并未经补救，就投入使用，可能会影响涂装工效，产生涂膜缺陷，直接影响生产，造成经济损失。

1）增稠、胶化、肝化和干固

罐内涂料在储运过程中变浓厚，黏度增高，超出技术条件规定的原涂料许可黏度的上限的现象称为增稠。增稠有时有触变性，一经强烈震动即能恢复原来的黏度。增稠严重时，涂料呈豆腐脑状或块状的现象称为肝化、结块或干固。清漆或含颜料量少的涂料，不是因溶剂挥发失去流动性而成胶质状称为胶化。

➘ 起因：

① 涂料容器密闭不完全或者未装满桶，造成溶剂挥发，使涂料的黏度上升、增稠。

② 空气中的氧气，促进漆基氧化和聚合，使涂料胶凝。

③ 色漆的黏稠化是所用颜料与漆基产生反应，使色漆增稠和凝聚产生颗粒。如特黑色汽车面漆在储运中易增稠，是由于带酸性的炭黑能促使酸固化的合成树脂涂料增稠，甚至硬化。

④ 在运输过程中遇到高温或储存场所的温度过高。热固性合成树脂涂料的漆基受热时会使分子聚合，黏度上升，甚至胶化。

⑤ 储存期过长，漆基的活性基团发生反应，引起黏度上升。

➘ 预防方法：

① 保持罐盖紧密，确保密封，隔绝空气，容器中的涂料应装满。

② 存放在阴凉处。储存场所的温度最好在 25℃以下，切勿储存在日光下、暖气和炉旁。

③ 尽可能缩短储运期，尤其是活性基团多的高档合成树脂涂料，更不能长期储存。使用涂料时应遵守先进先用的原则。

④ 涂料厂需改进配方，克服在涂料储运过程中的颜料与基料之间化学反应。

注：变浓的喷漆（热塑性涂料）再加入良好稀释剂后通常即可再使用。而对胶化、肝化或干涸的热固性涂料，因变化是不可逆的，只能报废。

2）沉淀

涂料在储运过程中产生沉淀，在使用前能搅拌分散开，细度也合格，这属于正常现象。如果沉淀结块搅拌不起来，不能再分散的现象，就属于沉积和结块缺陷。

➘ 起因：

① 涂料中所含的颜料或体质颜料磨得不细，分散不良，所占比重大等因素所导致。

② 颜料与漆基发生相互吸附，生成固态沉淀物。

③ 储存时间过长，尤其是长期静放的涂料。

④ 颜料粒子处于不稳定状态结块。

➘ 预防方法：

① 在设计选择配方时，就应注意颜料与漆基的适应性；注意和强化颜料的研磨分散工艺；提高黏度或制成触变型涂料，防止沉淀可加防沉剂或润湿悬浮剂。

② 减少库存，缩短储存时间，存货先用。

③ 存放在阴凉处。

④ 定期倒转漆罐。

⑤ 不要贮存稀释过的漆料。稀释过的漆料因黏度较低，比原漆更易沉淀。

3）结皮

自干转化型涂料在储运过程中与空气接触的涂料表面易氧化固化的现象称为结皮。自干型的沥青漆、油性漆、油性泥子和干性油改性醇酸树脂涂料等，在储运中易产生结皮。

➘ 起因：

① 表面干料添加过多或用桐油制的涂料易结皮。

② 容器不密闭或桶内未装满，使涂料面与空气接触。

③ 储存场所温度过高或有阳光照射。

④ 储存期过长。

➘ 预防方法：

① 涂料中不预先加入促进表面干燥的干燥剂，在使用时按比例调入。

② 容器内尽量装满涂料，并要密封好，如果能在装桶时通入二氧化碳或氮气，待置换出容器上层的空气后，再加盖封存，那就更好。

③ 加抗结皮剂。常用的抗结皮剂有邻甲氧基酚、苯酚、邻苯二甲酚、松木油、丁醇、丁基乙酸盐和环已酮肟等。

④ 缩短涂料的储存期。开桶后的涂料应尽可能用掉，未用完的可在涂料上倒些溶剂，则可保持几天不结皮。

若已结了皮的涂料，则应除掉结皮，搅拌和过滤后才可使用。

4）胀气

由于产生气体而在漆罐内形成压力的现象。

➘ 起因：

① 漆料过于陈旧，库存期过长。

② 分子间起化学反应。

③ 储藏处温度过高。

➘ 预防方法：

① 漆料存放在阴凉处。

② 不要储存过多的漆料。

③ 依正确轮换方式使用。

3. 面涂层喷涂产生的缺陷

导致面涂层喷涂产生的缺陷原因是很多的，它们通常源自于金属基层的准备工作、喷涂程序、环境、涂料配方和外部的影响等。下面就施工工艺中的一些情况叙述如下：

1）渗色底层污染（书后附图 A-12）

被修补面的原有面涂层（指红色、褐色及黄色面漆）之颜料渗入（或溶入）修补面涂层中，而使面涂层变色的现象称为渗色，常产生在涂浅色面涂层的场合。

由底层上附着的着色物透过或渗入面涂层，产生异色斑现象称为底层污染。

➘ 起因：

① 被修补表面（底层）被有渗色倾向颜色的涂料所污染（如落上漆雾）。

② 设备未清洗干净。

③ 旧漆面未进行适当封固。

④ 底涂层涂料被易形成渗色的材料所污染。

➘ 预防方法：

① 不要让易产生渗色的颜色的漆雾落于其他工作物上。

② 彻底清洗所有设备。

③ 未进行整车喷涂前，先在一小片表面整平过的地方，喷涂一层色漆，测试被修补的原有涂层，如有渗色现象，则按漆厂说明书操作，用防渗封底涂层进行封固。

④ 底涂层内绝不可混入其他产品。

⑤ 采用面漆近似颜色的中涂层的场合，如果是白色或浅色面漆，则不能采用红色的中涂层。

⑥ 泥子使用的固化剂不应过量。

补救方法：当在多层底涂层及面涂层均已喷涂后开始发生渗色时，必须完全除去出毛病之涂层，并从裸底材起重新再涂装。如在喷涂初期的底涂层或面涂层后即发生渗色，则可用防渗封底漆予以隔绝。

2）爆皮（书后附图 A-13）

表面涂层薄膜上出现气泡或斑点，通常是在喷涂几个月后。

➘ 起因：

① 不恰当的表面清洁或准备工作。细小的遗留在表面的脏物斑点作用像一块海绵留住了水分，当涂层暴露在阳光下（或空气压力的变化），水汽膨胀并建立起压力。如果压力足够大时，爆皮便形成了。

② 错误的稀释剂。快速干燥的稀释剂的使用，尤其是刚喷涂得过干或过高的压力喷涂，空气或水汽会被封闭在薄膜中。

③ 过厚的薄膜。涂层之间不充分的的干燥时间或过重的底涂层的喷涂能将溶剂封闭在其中，过后溶剂逸出而造成彩色涂层的爆皮。

压缩空气管道中的污物，管路中的油、水或是脏物。

➘ 预防方法：

① 在打磨前彻底清洁要喷涂的区域。在喷涂不论是底涂层，还是表面涂层前要保证表面的完全干燥。不要接触已清洁的表面，因为手上的油会污染表面。

② 选择最适合现有车间条件的稀释剂。

③ 允许底涂层和表面涂层有适当的干燥时间。务必让每个涂层在喷涂下一个涂层前快速蒸发。

④ 每天排干并清洁空气压力调节器以去除存留在其中的水汽和脏物。空气压缩机的储气罐也要每天排干。

➘ 补救方法：

如果损伤是大范围的并且是严重的，涂料必须被去除到底涂层或金属层，这取决于爆皮的程度，然后再喷涂。在不那么严重的情况下，爆皮可以被打磨掉，重修表面，并再喷涂表面的涂层。

3）裂纹

一系列的深裂纹类似于干枯池塘中的泥土龟裂。经常以三角形的形状出现并且没有固定的模式，它们经常深及彩色涂层，甚而有时会达到底涂层。

➘ 起因：

① 过大的薄膜厚度。过厚的表面涂层放大了正常的应力和应变，甚至在正常条件下也会导致裂纹。

② 材料没有混合均匀。

③ 不充足的快干时间。

④ 不正确的添加剂使用。

➘ 预防方法：

① 不要过于加厚表面涂层。在每个涂层之间允许有充足的快干蒸发和干燥时间。不要使用气枪干燥。

② 将所有的底涂层和表面涂层颜料搅拌彻底。过滤面涂层涂料并在需要时添加白斑消除剂。

③ 阅读并仔细遵循标签提示。并非为一种彩色层特殊设计的添加剂可能会削弱最终涂料薄膜的质量并使其对裂纹更加敏感。

➘ 补救方法：

受影响的区域必须砂磨掉，以完成光滑的面漆，在特别严重的情况下，去除旧涂层到裸露金属并再喷涂面漆。

4）薄边劈裂

看上去像是沿着薄边的擦伤痕迹（或裂纹），发生在表面涂层喷涂时或在清漆喷涂层时，或在喷涂以后形成的涂膜上。

➘ 起因：

① 底面涂层“堆在”厚而且湿润的涂层上。溶剂被封在底面涂层下而没有留足够的搁置时间。

② 材料没有均匀混合。因为填实底漆中颜料的高含量，可能会在其被稀释之后发生沉淀。这种材料未经搅拌的延迟使用导致喷涂出颜料松散地保留在其中的薄膜，含有遍及各处的空隙和裂纹，这使得薄膜的作用像一块海绵。

③ 错误的稀释剂。

④ 不恰当的表面清洁和准备工作。当清洁不恰当时，填实底漆涂层会因缺乏润泽和黏着而脱离边缘。

⑤ 不恰当的干燥。在填实底漆喷涂后用喷枪吹风干燥，导致在溶剂或空气从下面的涂层中被释放出来之前表面干燥。

⑥ 过量的使用（或在薄膜构成中使用）油漆泥子。

➘ 预防方法：

① 喷涂薄到中等厚度的、经适当稀释的填实底漆涂层时，留足够的时间让溶剂和空气逸出。

② 彻底搅拌所有底面涂层和表面涂层涂料，选择适用于现有车间条件的稀释剂。

③ 在打磨前彻底清洁要喷涂的区域。

④ 清漆泥子要限制在小的缺陷的填充上，泥子过厚将在最后收缩而造成薄边劈裂。

➘ 解决方法：

去除受影响区域的面漆并进行再喷涂。

5）鱼眼（书后附图 A-14）

局部涂面出现许多像鱼眼状凹孔。

➘ 起因：

① 旧涂膜表面处理不全面，未清洗干净，留有矽质、蜡质、油等污物，导致新喷的涂膜产生“鱼眼”。

② 操作不慎引起鱼眼。喷涂前涂面受到油的污染。车辆在喷涂时一般先喷内部，再喷外表面，在喷涂发动机罩内部时，由于喷涂气压冲击，使发动机罩内发动机旁的许多带有油的灰尘吹到车壳外表面，使原来清洁的外表面重新被带油的灰尘污染，一旦新涂料喷涂在上面，每一粒带油的灰尘即是一个鱼眼（干燥慢的双组分涂料尤为显著）。

➘ 防治方法：

① 底层处理一定要按步骤、按操作技术要求进行，旧涂膜经充分砂磨后，应用清洁的汽油洗掉旧涂膜表面的各种污物（蜡、矽质、油污）。

② 在喷涂时要防止发动机罩内部带油灰尘飞扬到车壳外表面上，必要时内部喷涂与外表面喷涂分两天进行，第一天内部喷涂后，第二天在喷涂外表面前首先用砂纸沾少许水把飞扬到外表面的漆雾、砂粒轻轻砂磨掉，再用纱布沾清洁汽油把外表面擦一遍，保证涂面无油、无蜡、无矽质，才可喷涂面漆。

➘ 补救方法：

① 情况不严重时，可让涂膜的溶剂挥发一部分，待涂膜稍干后，用喷雾法（把涂料慢慢地喷洒几次）作局部处理，千万不可喷得过分湿润，而应喷得干一些，再全车喷涂，"鱼眼"即会消失。

② 若喷雾法不能使其消失，则可让涂膜溶剂充分挥发，涂膜干燥后用水砂纸沾水轻轻砂磨后用喷雾法喷涂，再全车喷涂即可消失。

③ 情况严重时，铲除局部涂膜，或刮涂泥子进行修补后，重新清洗处理，重新喷涂。

6）白化、发白（书后附图 A-15）

涂装过程中和刚喷涂完的涂层表面呈乳白色，涂面不仅发白，而且像云一样的变白无光泽现象称为发白。这种现象多发生在高湿环境下喷涂挥发性涂料的场合，严重时完全失光，涂层上出现微孔。

➘ 起因：

因涂料内溶剂急速蒸发，使面涂层温度降低，导致大气中湿气在面涂层凝结，沉入涂膜中致使树脂析出而变白。

① 喷涂场所的空气湿度过高。

② 所使用稀释剂的品质不良，挥发太快。

③ 喷涂场所的气温寒冷，尤其是在被涂物的温度低于室温场合。

④ 喷漆室内空气流通不良，又缺乏加热设备。

➘ 预防方法：

① 对修补涂装场地和喷漆室进行适当加热，升高涂装环境温度。

② 使用品质良好的稀释剂。使用挥发较慢的稀释剂。

③ 在稀释剂内添加防潮剂。使用量要小，否则会减慢干燥速度。

④ 涂装前使工件的温度高于环境（10℃左右）。

➘ 补救方法：

① 轻微白化。待其干固，再以抛光蜡打磨去除其不良处。

② 严重白化。在该区域内喷涂慢干稀释剂或防潮剂。

③ 在白化极严重的场合，可能有水分残留在涂膜内，让其干固，湿打磨再重新喷涂。

注：当在色漆层发现白化时，应留心底漆可能因湿气而受损伤，但由于底漆通常目视不易发现。底涂层白化可能会引起面涂层起"痱子"或涂膜层附着不良等缺陷。

7）滴流及垂流（书后附图 A-16）

在喷涂和干燥过程中垂直或斜曲表面形成由上向下的流痕或下边缘增厚的现象，称为流挂。根据流痕的形状，流挂可分为下沉、流挂、滴流、流淌等。

下沉。涂装完毕到干燥期间涂层呈厚度不匀的半圆状、冰瘤状、波状等现象。

流挂。过多量的漆料在被涂物的垂直面和边缘附近积留，固化并牢固附着的现象。

滴流。被涂物垂直表面上涂膜出现滴状的流痕现象。

➘ 起因：

① 喷涂操作不当，喷枪距喷涂面太近，移动太慢，一次喷涂得过厚。

② 喷枪设定不当，使用大出漆量的喷嘴配上低出气量的空气孔。喷涂气压过低。喷幅已变小而未相应地减少出漆量。

③ 所用稀释剂与涂料不配套，挥发过慢或使用防潮剂过量，涂料黏度过低。

④ 喷涂环境不佳，缺乏适当的空气流动和温度。环境温度过低或周围空气中溶剂蒸气含量过高。

⑤ 湿碰湿喷涂间隔晾干时间不足。

⑥ 喷涂不均匀，厚处表干慢，如其下部薄极易形成流挂。

⑦ 涂料喷涂于被污染或有油污的表面上，或光滑的旧漆膜上，也易发生垂流。

➘ 预防方法：

① 应用正确的喷涂技术，先薄喷一道，表干后正常喷第二道。

② 正确设定喷枪，检查喷枪以确保其功能正常。

③ 检查涂料的黏度及喷涂气压。

④ 提高喷漆室的温度，确保风速正常。

⑤ 选用漆厂指定的配套稀释剂或一种合格的挥发较快的稀释剂，在使用防潮剂的场合避免使用过量。

⑥ 在喷涂前确保被涂表面彻底清洁，光滑的漆面应打磨过。

➘ 补救方法：

让涂膜彻底干固，然后以极细的砂纸湿磨并抛光，或以细砂纸湿磨，并重喷。

注：①如初次磨平后，下层漆膜仍软时，应让其完全干固后再继续修补。

② 如垂流仍是湿的而且可喷涂下一道，用软刷轻轻刷平垂流，再喷，亦可获得好效果。

8）缩孔、抽缩、凹洼（书后附图 A-17）

被涂物面存在混入涂料中异物（如油、水等）的影响，涂料不能均匀附着，产生抽缩，或涂膜凹洼不平的现象称为缩孔系列涂膜弊病。产生的原因及现象有较大的差别，面积大的且不规则的称为抽缩俗称发笑，呈圆形（直径多为 0.1～2 mm）。

涂膜表面上产生像火山口那样的，不露出被涂面的凹穴，直径为 0.5～3 mm 这样缺陷称为凹洼或凹坑、麻点。

➘ 起因：

① 被涂表面受水、蜡、抛光剂、灰尘、油或润滑油等污染，受到肥皂、清洁剂或底材表面处理剂的残渍污染。

② 调漆、喷涂工具及设备不清洁和输气管不清洁，或有害异物混入涂料中。

③ 表面准备完毕后待喷涂时被涂面或湿漆膜又被污物所污染，例如落上其他不同涂料的漆雾、压缩空气中的油污、干的抛光残渣、喷雾罐中的媒介物等。

④ 涂装环境空气不清洁，有灰尘、漆雾、打磨灰、蜡雾灰等，或从邻近工厂而来的空气

污染侵蚀被涂物面或湿漆面。

⑤ 工作服、手套等不干净。

⑥ 所用涂料的表面张力偏高，流平性和释放气泡性差，涂料自身的抗缩孔性差或混入异物。

➘ 预防方法：

① 在进行任何工作之前，应确定表面已彻底清洁。

② 任何涉及有机硅树脂产品的工作场地，应与喷涂场地隔离。

③ 确保压缩空气清洁，无油无水。

④ 确保涂装环境清洁，空气中应无尘埃、油雾和漆雾等漂浮物。

⑤ 涂装场所地用设备、工具、胶管及生产用辅助材料等绝对不能带有导致涂料产生缩孔的有害物质，尤其是有机硅化合物。

⑥ 严禁裸手、脏手套和脏抹布接触被涂物面。

⑦ 选用对缩孔的敏感性低的涂料。在旧涂层上喷涂时应用砂纸充分打磨并擦干净。

⑧ 在有轻微缩孔场合，采用多道薄喷会有所改善。

➘ 补救方法：

除去受影响之涂层，重新喷涂。

① 选用适用于涂装的输气胶管。有机硅化合物的污染可能来自非特殊制造的管子中。新的输漆或输气管路在使用前应彻底清洁。

② 不可使用含有机硅的添加剂来防止缩孔、抽缩，此类添加物会污染涂装场地及相近的工作场地，且也可能导致日后附着力不良。

9）颗粒、灰尘（书后附图 A-18）

涂膜中凸起物呈颗粒状分布在整个或局部表面上的现象称为颗粒；由混入涂料中的异物或涂料变质而引起的疙瘩称为异物颗粒；金属闪光涂料中铝粉在涂面造成的凸起异物称为金属颗粒；在涂装时或刚涂装完的湿涂膜上附着的灰尘或异物称为尘埃颗粒。

➘ 起因：

① 涂装环境的空气清洁度差。喷漆室、晾干室或烘干室的空气未经过滤或过滤不当。

② 被涂物表面不清洁，在喷涂前未用黏性纱布擦净。

③ 喷涂尘屑积存于喷漆室内的表面上。

④ 车辆缝隙、沟槽的灰尘未吹净。

⑤ 压缩空气未过滤或过滤不当。

⑥ 漆罐盖未盖紧使灰尘进入，使用锈的或脏的容器装漆料和稀释剂，在使用前又未经过滤。

⑦ 涂装场地的水泥或其他会产生灰尘的地面未曾封固或未予以润湿；在喷涂区域内进行干打磨、研磨、抛光等；使用品质不佳的遮护纸，如报纸等。

⑧ 涂料变质，如漆基析出或反粗、颜料分散不佳或产生凝聚、有机颜料析出、闪光色漆

中铝粉分散不良等。

⑨ 操作人员带来的灰尘，如工作服上的灰尘、污土及纤维。

➘ 预防方法：

① 建立良好的防尘清洁管理制度。对涂装场地、涂装设备及供风系统进行定期的彻底清理，确保涂装环境洁净。

② 封固会起灰尘的场地表面。

③ 在进行喷涂的每一阶段均需保持工作场地的清洁。

④ 严把涂料的质量关，使用前必须过滤。

➘ 补救方法：

① 缺陷轻的应待漆膜完全干固后，再以极细的砂纸作湿打磨，之后抛光打磨使光泽重现。

② 粒子深陷的，应整平并重喷。

10）气泡（书后附图 A-19）

在涂装过程中，涂膜表面是泡状鼓起，或在涂膜中有产生气泡的现象。在烘干过程中易产生这种缺陷。

搅拌引起的气泡或由溶剂的蒸发产生的气泡，在涂装成膜过程中未消失而残留在涂膜中的气泡。

由底材或底涂层所吸收或含有水分、溶剂或气体，使涂层在干燥（尤其是烘干）过程中呈泡状拱起的缺陷，分别称为水气泡、溶剂气泡或空气泡。

➘ 起因：

① 稀释剂挥发快，涂料的黏度偏高。

② 晾干时间短，涂层烘干时升温过急。

③ 底材（如木材、玻璃纤维板）、底涂层（尤其泥子层）或被涂面含有（或残留有）溶剂、水分或气体。

④ 搅拌时混入涂料中气体未释放尽就涂装，或在刷涂、刮涂时混入空气。

⑤ 厚涂的泥子层或破坏的缝隙，未能封固。

➘ 预防方法：

① 使用漆厂指定的稀释剂，黏度应按涂装工艺选择，不宜偏高。

② 按规定的时间晾干，涂层烘干时升温不宜过快。

③ 底材、底层或被涂面不应含有水分、溶剂和气体，应干燥清洁。

④ 待涂涂料中的气泡释放尽后再涂装。

⑤ 检查并再次封固损害车体的缝隙和泥子层。

➘ 补救方法：

气泡是涂装膜破坏性的弊病，只能铲除，重新进行表面准备、刮泥子及喷涂。

11）气泡孔

在涂膜烘干过程中空气气泡或溶剂蒸气泡留存于涂层内，表面涂层快速成型，气泡膨胀并溢出透过漆膜，形成四周鼓起，泡中有孔洞的现象称为气泡孔。

泡的中央呈针孔的漆膜破坏现象称为气泡针孔；在严重的场合气泡将漆膜炸开溢出，孔径直径 0.3～0.8 mm，称为爆裂气泡孔。

➘ 起因：

与气泡的起因基本相同，是在以下的特定条件下气体膨胀，使气泡的漆膜穿孔破裂而形成。

① 涂装环境干热或空气流动过速。

② 喷涂气压太低，涂层喷涂过厚。

③ 喷各涂层时，间隔时间（晾干时间）不足。

④ 喷涂后加热（升温）太快。

⑤ 加热源过热或靠漆面太近。

⑥ 所使用的稀释剂不适当。

⑦ 泥子涂刮技术不良，被涂物的缝隙和泥子层未封固。

➘ 预防方法：

① 使用规定溶剂，在干而热的工作环境时添加合适的助剂。

② 使用正确的气压，控制涂膜厚度。

③ 在各涂层间和烘干前留足晾干时间。

④ 检查烘干室温度和车体温度，并适度调整。

➘ 补救方法：与气泡相同。

12）针孔（书后附图 A-20）

涂膜上有针状小孔或像皮革毛孔那样的小孔的现象称为针孔，孔的直径为 100 μm 左右，它不仅在表面有凹坑，且深达底层。

➘ 起因：

① 涂料的流动性不良，流平性差，释放气泡性差；尤其色漆喷涂在有粗膜表面的底涂层或面涂层上。

② 被涂物面有小孔。在重新涂装前所做的整平工作未能将留存在原有涂层面上的针孔完全清除。

③ 喷涂后晾干不充分，烘干时升温过急，表面干燥过快。

④ 涂刮泥子时涂刮填平技术不良，在喷涂前泥子层又未能封固隔绝。

⑤ 被涂物的温度过高和被涂物面有污染（如焊药等）。

⑥ 涂料中混入异物（如水）。

➘ 预防方法：

① 应避免底涂层或第一道面涂层的过快干燥，确定正确的喷涂黏度及喷涂气压。

② 彻底整平旧漆面，去除所有已呈现的针孔，确保被涂物面清洁，注意被涂物的温度。

③ 正确掌握刮涂技术，并以整平底漆喷涂于有泥子的部位上。

④ 喷涂后应按规范晾干，烘干时升温不应过急。添加挥发慢的溶剂使湿涂膜的表干减慢。

⑤ 改善涂装环境，防止异物混入漆料中。

补救方法：

① 以湿或干式打磨受影响之漆膜至能确实消除针孔的深度后再重喷，或除去受损的漆面露出底材后重喷，切不可试图以整平底漆连续干喷来填补针孔。

② 泥子层经打磨后而显露的针孔，应以刮刀与被涂平面成 90° 角涂布一薄层泥子，这样可确保使泥子能填入针孔中，且不致因刮刀移动而被拖出。

注：如针孔成为喷涂的常见问题时，应检查并调整各项有助表面快速干燥之因素（涂料的黏度、稀释剂的种类、环境气温及空气流量）。

13）橘皮、皱纹（书后附图 A-21）

在喷涂时涂膜出现类似橘皮、柚子皮那样的皱纹。皱纹的凹凸度为 3 μm 左右。

起因：

① 涂料的黏度太高，流平性差，稀释剂选用不当。

② 喷涂技术不良，喷涂距离太远或太近；涂层喷得过厚或过薄。

③ 喷涂气压低，出漆量过大和喷涂工具不佳，导致漆料雾化不良。

④ 被涂物和空气的温度偏高，喷漆室内风速过大，稀释剂挥发太快。

⑤ 晾干时间偏短。

预防方法：

① 选用合适的溶剂，添加流平剂或挥发较慢的高沸点有机溶剂，确保黏度的正确，以改善涂料的流平性。

② 调整喷涂气压与出漆量、喷涂距离与走枪速度。选用雾化性能良好的喷枪，使涂料达到良好的雾化。

③ 一次喷涂到规定厚度（宜控制到不流挂的限度）。适当延长晾干时间，不宜过早进入高温烘干。

④ 被涂物温度应冷却到 50℃以下，喷涂室内气温应维持在 20℃左右。

补救方法：

① 待面漆完全干固后，视橘皮皱纹之严重性，以极细砂纸或粗砂纸磨去橘皮皱纹。

② 橘皮出现严重的部位则以细砂纸磨平，并重新喷涂。

14）拉丝（书后附图 A-22）

在喷涂时涂料雾化不良，呈丝状喷出，使涂膜表面呈丝网状的现象，称为拉丝蛛网。

起因：

① 涂料的黏度过高，温度又低。

② 选用的稀释剂的溶解力不足。

③ 易拉丝的树脂含量超过无丝喷涂的最大含量。

预防方法：

① 选择最适宜的喷涂气压、最适宜的施工黏度和温度喷涂。

② 选用溶解力适当的（或较强的）稀释剂。

③ 通过以上两种措施不能解决时则应由漆厂调整涂料配方。

➘ 补救方法：

降低喷涂气压或黏度，直至蛛网消失。

注：某些特别材料，如油槽内衬涂料，其雾化较为困难，需要用特殊装备和工艺喷涂。

15）起皱（书后附图 A-23）

在涂料的干燥过程中涂膜表面出现皱纹凹凸不平。通常出现在表干快的场合，表层的面积大而产生凹凸不平的平行线状或无规则线状。皱纹的大小不一样，有的形成不规则的图形皱缩。小的形成皮肤状的皱状，这种涂膜缺陷又称慢干。

➘ 起因：

由于漆料在氧化干燥过程中或烘干室内进行热成膜时，表面的干燥率过快而造成。

① 涂膜喷涂过厚，导致漆膜表干内不干。

② 干燥环境不良、低温、高温或喷涂后表面上的空气流动量过大或不通风。

③ 各涂层间干燥时间不足。

④ 被涂物面被蜡，机油或黄油等污染。

⑤ 过量使用慢干剂，稀释剂选用不当。

⑥ 烘干室中之“污气”（通常系由通风不良或燃烧之氧化物造成）引发。

⑦ 有些合成树脂烤漆在晾干时间过长，表干后再烘干时易产生小皱纹现象。

⑧ 在硝基旧漆膜上，用聚氨酯面漆重喷涂后，如果再次修补时，则易发生起皱现象。

➘ 预防方法：

① 喷涂前应彻底清洁被涂表面。

② 避免喷涂过厚，第一道最好采用干喷。

③ 改进喷涂及干燥环境，提高温度，增强空气流动。

④ 各涂层间留有充分的干燥时间，使用合格的稀释剂。

⑤ 检查烘干室内空气的污染度，修正或更换燃料。

⑥ 合成树脂烤漆应按规定时间晾干后再进行烘干。

⑦ 采用防起皱剂，如改性的醇酸树脂漆膜稍厚，在烘干时易起皱，添加少量（约为 5%）氨基树脂作为防起皱剂，一次喷涂 40μm 以上厚度烘干也不起皱。

➘ 补救方法：

① 在缺陷轻的场合，待漆膜整体干固后，彻底打磨去除所有皱纹痕迹，并重新喷涂。

② 在缺陷严重时或由于污染引起的慢干，则铲除至底材，重新涂装。

16）咬起

喷涂面涂层后底涂层被咬起脱离，产生皱纹、胀起起泡等现象称为咬起。喷涂含强溶剂涂料（如硝基漆）时，易产生这种现象。

➘ 起因：

① 涂层未干透（处在半干不干状态）就喷涂下一道涂层。

② 涂层不配套，底材（如苯乙烯塑料）、底涂层的耐溶剂性差，或面涂层含有能胀底涂层的强溶剂。

③ 一次喷涂得过厚。

➘ 预防方法：

① 底层干透后再喷涂面涂层。

② 通过试验，选配合适的涂层体系。

③ 在易产生咬起的配套涂层场合，第一道面涂层应先薄薄喷一层，等稍干后再进行下道工序的喷涂。

➘ 补救方法：

与起皱缺陷相同。

17）盖底不良、露底（书后附图 A-24）

因喷涂得薄，膜厚不足或涂料的遮盖力差，能见到底色现象称为盖底不良。由于漏喷涂，使该涂装的部分未喷涂到，称为露底（俗称缺漆）。

➘ 起因：

① 涂料在使用前未充分搅匀或所用涂料的遮盖力差。

② 过分稀释或稀释剂选用不当，涂料的施工黏度（或施工固体分）偏高。

③ 使用过量的慢干稀释剂，使漆料在达到足够膜厚前即形成垂流。

④ 喷涂过薄或喷涂的层数太少。

⑤ 喷涂不仔细或被涂物外形复杂，发生漏涂现象。

⑥ 底、面涂层的色差太大，如在深色涂层面上喷涂亮度高的浅色涂料。

➘ 预防方法：

① 涂料在使用前应充分搅拌，选用合格的稀释剂，适当提高涂料的施工黏度（或施工固体分）。

② 喷涂正确的层数来达成所需的涂膜厚。

③ 提高喷涂操作的熟练程度，谨慎操作。

④ 选用遮盖力强的面漆。

⑤ 底涂层的颜色和灰度尽可能与漆的颜色相近，特别在使用珠光漆时，先喷涂近似色的中涂层，可节省珠光漆用量，降低成本，因珠光漆的遮盖力低，价格高。

➘ 补救方法：

让漆料略干后重喷或待其完全干固后，湿打磨整平再重喷。

18）色不匀、色发花

涂膜的颜色局部不均匀，出现斑纹、条纹和色相杂乱的现象。一般是因涂装不当，产生条状色差条纹，以及涂料组分变质等因素引起的。

➘ 起因：

① 涂料中的颜料分散不良或两种以上的色漆相互混合时混合得不充分。所用溶剂的溶解力不足或施工黏度不适当。

② 涂膜厚度不匀，厚膜处使涂膜中的颜料产生里表对流。

③ 喷涂技术不良。喷幅重叠不适当，喷距太近，未能保持喷枪与工作表面的正确角度。这是产生喷涂色差的主要原因。

④ 在涂装现场附近有能与涂膜发生作用的气体（如氨、二氧化硫等）。

➘ 预防方法：

① 选用分散性和互溶性良好的颜料。

② 选择适当的溶剂，采用符合工艺要求的涂装黏度及膜厚。

③ 调配复色漆时应使用同一类型的涂料，最好用同一厂家生产的同一类型涂料。

④ 运用良好的喷涂技术。每次喷涂至少应重叠 50%（对银粉漆作底层建议最好重叠 2/3 左右），正确检修和调整喷枪。

➘ 补救方法：

① 如膜层仍湿，再喷涂一道薄层的面涂层可以修正；或让涂层面稍干，并使用正确的喷涂技术再喷涂一道面漆。

② 让漆膜全部干固，然后湿磨，并以正确的喷涂技术重喷。

19）浮色、色分离（书后附图 A-25）

涂料中各种颜色的粒度大小、形状、密度、分散性、内聚性等不同，使涂膜表面和下层的颜料分布不匀，各断面的色调有差异，浮色与色发花的差别是涂膜外观色调一样，但湿膜和干膜的色相差异大。

浮色一词系用以说明漆膜外表呈现规律的颜色变异。

➘ 起因：浮色和色发花与涂膜形成过程中产生的对流现象密切相关，因而涂料的配方及制漆工艺不合理是产生这两种弊病的主要原因。

① 在涂装含两种以上颜料的复色涂料时，由于溶剂在涂层的表里挥发不一，易出现对流而产生浮色现象。

② 涂装中颜料的密度相差悬殊。

③ 涂装方法及设备选用不合适。

➘ 预防方法：

① 改进涂料配方及制漆工艺（如选用不易浮色的、易分散的颜料，改进颜料的分散工艺等）。

② 添加防浮色剂，如硅油对防止浮色有显著效果。

③ 选用合适的涂装方法及设备，如减少每次喷涂厚度，增加喷涂次数。

➘ 补救方法：与色不匀、色发花的补救方法相同。

20）金属闪光色不匀（银粉不匀）

在喷涂金属闪光色面漆时，由于铝粉的分散不好，分布不匀，定向不匀，导致有深浅不匀的涂层现象。

➘ 起因：

① 涂料配方不当（如铝粉含量偏低，溶剂的密度大，树脂的相对分子质量低，干燥慢等）。

② 喷涂黏度选择不当（过低或过高）。

③ 涂层过厚或漆膜不均匀，雾化差，喷涂操作不熟练。

④ 喷涂底层或罩光清漆采用“湿碰湿”工艺时，中间晾干时间过短。

⑤ 环境温度低。

➘ 预防方法：

① 改进涂料配方，使用涂料厂指定的溶剂。

② 选择合适的喷涂黏度。

③ 提高喷涂操作的熟练程度，采用专用喷涂工具或自动涂装机。

④ 选择“湿碰湿”工艺时，选用合适晾干时间或增加 60～80℃热风的工艺措施。

⑤ 将喷涂时的环境温度调节到合适的范围内。

➘ 补救方法：与色发花的涂膜缺陷相同。

21）光泽不良（发糊）、光泽低（书后附图 A-26）

有的涂层干燥后没有达到应有的光泽或涂装后不久涂层光泽下降，有雾状朦胧现象。

➘ 起因：

① 稀释剂选用不当，例如冬季使用夏季的稀释剂，树脂的混溶性差。

② 被涂表面粗糙，被涂表面对涂料的吸收量大，且不均匀。

③ 喷涂前表面有污染。

④ 由于喷涂气压过高和或黏度低，使雾化过度。

⑤ 喷漆室的排气不良或空气流向不对，使喷雾回落在已喷好的表面上或补漆造成。

⑥ 烘干时换气不充分，低温烘干室中空气污染。

⑦ 能抛光的涂层未干透就抛光。

⑧ 在低温、高温和缺少通风的环境下涂装或干燥。

➘ 预防方法：

① 正确使用品质优良的稀释剂，提高稀释剂挥发速度。

② 喷漆前彻底平整、清洁被涂表面。

③ 正确掌握喷涂技术，调试好喷漆气压和漆料的施工黏度。

④ 确保喷漆室的排气适当和适合的干燥温度。

⑤ 喷涂相应的封底涂料，以消除被涂面对面漆的吸收或不均匀吸收。

⑥ 注意喷涂顺序，确保喷涂膜厚均匀，减少喷涂漆雾的回落附着。

⑦ 烘干室换气要适当，以避免脏空气在烘干室中积聚，如采用燃油直接加热式的烘干室，则应使用正确的燃油。

⑧ 抛光要在涂膜干透后进行。

➘ 补救方法：

① 让涂膜干固，并抛光打磨，使光泽重现。

② 如是漆雾回落表面上造成的，则让漆膜干固后，以极细砂纸打磨，并抛光打蜡。

③ 如是底层被污染或表面粗糙造成，则应清除漆膜，清理或整平受影响表面并重喷。

22）鲜映性不良

鲜映性是涂层面投影的清晰度，是与涂膜的平滑性和光泽依存的性质，系表示涂膜外观装饰性能之一。鲜映性不良就是涂层的装饰性差。鲜映性可目测对比或用专用仪器测定数值表示。例如，高级轿车车身涂层的鲜映性为 0.8～1.0（PGD 值）。稍低一点应在 0.6～0.7 内，经济型轿车、轻型客车和装饰性要求较高的中型货车身涂层的鲜映性应在 0.5 左右。如低于上述规定数值或修补涂层的鲜映性比未修补表面差，则称为鲜映性不良。

➘ 起因：

① 被涂物表面的平整度差，表面粗糙，打磨砂纸或打磨精度不够。

② 所选用涂料的流平性差或本身光泽、细度不达标，鲜映性不良。

③ 涂装环境差，涂层表面产生颗粒或光泽不足。

④ 喷涂时涂料雾化不良，涂面的橘皮严重。

⑤ 涂层的厚度不足，丰满度差。

➘ 预防方法：

① 提高表面和整平打磨工序的加工精度，使被涂面平整光滑。

② 选用流平性好、细度达标和光泽优良的涂料。

③ 改善涂装环境，高装饰性涂装应在清洁无尘的喷漆室和干燥场所（烘干室）中进行。

④ 选用雾化性能好的喷枪，掌握正确的喷涂技术和施工黏度，使涂料达到最佳的雾化。

⑤ 高装饰性涂层一般采用多层涂装体系，增加涂层厚度，提高涂层的丰满度和平滑性。

➘ 补救方法：

如涂层干固后，经打磨、抛光，鲜映性仍不良，则需选用鲜映性更优的修补面涂层重新喷涂。

23）刮痕、砂纸磨痕（书后附图 A-27）

对打磨的痕迹，面涂层遮盖不住而造成的涂膜缺陷。如在面涂层表面上显示出砂纸打磨痕迹，称为砂纸纹。涂层表面喷涂后磨纹膨胀变粗更显出涂层表面的缺陷称为刮痕。还有湿打磨作业时的伤痕（由砂纸、工具等造成）称为打磨划伤。

➘ 起因：

① 砂纸质量差，有掉砂现象或使用粗粒砂纸。

② 打磨工具的状况不良或操作不认真。

③ 在打磨平面时未采用磨块，局部用力过猛。

④ 在喷涂面涂层前的最后一道底涂层喷涂过厚，且干燥时间不足。

⑤ 原涂层松软、已风化或干固不足，未干透，而对新涂层溶剂敏感时，就进行面涂层喷涂。

⑥ 面涂层厚度不足时常会显现刮痕。

➘ 预防方法：

① 选用优质砂纸和合适级号的砂纸，在新砂纸使用前，应互相对磨一下，以消除粗砂粒。喷涂金属底色漆前，应采用 P600 以上的水砂纸打磨，因金属底色层薄，遮盖能力差。

② 喷涂面漆前的涂层不宜过厚，应充分干透。

③ 确保打磨工具的技术状态良好，操作认真，在打磨平面时应采用磨块，并注意打磨方向。

④ 打磨后应进行打磨质量检查。

➘ 补救方法：

根据缺陷的严重性而定，或打磨抛光，或用极细砂纸湿磨并抛光，或待面涂层完全干固后，湿磨并重喷。

24）落上漆雾、干喷（书后附图 A-28）

喷涂过程中漆雾飞溅或落在被涂表面或涂膜上（成虚雾状），影响涂膜的光泽和外观装饰性的现象。如落上异色漆雾则称漆雾污染，如漆料以一种粉尘飞散状的表面称为干喷。

➘ 起因：

① 喷涂操作不正确。喷枪距离喷涂面太远、与被涂面不垂直、喷枪移动过快、喷涂气压太高和气量太大等。

② 涂料黏度不适当，所用稀释剂挥发太快。

③ 与被涂件之间距离太近。

④ 喷漆间气流紊乱，风速太低（< 0.3 m/s），气温太高，不能将飞散在空气中漆雾排除。

⑤ 不需涂装的表面未遮护。

➘ 预防方法：

① 掌握使用良好的喷涂技术。

② 使用品质优良的稀释剂，调配到正确的黏度，在干热的环境下，添加或使用慢干稀释剂。

③ 与被涂件之间应保留足够间距，以防飞溅。以汽车车身为例，间距不应小于 1.5 m。

④ 喷漆房内的气流应有一定方向（一般为自上而下）；手工时的喷漆房的风速应为 0.35～0.5 m/s。

⑤ 不需涂装的表面应遮护，尤其在喷涂纯色漆和进行修补喷涂时。

➘ 补救方法：

① 底漆。让其干后再打磨去除。

② 面漆。最后涂层的干喷可用细砂打磨去除，并抛光使光泽再现。如是单层银粉漆则必须予以打磨后并重喷。

25）不规则裂纹、裂痕

在涂装过程中或刚涂装完不久，漆面上产生裂纹的现象称为开裂、裂痕。像碎玻璃那样不规则，称为不规则裂痕。如是在涂层干燥过程中受酸性气体的影响而产生的裂纹称为气体裂纹。

➘ 起因：

① 被修补表面的涂层年久，表面硬化或经高温烘烤，补喷面涂层时被咬起。

② 把合成树脂漆夹在两层中喷涂。例如，硝基泥子层上喷涂合成树脂中涂层，再在上面喷涂硝基面涂层。

③ 在喷涂合成烤漆时，第一道喷涂延迟太久（已开始干固）或未按规范烘干（烤漆未充分干固）就喷涂第二道合成烤漆。

④ 在修补时硝基面漆喷涂过厚（100 μm 以上），受温度剧变而开裂。

⑤ 在喷涂丙烯酸喷漆时车辆与涂装现场的温差太大。

⑥ 涂层干燥场所（或烘干室）的空气中，含有酸性气体（如二氧化硫、二氧化碳、一氧化碳等），再加上所用涂料的耐污染性差。

注：在软而有弹性的涂层上喷涂一硬而脆的涂层，可能形成一种可称为“鳄皮状”或“方裂纹”的裂痕。

硝基面漆喷涂过厚的耐温变性差而开裂的实例：例如大修车原硝基面漆层质量状况良好，仅湿打磨后，又喷涂了几道面漆，面漆层总厚达 100 μm 以上。巧遇严冬，三九天出厂试车，急剧的温度变化，使整车表面产生大的玻璃裂纹，深度达底涂层。

➘ 预防方法：

① 喷漆前，旧涂层必须是良好的平整表面。

② 在重喷前，应使车体温度提高到与喷漆室温度相同。

③ 避免厚层喷涂。

④ 绝不可将合成漆类夹于两涂层间喷涂。

⑤ 在烤漆干固期间，不可再喷下一层烤漆。

⑥ 查清原因，消除干燥环境的酸性气体或降低其浓度。

➘ 补救方法：

① 在裂纹严重的表面，待漆膜干固后打磨或铲露出底材，重新喷涂。

② 如果是面涂层的细小裂痕，尤其是丙烯酸涂料，通常可予修正，以细的砂纸打磨，并抛光。

26）附着力不良、涂膜剥落

由于涂层的附着力差，受外力作用产生涂膜脱落的现象称为涂膜剥落。剥落程度可分为：直径约 5 mm 以下的小片脱落称为鳞片剥落；呈大片脱落的称为皮壳剥落，能成片撕下的称为脱皮剥离；涂膜与涂膜之间的脱离称为层间剥离；在修补涂装场合，通常在取下遮护用贴边胶带时即将涂膜撕下，称附着力不良。剥落是塑料件涂装中常见的毛病之一。

➘ 起因：

① 涂装前表面受到污染，如蜡、有机硅、树脂、油污、水锈、肥皂、硬酯酸粉、打磨污物、发动机排出物。涂装前表面预处理不佳。

② 被涂面太光滑。

③ 所选用底漆与底材或旧漆面不配套，底漆层未干固透。

④ 稀释剂的品质不佳（溶解能力差）。

⑤ 涂料配套不适当。

⑥ 在双色系统中第一种颜色面漆未适度干固前即贴遮挡用纸。

⑦ 在去除遮护胶带前让面漆干固得太久。

⑧ 喷涂中涂层时天气潮湿，稀释剂挥发太快或者底涂层准备好后在潮湿环境中过夜，在中涂漆面形成看不见的水膜，立刻喷涂面漆。

⑨ 金属底色漆喷涂后放置时间过长（超过漆厂推荐许可的时间）才喷涂清漆，罩光漆与底色漆层间附着力不好。

➘ 预防方法：

① 在喷漆前确保被涂表面已彻底清洁。

② 选用配套性良好的涂料（底漆和面漆）。

③ 适当地打磨被涂面（尤其旧漆层应打磨，以提高涂层的附着力）。

④ 使用合格的良好稀释剂，用正确的黏度喷涂。

⑤ 喷面漆前底漆层应干透或按漆厂推荐的期限内，喷涂下一道底漆（或面漆）。

⑥ 在适当时机进行遮护及除去遮护纸。

⑦ 烘干底涂面的水分后，再喷涂面漆。

➘ 补救方法：

① 涂层剥落严重的，铲除露底材，重新涂装。

② 如是遮护技术失误造成的，则将受影响部位予以铲平，并修整边缘，再重喷。

27）干燥不良、未干透

涂膜按工艺规范干燥（自干或烘干）后未达到完全干固，手摸涂膜有发湿之感，涂膜发软，未达到规定硬度或存在表干里不干等现象。

➘ 起因：

① 双组分涂料的调配比例不正确。

② 自干场所换气不良、湿度高、温度偏低；烘干室环境不良、温度偏低、烘干室内被烘干物过多或热容量不同的工件同在一个烘干室烘烤。

③ 慢挥发溶剂使用过量。在喷涂双组分聚氨酯涂料时稀释剂中含有水、醇或酸。

④ 涂料一次喷涂得太厚（尤其是氧化固化型涂料）。自干型涂料所含干燥剂失效或表干型干燥剂用量过多。

⑤ 被涂物上有蜡、硅油、油、水等。

➘ 预防方法：

① 必须严格按厂家要求比例，调配双组分涂料，并预防固化剂长期存放失效。

② 正常黏度的漆料中含慢挥发溶剂量不应超过 15%。

③ 检查调整自干场所的环境条件和烘干室的环境，是否达到工艺要求的条件。

④ 自干（氧化固化）型涂料一次不宜喷涂得太厚，如厚度超过 20 μm，则应分几次喷涂。如是干燥剂失效造成，则添加干燥剂，并注意干燥剂的用量。

⑤ 不同热容量的工件应有不同的烘干规范，烘干室内烘烤物数量应控制在一定范围内。

⑥ 严防被涂物和压缩空气中的油污、蜡、水等带入涂层中。

⑦ 双组分涂料应采用厂家配套的稀释剂。

➘ 补救方法：

① 改变干燥工艺规范（如提高气温、烘干温度或由自干改烘干）。

② 如以上方法无法补救（仍不干，或表干里不干），或油污染造成的不干，则应磨掉或铲除，并重涂。

28）沉色、阴影

在面漆干燥过程中，面漆失去光泽且很均匀地反映出下层涂膜的瑕疵，如显现泥子修补块和底材刮痕的形状，这种现象称为沉色。由于修补涂装时的打磨不良，产生光泽不均现象称为阴影。

➘ 起因：

① 使用粗的打磨砂纸，打磨不好。

② 底涂层干喷造成透孔。

③ 各层间的干燥时间不足，而产生底涂层轻微咬起。

④ 干燥条件不好——狭窄、冷、湿、不通风。

⑤ 底漆在完全干前就打磨。

⑥ 含颜料量高的底漆在使用前未搅拌。

⑦ 漆料稀释不足，漆基溶解不好。

⑧ 面漆层薄边缘修整不当亦会形成沉色。

➘ 预防方法：

① 使用正确等级号的打磨砂纸，底漆未干透前不可打磨。

② 避免一次喷涂过厚涂层，不要干喷。

③ 每次使用前应彻底搅拌涂料。

④ 各层间应留有适当的干燥时间。注意所用固化剂是否过期失效。

⑤ 用封底漆封固所有车身的泥子和打磨过的部位。

⑥ 改善干燥条件，提高涂装环境的温度。

⑦ 应彻底正确地做好局部修补的薄边边缘。

➘ 补救方法：

让漆彻底干固，或以低热加速其干固。依据其沉色程度，轻的使用极细砂纸或粗蜡以修平表面，然后抛光；在严重的场合下则以细砂纸打磨并重喷。

29）色差

刚涂装完的涂膜的色相、明度、彩度与标准色板有差异，或在修补涂装时与原漆色有差异。

➘ 起因：

① 在新车涂装线上产生色差的原因是各批漆料之间的色差超差；更换颜色时输漆管路未洗净或烘干规范不一致等。

② 在修补涂装场合，调配颜色精度不够、面漆不是同一型号或局部修补未喷涂好，产生斑印。

➘ 预防方法：

① 加强涂料进厂检验，某种颜色的面漆尽可能用同一厂商供应的面漆。

② 加强生产管理，严格执行工艺规范。

③ 面涂层修补时修补面应尽可能是整个部件表面（或有明确分界线的表面）。

④ 修补面漆调色时，干燥后的色板与被修补车身的颜色必须一致，进行微调时一定要仔细耐心。

➘ 补救方法：

色差轻的通过抛光打蜡消除；色差严重的，则应用细砂纸打磨并重喷涂。

30）泥子残痕

在汽车修补涂装中，刮过泥子的部位产生疤印或失光等现象。

➘ 起因：

① 刮泥子部位打磨不好。

② 刮泥子部位未喷涂封底漆，泥子层的吸漆量大，或其颜色与底涂层不同。

③ 所用泥子的收缩性大，固化后继续变形。

➘ 预防方法：

① 对刮泥子部位应充分打磨，边缘应平滑。

② 在刮泥子部位涂封底漆或先喷涂一道面漆以封固接边。

③ 选用收缩性小的泥子。如硝基泥子收缩性大，只适宜于填平砂眼、划痕之类缺陷。

4. 修补涂装后不久或使用过程中可能产生的涂膜缺陷及防治

车辆刚修补涂装后不久和使用过程产生的涂膜缺陷与修补涂装工艺、所用涂料、使用环境及维护等有关，常见的涂膜缺陷如下：

1）起泡、起痱子（书后附图 A-29）

涂膜的一部分从被涂面或底层上鼓起，其内部含有水分或空气，直径为 1～5 mm，还有直径更小，呈“痱子”状，称为起“痱子”。涂膜内部含有水和空气，而产生粒状起泡称为起泡。由于被涂面被污染，造成涂层面大块浮起的现象称为污染起泡。

➘ 起因：

即使最好的漆膜仍会被水气所渗透。当水气渗入漆膜时它可能形成足够的压力，使不同涂膜间的附着力或整体涂层对其底材的附着力下降，结果可能形成含有水分的泡状突起。

① 涂漆前表面已被污染，尤其在被涂面残存汗液、指纹、盐碱、打磨灰等亲水物质。

② 清洗被涂面的最后一道用水的水质差，含有杂质离子。

③ 所用涂料的涂膜耐水性或耐潮湿性差。

④ 涂层固化得不充分。漆面真正干燥前即暴露于潮湿气候或高温环境中。

⑤ 底漆和面漆涂层厚度都不足，稀释剂使用不正确。

⑥ 持续暴露于严重的潮湿气候及高湿环境，如在梅雨季节涂膜易起泡。

保护表面的漆膜被损坏、车辆维护不当（表面残留清洁剂）和车辆长期停放在通风不良的车库中等都会加速涂层起泡。

起泡虽受外界条件（湿度、温度）的影响，“痱子”能时现时消（肉眼难看出），可是它已破坏了涂层的完整性，时间久了，有的水气促使涂层下产生锈蚀，无补救方法，只能除掉涂层，重新涂装。

➘ 预防方法：

在选用耐水性优良的汽车修补涂料的基础上，为使涂装工作能得到最大的防起泡（或称防痱子）功能，应遵守以下各点：

① 所有表面均需清洁无污染，绝不允许有亲水物质残存。

② 打磨时用水须勤更换，且所有打磨污物均已除净，最后一道水洗应该用去离子水或蒸馏水。如果使用自来水冲洗，则一定要用干净布擦干和吹干，再烘干。

③ 未戴手套时，裸手不要接触被涂面。

④ 涂装工厂保持在正确温度之下。在涂装前，车辆必须达到喷漆室内的温度。

⑤ 压缩空气应清洁而未被污染。

⑥ 喷涂底漆及面漆均应达到规定的足够厚度。

⑦ 各层间应留有足够的干燥时间，涂膜应干透。

⑧ 涂层必须让其充分的干燥后，方可暴露于潮湿和高温环境中。

2）返铜光、亮铜色（书后附图 A-30）

局部或整个涂膜表面呈现有铜色彩，即在阳光照射下变成忽绿忽紫的色彩或呈斑点状的变色或光泽变化现象。此缺陷特定于某些蓝色、赭红色和黑色等颜色。它是由于一些附着松散的颜料浮在表面上，使之与原有漆色稍微不同而产生的，它会分散表面的银粉光泽，它也是涂膜耐候性差的现象之一。

➘ 起因：

① 某类特定颜料会在喷涂中显现出亮铜色，这是喷涂人员无法控制的情况。

② 未依循规定的配方调色。因有些颜料在用量超出其使用上限时，即会显现出严重的亮铜色缺陷。

③ 由于红色、蓝色等颜料的迁移造成，尤其是在所用颜料颗粒在约 0.1 μm 以下情况。

④ 红或赭红色漆料采用热喷涂法涂装时。

⑤ 喷涂用的压缩空气中有油。

⑥ 受日光、紫外线的照射或受高温影响，受煤烟和二氧化硫等作用而变色。

➘ 预防方法：

① 遵守规定的配方调漆。

② 选用耐候性好的涂料，在配色时应注意所用颜料的品种。

③ 有些红色或赭红色漆料不宜采用热喷涂法。

④ 除净压缩空气中油分。

⑤ 提高所用面漆的耐候性差。

⑥ 在修补涂装场合，避免由泥子层开裂而导致面漆层开裂。

➘ 补救方法：

① 使用中性液态抛光剂，以手轻轻打磨可去除铜色。经常洗涤并偶尔打蜡，即可维持良好外观。

② 在严重的场合，湿打磨后（最好用中涂底漆封底后）重新喷涂。

3）粉化（书后附图 A-31）

涂膜表面受大气中的阳光、氧气和水分的作用，老化呈粉状脱离，表面上释出有色的粉末的现象。

➘ 起因：

① 涂膜在使用过程中受紫外线、氧气和水分的作用，发生老化，漆基被破坏，露出颜料。

② 所选用涂料的耐候性差。

➘ 预防方法：

① 选用耐候性优良的汽车修补涂料，切勿将室内用涂料（如室内用硝基喷漆）用来修补汽车车身。

② 加强涂膜的维护保养。

➘ 补救方法：

① 轻度粉化可以经轻度抛光予以去除，同时会重现光泽。

② 较重的粉化需要以粗蜡打磨。

4）裂开、龟裂（书后附图 A-32）

老化的结果，涂膜出现部分断裂的现象，根据裂纹的形态（大小、深度和宽度）可分为发状裂纹、浅裂纹、龟裂和鳄皮裂纹等几种。

现代汽车涂层均极坚实耐用，足以应付全球的气候状况。但突然而严重的气温变化，仍能对漆层造成压力，而在涂层表面产生脆裂或浅裂纹。透明的清漆层对开裂更为敏感。开裂常发生在涂层年久及气候侵蚀，特别是在高湿热及强烈日光的气候下。仅在最上层涂膜表面产生的裂纹，且呈皮肤纹状分布称为脆裂，浅裂纹；由于面漆下的缺陷延伸而造成，开裂至少贯通一层涂膜的裂纹称为裂开、龟裂。龟裂是塑料涂装常见的毛病，而涂层的延伸性能不能适应塑料本身的热膨胀，有时在碰撞时涂层的柔韧性不够也会产生龟裂。

➘ 起因：

① 本色面漆中加入过量的清漆或在面漆上的罩光清漆层过薄；为增加面漆层的光泽及干燥速度而混入规定外的添加物。

② 已开裂而未经察觉的旧漆面上喷涂了修补涂料。

③ 面漆或整体涂层喷涂过厚。在正常使用中面漆层越厚（尤其自干型喷涂），耐寒性（或耐温变性）差，越易开裂。

④ 底涂层未干透就涂面漆或涂层配套不适当，底层涂膜比面层涂膜软。

⑤ 所用面漆的耐候性差。

⑥ 在修补涂装场合，由泥子层开裂而导致面漆层开裂。

➘ 预防方法：

① 不可乱用添加物。

② 色漆中不可添加过量的清漆；色漆上的罩光清漆层的膜厚须适度。

③ 避免过度的膜厚。以下厚度作为参考：面漆膜厚不可超过 76 μm，涂层总膜厚不可超过 152 μm，原有漆和修补漆的总膜厚不得超过 304 μm。

④ 选用耐候性和耐温变性优良的面漆，底涂层和面漆层涂膜的硬度、伸缩性应接近。

⑤ 底涂层干透后方可涂面漆，并应确定（含泥子层）旧漆面上无裂纹。

应尽可能避免将新修补涂装过的车辆，过早地暴露在严寒之中。

➘ 补救方法：

① 在轻的场合，用砂纸彻底打磨至无裂纹痕迹，再重新喷涂。需特别小心清洗并检查表面，以确定所有裂纹痕迹已除去。

② 在严重的场合只能打磨或铲除裂纹漆层，直至底材，再重新喷涂。

5）变色、退色（书后附图 A-33）

在使用过程中涂膜的颜色发生变化，其色相、明度、彩度明显偏离标准色板（或原色板）的现象称为变色。如果涂膜的颜色变浅（彩度变小或明度变大）的现象称为退色。

➘ 起因：

原汽车用面漆（含修补面漆）所用之颜料与漆基耐光性虽极佳，但经持续暴露，原有颜色也会轻微改变，若其颜色变化大于轻微程度，其可能的原因有：

① 受阳光照射、潮湿、高温和空气中的腐蚀性气体（如二氧化硫）等作用所致。当车辆长时间暴露在有化学物的大气中涂层会受影响，如发现颜色有不正常变化时，即应予以检视，找出暴露环境中的不寻常之处。

② 未遵行规定的配方调色。

③ 由于环境，使表面变黄。

④ 所用涂料耐候性差或不适用于户外。在涂膜老化、增塑剂析出等过程中有机颜料通过漆膜迁移。

⑤ 汽车修补面漆误用了易变黄的室内固化剂。

➘ 预防方法：

① 使用正确之调色配方。

② 经常而定期的清洗车辆。

③ 选用耐候性优良的汽车修补面漆和固化剂。

➘ 补救方法：

① 首先使用粗蜡或抛光蜡在一部位试做打磨抛光，如色泽能恢复，则打磨抛光整个受影响的部位。

② 如打磨抛光无效，则以湿打磨去除面漆层，并重新喷涂。

6）鳞片状剥落（书后附图 A-34）

年久失修，涂膜长期老化、粉化、开裂、崩裂及痱子粒等，由于大气侵袭逐渐破坏膜层间或涂层与底材间附着力，造成涂膜层鳞片剥落或崩落。这是涂膜损坏最严重的状态之一。

由于泥子的质量问题和泥子层的老化在车辆使用过程中常产生这种涂膜缺陷。

它的成因除上述涂膜老化和泥子层质量问题外，有些原因与附着力不良有关。

➘ 补救方法：

只能彻底铲除后，重新涂装。

7）玷污、斑点（书后附图 A-35）

涂膜表面受外界物质的侵入或自身析出物的影响，产生与大部分表面不相同的色斑或黏附尘埃等异物的现象。

在工业区，工厂烟囱喷出的烟灰等细小物质落于漆面，附着其上或侵入其中。此等飘落物，摸触时有粗糙感。工厂区的气体及飘落物有酸性或碱性，侵入涂膜产生色斑，称为工业落尘。

➘ 起因：

① 受环境空气中的污物（如灰尘、水泥灰、焦油、煤烟、酸性物质、昆虫和鸟类的粪便等）的侵入和玷污。

有许多物质（如路面沥青、润滑油、液压油、防冻剂、电瓶水以及合成或天然橡胶等）附在漆膜上都能导致表面斑迹，有许多媒介剂具有水溶性，也能浸入漆膜内。

② 在使用过程中从涂膜中析出异物（如出汗）或受热产生软化、回黏。

③ 所用涂料的耐酸碱性差。

➘ 预防方法：

① 选用抗污性、耐酸碱性好的涂料，在使用中受热不回黏、不析出异物的涂料。

② 不要把车辆停放在污染源附近，在长期储运期间，漆面涂或贴临时性的保护膜。

③ 应尽早适当的以水或汽油擦拭去除黏附在漆面的污物。

➘ 补救方法：

① 轻微污染，如飘落物或污物并未深入表面时，可以打磨和抛光去除。

② 严重污染则可用化学清洗法去除。使用 10%草酸溶液（54 g 草酸加 0.5 L 水）清洗，其程序为：先以水洗净；再用草酸液刷涂受损部位（注意不要让溶液流入槽、缝中），保持表面湿润，在约 15～20 min 内涂刷数次；最后使用自来水彻底冲洗干净，干燥。

注：草酸有毒性，应避免接触皮肤及眼睛，操作时应戴保护目镜和 PVC 手套。如接触了应立即用清水冲洗，衣服也须彻底洗净后方可再穿。

③ 如涂膜面已被污物侵入而损坏，则必须打磨除掉被损坏的涂膜，重新喷涂。

8）失光

涂膜在使用过程出现光泽减小、清晰度变差的现象。光泽不良（发糊）、低光泽是产生在涂装过程中的漆膜缺陷，而失光缺陷是涂层耐候性不好的前期现象。在作涂膜的大气曝晒试验中常以失光率来表示其耐候性优劣。

➘ 起因：

漆膜光泽与其表面的平滑性有关，任何失光皆是由于表面不平整，因而使光线过度散漫而失去反射映像的清晰度。

① 失光是涂膜暴露于大气中漆膜逐渐受损、表面产生粉化层（白色或浅色漆面）和亮铜色（深蓝或褐色漆面）的前奏。

粉化的起始虽非肉眼所能见到，但足以使表面变成不平顺而失去光泽。用放大镜仔细审视，即可辨认出粉化的状况。

② 湿气痱粒起始很微细，肉眼也难以察觉，通常辨认的第一步也是失去光泽。用放大镜检视时，可见到数量极多、非常细小的细泡。

③ 早期失光与所选用涂料的耐候性差有关，或将室内涂料误当作汽车修补面漆所造成。

④ 使用双组分汽车修补面漆时固化剂用量不足或未使用厂家配套的固化剂或使用含有大量水、醇或酸的稀释剂。

➘ 预防方法：

① 选用耐候性优良的涂料。

② 严格按漆厂推荐的涂料施工条件进行涂装。

➘ 补救方法：

按其失光之程度，选用液态磨光剂，抛光打蜡。如果抛光打蜡不能使光泽重现，则应仔细检视漆面有无微裂纹或微细颗粒，如有则按“裂纹”、“起痱子”两项中所列之程序修补。

9）锈蚀、生锈（书后附图 A-36）

涂膜出现红丝或透过涂膜的锈点（斑），前者称为丝状腐蚀，后者称为疤型腐蚀。

➘ 起因：

① 水分穿进漆膜之裂缝、孔隙或碰伤处到车身金属表面引起。

② 在涂装前锈垢未能彻底除净，对有锈点痘疤和点焊部位应特别注意。

③ 喷漆前钢材表面受到污染，如手印、在表面上自干的水印；表面处理完后未能及时喷涂。

④ 涂层有针孔、漏涂等缺陷。

⑤ 涂料耐腐蚀性差。

⑥ 使用环境差，如高温、高湿、有腐蚀介质（酸、碱、盐等）。

⑦ 在修补部位漏底材，未喷涂防锈底漆，直接喷涂面漆。

注：有些疤形腐蚀和涂膜下锈蚀鼓起，是由钢板背面防蚀不佳，产生锈蚀引起。

➘ 预防方法：

① 在涂装前涂面一定要清洁，除去所有锈迹，绝不允许带锈涂装。表面处理后应及时喷涂，防止二次污染或锈蚀。

② 车身的所有表面（包括焊缝）都应涂装涂料。

③ 按被修补车辆的使用环境选用耐腐蚀性和耐潮湿性优良的汽车修补底漆。

➘ 补救方法：

铲除裸露出金属，打磨受影响的部位，得到干净、闪亮的表面，重新涂装。

10）水痕迹、水印（点）（书后附图 A-37）

由于下雨或清洗车辆时，在被涂面上残留的水滴蒸发后，水滴的外沿仍然可见，漆面产生白色的痕迹，而且无法以抹布擦拭去除，此即称为水印，如留下白色点状即称为水痕迹点。

➘ 起因：

① 不正常的气候状况，当大雨之后出现强烈太阳。

② 在漆膜未完全固化前即暴露于雨中。

③ 所用涂料的耐水、耐潮湿性差。

④ 蜡涂得过多。

➘ 预防方法：

① 选用耐水和耐潮湿性优良的汽车修补涂料。

② 涂膜未完全干固前不交给客户或不应存放在室外。

③ 加强被涂面保护，涂一些防水性的保护剂。

➘ 补救方法：

① 清除漆面的旧蜡，随后抛光，再按水印或迹点的深浅，使用较粗的抛光剂或粗蜡抛光。

② 如果抛光、打蜡仍无效时，则应湿打磨，并重新喷涂。

注：有时水印及迹点在打蜡过数天后可能会重现，可重复抛光作业 1～2 次，最后必能修复。

小　结

汽车的涂装是一个完整的工艺过程，因此要获得高质量的涂层必须对涂装的各个阶段进行检验，主要是涂料的检验、被涂表面的检验、涂装工艺过程的检验、涂层的检验。

这里叙述了涂层的各个阶段的检验方法和要求，有的具体的标准需在国家有关标准中去查阅。

思考题

1．为什么要对液态涂料进行黏度、细度的测量？

2．涂膜硬度测量方法有哪些？

3．涂膜附着力的测量方法有哪些？

4．为何要做涂层的耐化学品测试？

5．人工加速老化与自然曝晒之间的关系是怎样的？

6．涂层的主要缺陷有哪些，产生的原因是什么？

7．涂层的主要缺陷应如何防治？

8．涂层缺陷的产生与喷涂环境有何关系？

附　图　A

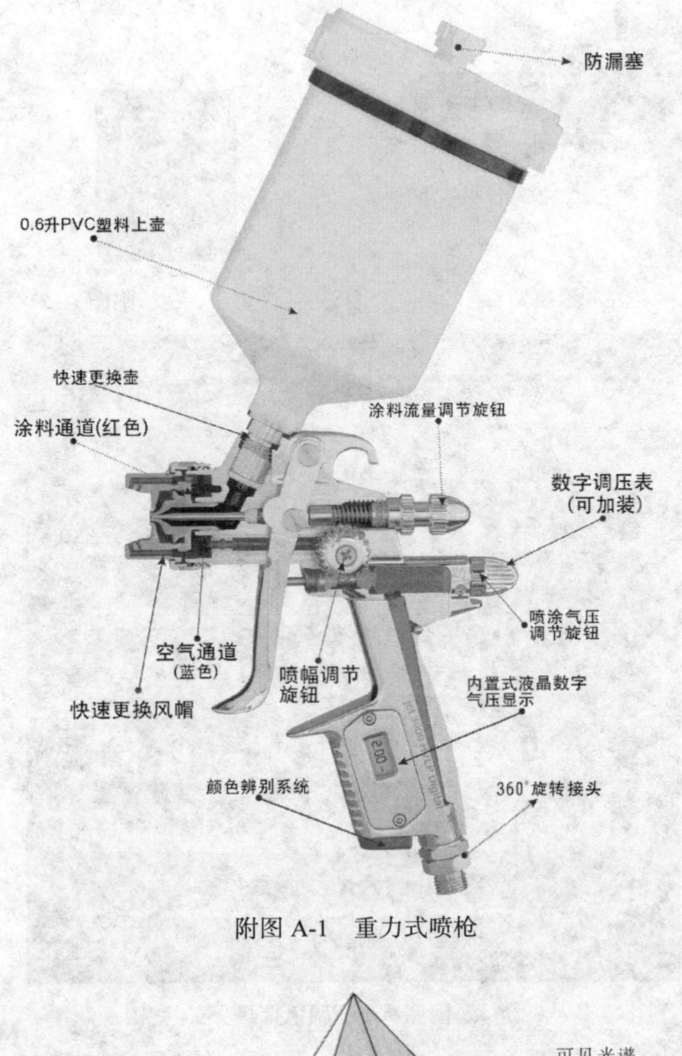

附图 A-1　重力式喷枪

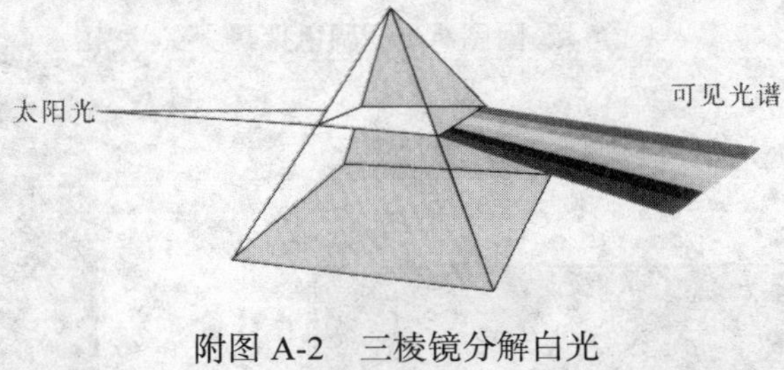

太阳光

可见光谱

附图 A-2　三棱镜分解白光

白	黄	黄橙	黄绿	绿	红橙	青绿	红	蓝	暗红	蓝紫	紫	黑
	浅灰			浅灰			中灰		暗灰			

附图 A-3　太阳光谱中不同色调的亮度排列

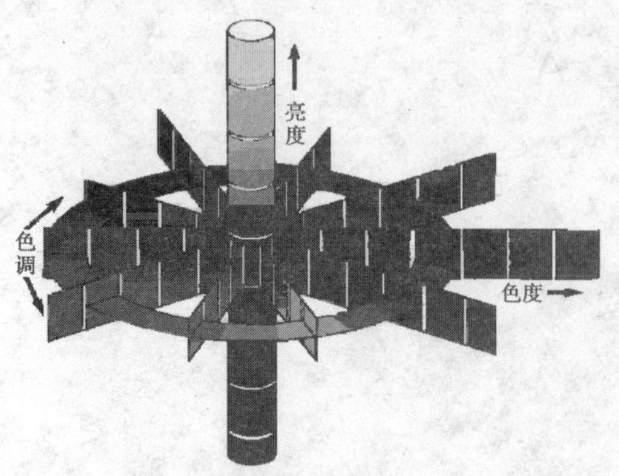

附图 A-4　孟塞尔模型

附图 A-5　颜色的属性

附图 A-6　调色架

附图 A-7　颜色异构图

附图 A-8　失光

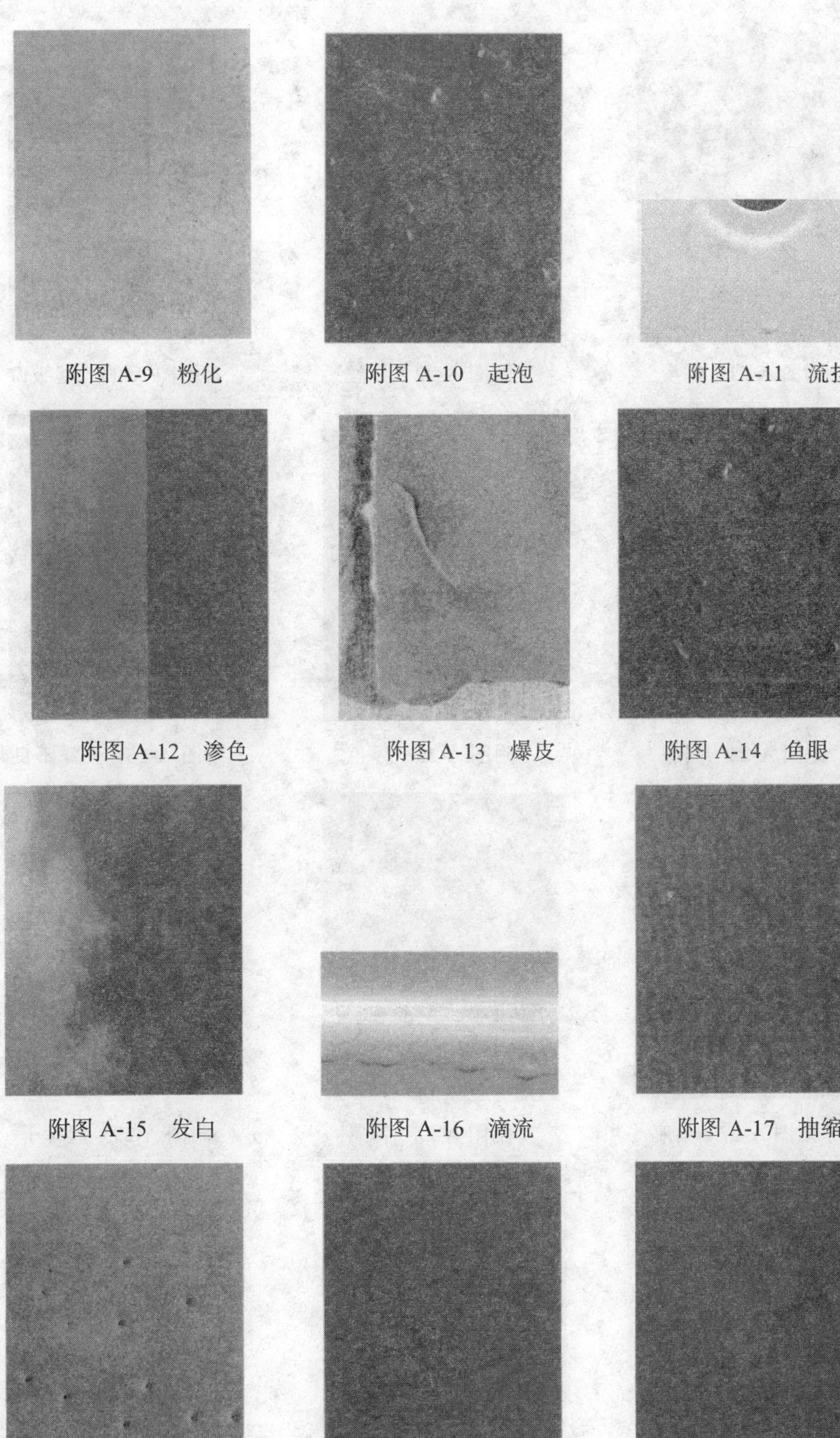

附图 A-9　粉化

附图 A-10　起泡

附图 A-11　流挂

附图 A-12　渗色

附图 A-13　爆皮

附图 A-14　鱼眼

附图 A-15　发白

附图 A-16　滴流

附图 A-17　抽缩

附图 A-18　颗粒

附图 A-19　气泡

附图 A-20　针孔

附图 A-21 橘皮

附图 A-22 拉丝

附图 A-23 起皱

附图 A-24 露底

附图 A-25 浮色

附图 A-26 光泽不良

附图 A-27 刮痕

附图 A-28 漆雾

附图 A-29 起痱子

附图 A-30 返铜光

附图 A-31 粉化

附图 A-32 龟裂

附图 A-33　变色

附图 A-34　鳞片

附图 A-35　玷污

附图 A-36　锈蚀

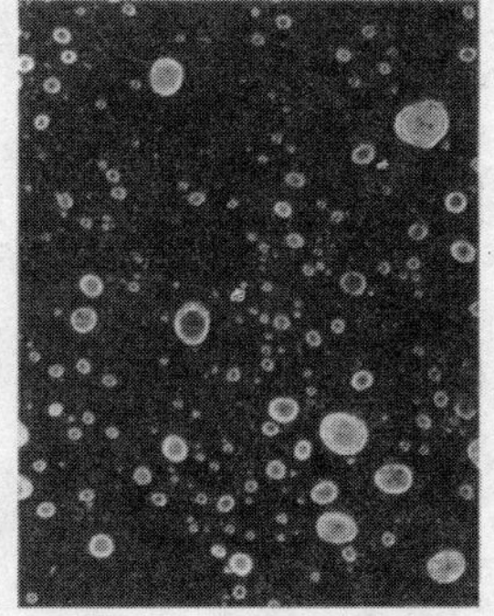

附图 A-37　水痕迹

参考文献

1．北京市技术交流中心．涂装技师手册[M]．北京：机械工业出版社，2005
2．张湘衡．汽车车身涂装[M]．武汉：华中科技大学出版社，2008
3．王民信，王丽君．汽车涂料[M]．北京：化学工业出版社，2005